价值的力量

雪球／编著

中信出版集团｜北京

图书在版编目（CIP）数据

价值的力量 / 雪球编著 . -- 北京：中信出版社，
2020.8
ISBN 978-7-5217-1814-0

Ⅰ . ① 价… Ⅱ . ① 雪… Ⅲ . ① 股票市场－研究－中国
Ⅳ . ① F832.51

中国版本图书馆 CIP 数据核字（2020）第 104641 号

价值的力量

编　　著：雪　球
出版发行：中信出版集团股份有限公司
　　　　　（北京市朝阳区惠新东街甲4号富盛大厦2座　邮编　100029）
承 印 者：北京诚信伟业印刷有限公司

开　　本：787mm×1092mm　1/16　　印　张：22　　　字　　数：263千字
版　　次：2020年8月第1版　　　　　印　　次：2020年8月第1次印刷
书　　号：ISBN 978-7-5217-1814-0
定　　价：79.00元

正如大家知道的那样，多年来我一直是身体力行的"投资中国"论支持者，持有的股票以中国企业为主。

为什么要投资中国？

中国拥有全世界最大的单一市场，大陆人口规模达到 14 亿，人均 GDP 突破 1 万美元，并且在持续上升中。

这 14 亿人口的质量也在持续提升。经过多年的投入，现在中国基础教育标准统一、质量稳定。高等学校的毛入学率已经达到 45% 的水平。慢慢地，中国会变成人口以大学生为主的国家。他们不仅是优质的人力资源，也是持续的消费人群。

这个统一的市场现在拥有世界一流的基础设施，包括高铁、高速公路、机场、通信网络、输电网络这样的硬件，以及物流系统这样的软件。中国的物流系统规模之大、成本之低、效率之高，可以说在全世界范围内处于领先地位。

庞大的市场、优质的人力资源、高效率的基础设施，营造了良好的营商环境。因此，中国出现了一批竞争优势明显、治理结构优秀、股东回报惊人的企业，出现了一批眼光长远、能力超群的企业家，出现了一批竞争力已经居于全球领先水平的行业。其中，最优秀的行业是互联网。中国的互联网企业与全球互联网巨头相比，在产品服务竞争力、企业管理水平、利润市值规模方面已经处于同一个水平。我认为，互联网是中国拥有的第一个具有全球竞争力的行业。

优秀的企业为投资提供了良好的标的。中国的投资环境，尤其是二级市场投资环境，也是非常好的——不收（暂缓征收）资本利得税，（长期持股）不收红利税，不收遗产税。

那么，中国为什么能在短短几十年间拥有今天这样的成就呢？这跟社会环境有关，也跟产业变迁有关。

在漫长的农业社会，人口一直是中国社会的沉重负担。因为在单位耕地面积上投入更多的劳动，效率不会上升，反而会下降，甚至发生耕地上的产出没有任何利润，连耕种者都养不活的情况。

中国在三四十年的时间里，工业化迅速崛起。当下，全球经济已经进入信息经济时代，中国巨大人口形成的市场规模，以及良好基础设施提供的营商环境，成为服务业、信息产业发展的巨大优势。

所以，是投资中国的时候了。

方三文（不明真相的群众）

雪球创始人

巴菲特有一句投资名言："人生就像滚雪球，重要的是找到很湿的雪和很长的坡。"在2019年的《致股东信》里，巴菲特回顾他的投资历程时，进一步把自己在投资方面取得的成就归功于搭上了第二次世界大战后美国经济增长的顺风车。这是巴菲特对雪坡理论的最佳阐释：做好投资需要选对行业赛道，更需要稳定繁荣的国家经济！

身处今天中国的我们，如果认真思考、比较，会发现自己是更加幸运的，"中国经济在有基础、有条件、有动力地实现稳中有进、持续向好"。我们生活在一个增长动力更足，成长性更高的中国。

回顾历史，中国GDP从1952年的300亿美元增长至2018年的13.6万亿美元，涨幅高达452.6倍，自2010年超越日本成为世界第二大经济体后，一直稳居世界第二位；中国GDP占世界经济总量的比重从1978年的1.8%跃升至2018年的15.9%；自2006年以来，中国对世界经济增长的贡献率稳居世界第一位，2018年中国对世界经济增长的贡献率达27.5%，成为全球经济增长的头号引擎。

放眼当下，中国的工业体系、交通运输、信息通信、能源供给等基础产业和基础设施已经实现重大飞跃。中国目前拥有41个工业大类、191个中类、525个小类，是全世界唯一拥有联合国产业分类中全部工业门类的国家，构建了强大的产业集群。中国制造有着更低的成本和更高的效率，打造了全球竞争力；中国的电子商务、线上娱乐、移动支付、本地生活等互联网创新领先全球；中国消费已经成为经济稳定增长的动力源泉，中国社会消费品零售总额在 2018 年已经达到 38 万亿元。

展望未来，中国人口红利仍在，中国制造优势扩大，中国科技能力提高，千千万万勤劳智慧的中国人将用双手打拼，用大脑创新，继续打造一个更加高效运转、更加繁荣富强的中国。中国会越来越强大，人们拥有的财富将继续增长，人们的消费能力将继续提升，人们的生活会越来越美好。

今天的中国有着超长的雪坡，是聪明的投资者长期滚雪球的理想国度。红杉中国创始人沈南鹏坚持投资中国 20 年，几乎投资了半个中国互联网产业，他说："20 年前，很多人不那么看好中国，有各种担忧，但如今来看，凡是做出很大事业的中国企业家，身上都有一个共同的特点，就是 Long China（做多中国）。"

也有越来越多的海外资本大鳄纷纷看多中国。桥水基金的掌门人瑞·达利欧（Ray Dalio）在资本市场动荡的 2019 年 8 月仍然表示："投资者需要进入中国，不投资中国非常危险……10 年或 15 年后的中国一定会让今天的人再次吃惊。""股神"巴菲特也是"做多中国"的典型代表。在 2019 年 5 月举办的伯克希尔 - 哈撒韦公司的股东大会上，巴菲特表示：在过去的几十年里，中国发生的变化令人难以置信，这些变化还将继续，中国经济也会继续增长。伯克希尔 - 哈撒韦公司已在中国投入了很多资金，但仍然不够。未来 15 年内，公司可能会在中国市场进行更大规模的投资。

随着 A 股市场的不断开放，越来越多的全球投资者在加入投资中国的行列，从 QFII 基金，到沪港通、深港通、沪伦通，再到"入摩""入富"，中国资产在全球资产配置中所占的比例越来越高，全球投资中国的资金越来越多。但是，投资中国最强大的力量还是我们自己。随着中国居民财富的不断积累，投资需求越来越旺盛，A 股的账户数从 2000 年的 6 123 万户增长至 2018 年的 1.55 亿户，公募基金规模从 1998 年的 120 亿元增长至 2019年的超过 13 万亿元，私募基金规模从 2004 年起步时的不足 10 亿元增长至

2019 年的超过 13 万亿元，源自内部的投资中国的力量愈发强大！而国人的金融资产投资仍然处于起步阶段，2018 年全国城市家庭总资产规模高达 428.5 万亿元，但金融资产占比仅 11.8%，相比之下，美国居民金融资产占家庭总资产的比例为 42.6%。相信随着中国居民财富的持续增长和投资的增加，居民将继续成为投资中国的最核心力量！

在资产供应端，中国 A 股市场虽然只有不到 30 年的发展历史，但是也在摸索过程中快速成长着。A 股上市企业数量从 1992 年的 14 家增长至 2019 年的 3 682 家，A 股上市企业的总市值从 1992 年 1 月 2 日的 91.6 亿元增长至 2019 年 9 月 4 日的 61.7 万亿元。

虽然 A 股指数处于"青春期"，呈现了一定波动性，但是追溯历史数据最长的上证综指，它从 1991 年 7 月 15 日推出时的 100 点上涨至 2019 年 9 月 5 日盘中的 3 000 点，28 年的年均复合投资回报率为 13%；历史更短一些的沪深 300 指数，从 2005 年 4 月 8 日推出时的 1 000 点上涨至 2019 年 9 月 5 日盘中的 3 950 点，虽然投资周期只有 14 年，但年均复合投资回报率也达到了 9.8%。

这是遵循巴菲特的雪坡箴言，简单地相信中国这个超级雪坡能长期创造价值就可以获得的平均收益，但这已经是在全球范围内都极具吸引力的投资回报率。这些年来，中国各行各业都涌现出了一批具有代表意义的优秀企业，如消费行业的茅台、伊利，医药行业的恒瑞医药、爱尔眼科，科技行业的立讯精密、信维等，它们在 A 股主板、中小板、创业板等多层次资本市场上市后，给投资者创造了非常丰厚的投资收益，10 年 10 倍者比比皆是。

回顾波澜壮阔的大发展，我们激情澎湃；站在 2020 年的当口，我们的心情可能会有些复杂。时代在前行，产业在变革，世界处于"百年未有之大变局"。或许我们内心会有一些忐忑，毕竟未来是不确定的，但是我们可以预期：14 亿中国人，2 000 多万家中国企业，每个个体，不管从事什么职业，都在努力打拼，都是一个个向上的力量，这些力量汇聚在一起，一定会为每个人赢得越来越美好的未来！

当下，我们能做什么？坚信价值，投资中国！

在本书成书过程中，感谢参与对话的各投资机构的支持，感谢雪球运营部、财富事业部和商业化事业部小伙伴们的鼎力支持，感谢钟日昕、杨勇、王颖杰、刘美彤、冯冬杰、吴晓琳、赵一伟、潘璇、刘更等在成稿中的付出，感谢中信出版集团相关编辑老师的辛苦。

投资实战篇　成长与价值，量化与指数

财富故事篇　投资实现价值

市场篇　A 股向上的趋势是确定的

投资实战篇

成长与价值，量化与指数

聚焦成长：
挖掘未来的十倍股

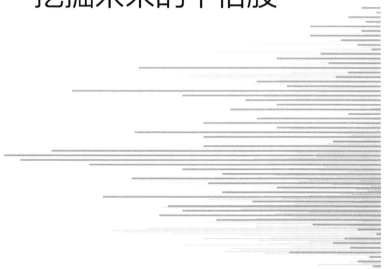

A股市场正发生着长远的核心变化

杜猛｜上投摩根副总经理、投资总监

南京大学经济学硕士，毕业后先后任职于天同证券、中原证券、国信证券和中银国际证券，自2007年起加入上投摩根基金管理有限公司，先后任行业专家、基金经理及副总经理。拥有17年投资研究经历，在上投摩根供职12年，目前管理股票型基金规模超30亿元，长期业绩优异。

股市正发生着长远的核心变化。

杜猛认为，权益类资产上涨的核心动力来自全社会无风险收益率的下行，后者也是 A 股上涨的核心因素。

过去 10 年，A 股上市公司盈利增长累计超过 2 倍，但各大指数的增长并不显著。杜猛认为，一个重要的原因是估值中枢持续下移，A 股整体估值一度从 10 年前的 30 多倍降至 10 余倍。而随着打破刚性兑付，以及社会无风险收益率的下行，A 股的吸引力在不断提升。

"过去很长一段时间，包括银行理财产品等在内的投资收益率都维持在 5% 以上，信托收益率更是高于 10%，而刚性兑付则使整个社会的无风险收益率提升到了一个很高的水平，同时限制了权益类资产的估值水平。"杜猛认为，未来这种表观上"无风险"的资产必然会逐渐减少，同时 A 股预计将提供较好的年化收益，可以很好地承接这样一大笔资金的流入。

接下来，杜猛分享了他的投资理念、选股策略，以及把握投资机会的方法和经济新常态下的投资建议。

雪球：2019 年是您从事证券基金行业的第 17 个年头。您见证了国内证券市场几轮沉浮，是行业中一位经验极其丰富的基金经理。您能否从行情和估值的角度，谈一谈当前 A 股处于一个什么样的时期？

杜猛：无论是从纵向的角度与不同历史时期对比，还是从横向的角度与其他资本市场对比，A 股的估值都处于较低水平，具备较好的长期投资吸引力。纵向来看，当前中证 800 指数的估值约为 13.3 倍，处于历史 45% 左右分位，属于历史较低水平。横向来看，标普 500 指数的估值约为 21 倍，而且连日经 225 指数的估值都在 16 倍左右，A 股的估值优势十分明显。

2019 年 A 股走出了一波向上行情，沪深 300 指数、中小板指数、创业板指数都上涨了 30% 以上。但总体来讲，行情仍处于估值修复阶段。展望未来，我们认为 A 股的向上行情依然会延续。

从中长期角度看，我们对国内权益类资产的投资价值十分看好。可以说，在各资产类别中，权益类资产未来 5 到 10 年的投资吸引力可能最高。

雪球：2009 年 9 月，上证指数在 3 000 点左右徘徊；10 年过去，上证指数依旧在 3 000 点左右。有观点认为，投资股票远不如投资房产，您怎么看这个观点？

杜猛：2009—2019 年，地产的投资回报率远高于股市。一个主要原因是，这段时期内，货币一直处在持续超发状态。相关数据显示，2009—2019 年，中国 M2 年均复合增长率超过 20%。M2 的快速增长直接反映了资产价格的增长。如果我们将房地产的价格走势和 M2 的增长趋势进行比较，会发现二者的映射关系十分明显。

货币数量的快速增长会推动房地产价格快速上涨。在历史上或在其他资本市场中，类似的现象都曾一再发生。但是长期来看，货币一直处在持续超发状态的概率很低。

从 2018 年开始，货币发行状态发生了巨大的逆转。M2 增速开始下降，2019 年，M2 的增长率只有 8% 左右，略高于 GDP 增速。地产资产的价格上涨空间也会相应地受到明显限制。从实际房地产交易价格来看，受调控政策影响，在过去的两三年间，很多地方的房地产价格已经不再上涨。我认为，相比之下，未来 5 到 10 年权益类资产的投资价值更值得关注。

雪球：2017 年以来，证券市场出现了很大的变化，特别是在放开外资限制这方面。近几年，外资增持 A 股超万亿元，截至 2019 年，持股总市值超 1.6 万亿元，与持仓近 2 万亿元的公募基金已经非常接近。随着合格境外机构投资者（Qualified Foreign Institutional Investor，简写为 QFII）和人民币合格境外机构投资者（RMB Qualified Foreign Institutional Investor，简写为 RQFII）投资额度限制的取消，外资持股比例有望进一步提升。外资是否会成为 A 股的一个不稳定因素？

杜猛：我认为外资不会成为 A 股的不稳定因素。从全球来看，A 股现已成为外资增加配置的主要目标市场之一。中国已成为全球第二大经济体，从资产配置的角度看，外资必须关注中国市场、参与中国市场，这个趋势只会越来越强，不会减弱。目前外资持有 A 股的市值超过万亿元，但是与外资的总资金量相比，这一配置比率还非常低。

再从中国的自身情况看，作为全球第二大经济体，中国仍然能保持 6% 以上的稳定高速增长，这是中国股市成为外资无法忽视的巨大配置市场的原因之一。所以长期来看，外资增加中国资产配置是大势所趋，外资不会成为不稳定因素。

雪球：目前国内经济仍处于触底回升阶段，但国际环境错综复杂。许多投资者出于避险情绪，对权益类资产比较抵触。您认为 2020 年 A 股上涨的核心动力是什么？

杜猛：以一年为尺度看 A 股还是比较短。一年中可能会有很多变量对市场的涨跌、投资者的心理和情绪造成冲击。但如果把观察尺度再拉长一点，在 3 到 5 年内，权益类资产的上涨动力很强，上涨空间也很大。

为什么我们有这样的信心？我们认为，未来权益类资产上涨的核心动力来自全社会无风险收益率的下行。过去 10 年，A 股上市公司盈利增长超过 2 倍，但主要指数看起来并没有上涨，也就是说，在这个过程中，A 股估值回落得非常厉害。2009 年 10 月 23 日，上海证券综合指数的估值是 30.78 倍，2019 年 9 月 26 日则只有 12.9 倍。这意味着在盈利水平相同的情况下，股价减少到了 10 年前的 1/3。

为什么权益类资产会呈现出这样的趋势？一个重要的原因是，社会无风险收益率很高，社会资金从权益市场转移至其他领域，例如信托、互联网融点对点借贷（Peer to Peer lending，简写为 P2P）、理财产品。过去一段时间，这些产品的收益率一度在 10% 以上，而且刚性兑付几乎使这些收益成为无风险收益。相较之下，权益市场的吸引力自然不佳，资金的流出则使权益市场的估值水平进一步降低，形成了一个负向循环。

但是，一些更深刻的变化正在发生，这种负向循环将被打破。从 2019 年发生的很多事件中，如打破刚性兑付、持续收紧房地产政策、清理 P2P、大量债券"爆雷"等，我们一方面可以看到政府打破刚性兑付的坚定态度，另一方面也能观察到社会无风险收益率的持续下行趋势，这一点尤其重要。数据显示，某大银行理财产品的收益率从 2016 年的 4% 下降到了 2019 年的仅 2.9%，货币基金收益率也从 5% 降至 2%。我们相信，这一趋势未来还会继续强化。

在这样的趋势下，有两个变化值得注意。

第一，权益市场的估值优势更明显了。举一个简单的例子：过去投资者很容易找到年化收益率 5% 的理财产品，该收益率相当于 20 倍估值；而现在，年化收益率降至 2%，相当于 50 倍估值。在这样的背景下，A 股市场 13 倍估值的优势就更明显了。

第二，随着未来社会无风险收益率持续下降，想要获得较高的预期收益率，投资者就必须增加风险资产的配置。除了 A 股，其他大类资产很难容纳如此大量的资金，也不具备较大的投资回报空间。

长期来看，我认为 A 股有望提供较为可观的年化回报率。投资者会重新审视 A 股，发现 A 股资产是很有吸引力的，从而带来大类资产整体上的重新配置。

这个配置过程就是未来 3 到 5 年，甚至更长一段时间内，驱动 A 股上涨的核心因素。这个过程会受到宏观经济波动、贸易摩擦等外部因素的影响，但这些问题都不是 A 股上涨的主要影响因素，而只是其过程中的扰动因素。无风险收益率下行带动 A 股价值重估将是未来投资市场变化的主线。

雪球：自您 2011 年 7 月起担任上投摩根新兴动力基金经理以来，该基金期间回报率高达 190.1%，而同期大盘回报率仅 26.34%，请问您为何能取得远超大盘的收益？

杜猛：新兴动力基金设立时，要求投资中国新兴产业，长期以来，我也十分看好中国新兴产业的发展空间，我认为新兴产业的增长空间比一些传统产业更大。我们通过在这些优秀产业中选择优秀的企业进行投资，争取为投资人带来净值的增长。我认为，股票投资的基本逻辑是促使优秀企业持续创造价值。所以我们的目标是挖掘并投资最优秀的企业，分享其长期发展带来的红利。遵循这个准则，我们的产品取得了较好的超额收益。

雪球：上投摩根新兴动力基金 2017 年主要投资消费电子和有色金属；2018 年年底建仓猪肉股；2019 年上半年持仓中猪肉股、电子股都受到了市场的热捧。能否简要介绍一下您的选股策略？

杜猛：从 A 股市场特征来看，在一定的时间段内，行业的景气指数是促使股票价格上升非常重要的驱动力。我们会通过对产业上下游和供求关系的分析，预估行业景气指数的上行幅度或上行趋势。清楚分析行业景气指数后，我们会在看好的相关行业中挑选具备比较优势的企业进行投资，分享行业景气指数上行带来的盈利增长机会。

我们对电子、有色金属、养殖等板块进行投资的决策，就主要是基于对行业景气指数的判断做出的。

雪球： 有权威人士指出中国经济的发展将呈"L 型走势"，未来几年，我国的经济发展将更重质量，而不是数量。在 L 型发展的情况下，您认为哪些行业会有不错的投资机会？

杜猛： 过去十几年甚至更长的时间里，国内经济增长很大程度上依赖投资拉动。但长期来看，依赖投资拉动的经济增长很难持续，经济转型是必然选择。在结构转型及增速放缓的过程中，经济增长的新动能应该是消费和科技创新，未来，这二者将占据经济增长的主导地位。消费和科技创新有助于实现持续的、韧性较足的增长。

雪球： 2019 年，消费和科技创新是推动行情上涨的两个主要板块，涨幅非常可观，估值上升得也很快。在高估值的情况下，这两个板块还具有投资价值吗？

杜猛： 我认为这取决于投资者对估值这一指标的理解。自 2016 年起，消费板块获得了较高的超额收益，相对估值也到达历史高位。但因为消费行业具有稳定性，所以其目前的高估值对长期资金而言还是可接受的。

科技板块在过去的两三年里一直处在相对下行的阶段，2019 年科技类股票的上涨其实是一轮估值修复行情。当今中国需要科技创新，政府也在大力支持。比如 5G 的推出、新能源汽车的快速发展和光伏产业的持续发展等，更多创新成果将在未来很长一段时间内不断出现。我们判断，2019 年后的两三年内，科技行业的景气指数会持续上升，同时，部分行业或企业的盈利会实现良好增长。因此，虽然 2019 年科技板块已有一定幅度的上涨，但是我认为它可能还处在起步阶段。

雪球： 从您过往的投资经历看，您涉猎的投资领域比较广泛，包括通信、电子、消费、有色金属等，而且价值型、成长型、周期型行业均有涉及。

能否介绍一下您的投资体系？在您的投研生涯中，您是如何一步步形成目前的投资体系的？

杜猛：在做基金经理之前，我做过近 10 年的研究员，对很多行业进行过研究，所以了解的行业相对较多。

实际上，不同的行业有不同的发展历程和成长阶段。现在的周期型行业过去可能是成长型行业。例如，房地产、煤炭、有色金属在十几年前的经济中就是成长型行业。

在中国市场，不同的行业都有发展机会，所以我不会刻意区分某个行业是周期型行业还是新兴行业，是价值型行业还是成长型行业，行业类型不是彼此对立的。

我的投资体系是希望通过理解和学习社会经济的运行规律和发展趋势，并进行分析和判断，找到真正受益于当前经济、社会发展的一些行业，然后在这些行业里寻找有长期增长前景的优秀企业，尤其是能够成为行业龙头的企业进行投资。

雪球：有许多投资者想进行股票投资，但不知道如何操作。作为一名经验丰富的基金经理，您能否提供一些建议？如何正确选择 A 股基金？

杜猛：股票投资专业性比较强。对于个人投资者来说，如果有大量时间，也有精力和研究能力，可以进行股票投资；但是对于没有时间或研究能力的人，我建议购买基金类产品，把专业的事交给专业的人去做。

另外，进入股票市场，应该放弃"希望通过股票投资实现暴富"的心理，并把股票投资作为资产配置的一种方式，作为长期投资进行下去。

选择 A 股基金有很多方式，也有很多专业机构会对不同基金进行评估，投资者可以参考。但与此同时，投资者也要确定自己对长期收益的预期，评估自己的风险承受能力，这样才能有的放矢地参考他人的建议，找到符合自己风险偏好的基金产品。

雪球：作为一位"做多中国"许多年的基金经理，您对中国最近十几年的发展一定感触颇深。您能否从基金经理的角度谈谈中国企业的核心竞争力在哪里？

杜猛：第一，中国是全球第二大消费市场，市场容量非常大，能给企业提供很多机会。企业只要专注于某个领域，做出好产品，获得成功就没那么难。因此，拥有庞大的内需市场，也能充分理解这个市场，是中国企业较大的优势。

第二，中国的配套资源和基础设施都相对完善，这是很多其他国家达不到的。

第三，中国是全产业链的国家，拥有各种各样的行业，企业可以根据不同行业的发展空间做出更多选择。

第四，中国的企业家和员工非常勤奋好学，追求上进，这也是企业成长和经济发展最大的驱动力。

由此可见，国家和时代为中国企业提供了很好的赛道。中国企业核心竞争力的形成体现了综合因素的作用。

寻求具备绝佳风险收益比的投资机会

刘文动 | 华夏未来资本管理公司董事长

拥有22年从业经历，历任全国社会保障基金组合基金经理，华夏基金副总经理（分管投资）、投资委员会主席、投资总监、基金经理。

选择了优秀上市公司的股票，就可以无视市场的涨跌，高枕无忧了吗？持有不同投资理念的投资者对这个问题的回答是截然相反的。

谈到"择时"，刘文动认为，如果"择时"是指准确预测市场点位，那么它很难实现；但是，如果它是指合理评估市场的相对吸引力或风险回报水平——风险收益比，毫无疑问它是可行的。

谈到最近被市场追捧的"核心资产"，刘文动表示自己并不认可这样的概念。他认为不存在所谓"长期的核心资产"，因为任何资产的相对风险收益都处在不断变化的过程之中，此时的"核心资产"，彼时就可能会"瓦解"，失去估值吸引力。"核心资产"不过是一个宏观周期的表象。

投资要尊重常识，控制回撤是长期稳定回报的基础

雪球：华夏未来资本管理公司有一套对市场趋势及短中期市场波动进行预判的框架——MPELVS 模型，我们能否将它看作一套择时模型？能否请您详细介绍一下 MPELVS 模型的逻辑框架？为什么华夏未来资本管理公司会应用这样一套框架来指导投资？

刘文动：MPELVS 中的 6 个字母分别代表宏观经济、政策、企业盈利、流动性与信用、估值水平以及市场心理这 6 个方面的因素。与迈克尔·波特（Michael Porter）用于分析企业竞争力的"五力模型"类似，MPELVS 模型试图用一套分析思维和分析框架来评估市场的相对吸引力、市场向不同方向运动的概率以及风险水平。

"择时"在投资界争议很大，不同的人对其内涵和外延的界定也有很大区别。一个声称完全自下而上选股的投资者，如果选股时考虑的是安全边际或估值，一定程度上就是在择时，因为他需要等待一个好的买入时机，而不是选择了优秀上市公司就不再考虑买入时机了。从这个意义上说，我不反对用"择时"来概括 MPELVS 模型的作用，因为它在本质上确实是在权衡风险回报水平——风险收益比。

然而，为了避免误解，我想澄清以下几点：首先，运用 MPELVS 模型并不意味着将获得投资收益的希望完全寄托在对市场时机的选择上，而不考虑选股；其次，择时一般意味着高频交易，需要不停地在市场上选择方

向、进行交易，而 MPELVS 模型主要用于判断市场中短期内的风险回报水平相对于其长期稳定的风险回报水平的偏离程度（即相对吸引力），其核心是清楚了解我们现在所处的位置，并对市场中期的运动方向做出预判。需要明确的是，准确预测市场点位是很困难的，但合理评估市场的风险收益比、确定市场的风险水平是相对可行的。

通过 MPELVS 模型进行判断后，我们可以从两个方面指导后续的投资决策：一是对个股选择的风险偏好进行调整；二是对大类资产配置进行调整。

市场上的投资理念形形色色，我认为最主要的投资理念有以下两种。一是经典的"价值投资"。价值投资理念认为股票的价格取决于股票背后的企业的价值，即企业在较长时期内赚取自由现金流的能力。二是乔治·索罗斯（George Soros）提出的"反身性投资"。反身性投资理念认为价值是不可计算的，股票市场本质上就是不同趋势的形成和瓦解。

不管什么投资理念，本质上都是一个无法证明的"信仰"，对投资理念和方法的选择并没有唯一的正确答案。正如基辛格在《世界秩序》（World Order）一书中提出的"共同演进"过程，一个人采取的投资理念和方法取决于其投资久期、客户要求、监管环境以及其个人特质，这些因素相互作用，共同决定了这个人的选择。

纯粹自下而上，基于企业的长期竞争力进行选股而不考虑买入时机的策略并非不能获得成功，但对于我们来说不是很合适。因为资产管理作为"受人之托，替人理财"的行业，还需要考虑客户资金性质、投资期限要求、市场环境变化以及投资行为监管等因素。

另外，纯粹自下而上的选股，既不能保证短期收益，也不一定能保证长期收益。短期收益得不到保证是因为股票的波动性极大，A 股尤其如此。即使是过去 20 年里最好的股票——贵州茅台，也曾在 2008 年回撤过50% 以上；即便排除在 2008 年高点时买入的极端情况，而是在 2008 年低点买入招商银行、万科 A 等股票，在之后的六七年中也不会获得很高的收益，而且这段时间这些企业的业绩并非没有增长。比如，2008—2018年，万科的业绩增长了10倍，但其中的前7年万科的股价却没有上涨，直到2015年才在宝能事件的催化下开始上涨，开启了价值发现之旅。可见，即便选择了最好的企业，也不能保证每年都能获得较高收益，甚至可能承受巨大的亏损。如果你的投资眼光足够长远，追求10年之后的回报，比如在2008年买入万科A股票，并一直持有到2017年，那么也会达成很好的结果。但是在此之前，你可能会在很长时间内没有收益。而这还是在你选对了长期增长的优秀企业的前提下可能遭遇的问题；如果从一开始你就没有选对股票，结果又会怎样？你不仅无法获得短期收益，连长期收益也泡汤了。此外，这里还涉及选股成功的概率的问题。价值长期持续增长的企业在市场上只占很小的比例，我估计这个概率不超过5%。

基于这样的情况，我们除了采用自下而上精选个股的策略，还会利用自上而下的周期性——风险收益比评估，来提高投资的潜在回报。

霍华德·马克斯（Howard Marks）在2019年出版的《周期》（*Mastering the Market Cycle*）一书中提到的很多理念都与我们一直践行的MPELVS模型不谋而合。马克斯谈到了经济周期、信用周期、流动性周期、估值周期和情绪周期等，但没有提到政策周期。我们也是从这几个周期出发来考虑问题的。可见，MPELVS模型其实是一个评估市场周期性或风险收益比变化周期的模型。这个模型的作用是什么？

实际上，我们会利用MPELVS模型为市场做定位。该模型就像温度计一样，告诉我们当前处在市场周期的什么位置，是否系统性地高估或低估了市场，市场可能的运动方向如何。

马克斯既讲解了各种周期，又提出周期不可预测。事实上，周期能否预测并不那么重要。在他看来，周期的"钟摆"到达一个极点后，终究会摆向另一个极点，避开高估的极点，抓住低估的极点，投资就成功了一大半，中间的过程则大抵可以忽略。但这样的做法有以下两个前提。

第一，两个极点之间的摆动幅度不能太大。毕竟股市不是钟摆，钟摆到达一个极点后会义无反顾地摆向另一个极点，中途绝不回头；股市则不然，常常"一步三回头"，当其并未处在极点位置的时候，波动性也很大，这令很多投资者不知如何应对。

第二，可以持币观望，等待时机，不到低估的极点绝不动手。但是这样的时机实在太难得。当股市处在两个极点之间时，投资又该如何操作？

对于经验丰富的投资者而言，对高风险区域和低风险区域的判断几乎已经成为常识。很多人投资亏损，是因为不尊重常识或抱有侥幸心理。长期来看，没有一只股票会涨到天价，也通常不会跌到价值全无，大部分时候股价围绕着一个中枢波动。这个中枢通常指长期潜在增长，对经济而言，就是 GDP 的潜在增长率；对企业而言，就是企业的长期潜在价值增长线。不管短期价格如何变化，大盘和个股都会有均值回归的一天。以美国为例，美国历史上的股票年化回报率为 10% 左右，一般认为，这就是在考虑股票类风险资产长期风险水平的前提下，投资者期望回报率的中枢水平。任何风险资产都有与其长期平均风险水平对应的长期要求回报率。因此，无论是股票还是其他资产，如果市场对其的长期要求回报率是 10%，那么其长期回报率大体就是 10%。这是因为市场自身就是一个"贴现机器"，它会自动根据风险回报率对未来的现金流（假定市场的"集体智慧"在较长时期内能够计算出这样的现金流）进行折现。

要获得超过 10% 的收益，无非要通过以下两种途径：一是抓住周期；二是资产现金流超过集体预测的水平。假设一只债券的票面利率是 5%，到期一次性还本付息，那么其持有到期收益率是多少？答案是到期收益率取决于购买时的到期收益率，或者说当时市场的要求回报率。如果你的买入价对应的到期收益率是 10%，那么你持有其到期的收益率就是 10%。为什么你能赚取超出 5% 票面利率的收益？因为你利用了周期，尽管这只债券的长期回报率在发行时就已经注定，但市场的要求回报率会发生变化。

MPELVS 模型的功能不在于每天、每月、每季度的择时，而是判断市场处在什么位置，以及下一步大概率会向哪里运动。我们虽然无法准确判断周期的高点和低点，但市场大概率所处的周期位置还是可以辨识的。

比如，如果我们想判断经济所处的周期位置，可以根据通货膨胀率与经济增长的关系，以及失业率情况，大体了解经济形势；再如，想了解流动性和信用，可以通过观察银行间拆借利率、票据发行利率和货币基金收益率等来推测流动性的趋势，通过信用利差、信贷可得性来推测信用的趋势。诸如此类，观察和判断的方法很多。

我认为，投资没有什么高深的理论，最重要的是克服人性的贪婪和恐惧，尊重常识。

雪球：不同的投资人对回撤的看法差异很大，而你们认为控制回撤风险是绝对收益的前提，那么对于控制回撤，你们有哪些好手段？

刘文动：就 A 股而言，从技术上控制回撤有 3 个手段：第一，如果对冲工具可用，进行一定的对冲；第二，如果对冲工具不可用，进行减仓；第三，调整组合的进攻性，通过风控纪律控制回撤。当然，根据国内的实际情况，对于不同净值水平的产品，我们会采取不同的策略。如果净值约为1，我们会相对保守地处理，避免客户亏损；如果净值远高于1，我们会表现得相对激进一些，使客户获得更多收益。从投资的本质来说，原本不应该在这两种情况下采取不同的策略，但在现实的市场环境下，多数客户会有这样的要求。

我们现在非常看重回撤，与我们的公募背景有很大的关系。根据我们在公募领域得到的经验教训，我们知道，大部分投资者都没能从基金中获取收益。原因是投资者常常后知后觉，在市场处于低风险区域的时候，他们对基金毫无兴趣；相反，在市场高涨的时候，他们趋之若鹜，蜂拥而来，结果往往买在了市场的高风险区域。同时，公募基金以相对排名作为主要目标，在 A 股这样的高波动市场中，其回撤的幅度往往非常巨大。结果是基金的长期回报似乎还不错，但真正获得收益的投资者却寥寥无几。因此，我们认为，应该把长期的复合增长和短期的波动结合起来考虑，而不是一味地追求短期排名。

投资的核心价值终究是获得收益，一味追求短期排名就偏离了这个本质。我们要追求的是较为稳定的长期复合增长，而要实现较高的长期复合增长，就要控制回撤的幅度。这个道理在数学上很容易证明：在均值相同的情况下，回报率的方差越大，长期回报率就越低。举个最极端的例子，假如有一只基金，今年涨100%，明年跌50%，后年又涨100%，大后年又跌50%，长期复合增长率实际上就是0。很多波动性高的基金都是如此，长期复合增长率很低。

所以，我认为控制回撤很有意义。尽管它表面上不见得符合市场的口味，也不见得能迎合客户的短期需要，但长期来看，它是符合客户利益的，我们的成就感最终也只能来源于此。

寻求具备绝佳风险收益比的 3 类投资机会

雪球：你们把具备绝佳风险收益比的投资机会分为 3 类：价值蓝筹股、经典成长股和新兴成长股，你们的划分依据是什么？如何把握这些投资机会？

刘文动：对传统价值投资来说很重要的一点是，通过对企业的未来进行分析来评估其价值，用理论解释就是通过对其未来可能获得的自由现金流进行折现来计算其现值。但未来终究是不确定的，自由现金流难以被精确地确定。所以在实际运用中，投资者常常会为"价值"争论不休：价值到底是多少？

因为价值不确定，所以实践中又衍生出所谓的"价值"和"成长"两种投资策略，这二者的核心区别在于对企业未来经营成果的确定性的认知不同。当我们说"价值投资"的时候，我们实际上认为价值在一定程度上可计算，至少可认知。如果一家企业在可预见的未来存在差别巨大的若干种可能的发展路径，那么价值就变得虚无缥缈。要想对一家企业的未来有一个相对确定的判断，需要满足以下几个条件：

第一，该企业所处的行业已经度过快速成长期，增速相对稳定；

第二，经过快速增长期的充分竞争，行业格局大体稳定；

第三，该企业经过市场洗礼，被证明具有相对稳固的竞争优势；

第四，该企业有较强的获利能力，能够通过份额增长持续增加价值。

当前中国的家电行业就满足了上述条件。当然，稳定和成熟的概念也是相对的，比如，日本的家电行业曾经在国际市场上形成寡头垄断，竞争力很强，但随着韩国和中国的品牌崛起，其竞争优势正在慢慢消失。价值蓝筹股的投资机会大多会出现在格局比较稳定的行业里那些已经胜出的龙头企业中，其中最常见的就是消费品行业。

很多人认为应该坚持价值投资，但大多数人无法对其所选企业的价值做出准确的判断。这时，根据一些价值投资概念进行投资就会变得很不合理，比如"安全边际"。当你在不清楚企业合理价值的情况下考虑"安全边际"时，"安全边际"就只是一个纯粹的概念而已。

"成长投资"意味着我们对企业未来的发展路径存在着从乐观到悲观的若干种可能的判断。成长型企业的确定性比价值型企业小很多，其未来存在很多种可能性，企业和其所处的行业都处于快速增长期。成长投资又分为新兴成长投资和经典成长投资，分别对应成长的早期和中期。处于成长早期阶段的企业，投资者只能了解到一些概念，企业的商业模式还没定型，甚至可行性也还未得到验证，根本不知道将来的结果会如何。而处于成长中期的企业则相反，其商业模式已经比较确定，可行性也得到了验证，部分企业甚至已经建立起了一定的壁垒。

但总体来说，确定性都是相对的，而不是绝对的，没有任何事物是完全确定的，投资同样如此，投资的本质就是以确定的现在去换取不确定的未来。做出投资决策后，你并不知道未来将得到什么，得到任何回报都只是一个概率事件。

雪球：华夏未来资本管理公司认为，在选择经典成长股时，需要选择好的商业模式。那么，什么是好的商业模式？可以通过哪些方面来判断是否为好的商业模式？

刘文动：从某种程度上说，经典成长股是巴菲特会喜欢的股票类型。当然，巴菲特投资不一定完全遵循经典成长股的投资规则，比如，他其实也会买入石油股，但石油股并不符合这个规则。我们姑且将其看作巴菲特的选股方法。它要求企业具备以下 3 个特点。

第一，有较高的行业天花板，从而保证较大的市场空间，不然增长将难以长时间持续，该企业的股票不可能成为经典成长股。

第二，有独特的竞争优势，而且这个竞争优势可以使企业的长期资本回报率高于资本成本。如果这个条件得不到满足，即使企业规模不断扩张，也没有什么意义，因为企业价值并没有得到提升。所谓独特的竞争优势，也就是巴菲特所说的"护城河"。我们要观察护城河的变化，很多过去比较宽阔的护城河，已经随着时间的推移和新技术的采用逐渐消失了。比如，巴菲特曾经认为《华盛顿邮报》（*The Washington Post*）具有宽阔的护城河，但随着互联网的崛起，它也一定会受到很大的冲击。虽然竞争优势需要用动态的眼光看待，但总的来说，竞争优势在一段时间内主要体现在企业经过长期竞争保留下来的品牌力、市场垄断力和产品力等。当然，网络时代，平台型企业拥有的则是另外一种竞争优势，比如网络效应。

第三，有较好的企业治理结构。首先，存在一整套规则和制度体系，确保管理层基于企业价值行事，当然，这是理想化的情况；其次，拥有久经考验的管理团队，并且管理团队相对稳定，不存在频繁更换管理层的风险；再次，管理团队富有进取心，且能驾驭各种风险，带领企业在市场的残酷竞争中持续获取胜利。

雪球：在选择新兴成长股的时候，该如何判断哪些技术处于爆发的临界点？您会选择怎样的新兴成长股？

刘文动：不同于风险投资（Venture Capital，简写为 VC），二级市场投资者不需要在很早期就押注，完全可以等后期技术方向确定后再选择好的投资标的。所以在选择新兴成长股的时候，我们不会选择那些刚出现的、纯概念的股票。

我们真正会选择的新兴成长股是那些已经显示出一定的商业模式可行性、技术应用场景已经比较明确，并且即将迎来大规模发展的投资机会，比如之前的移动互联网，现在的5G技术——你能预见它们即将带来的影响和变化。

当然，对于一些偏向单纯概念的投资机会，在特定的情况下，我们也会考虑，比如当企业估值能完全靠当前核心的、稳定的业务支撑起来，同时企业试图做一些转型的尝试，或者进行收购的时候。这时我们投资就相当于免费获得了一个看涨期权，即使新业务没做成，也有原业务支撑，而且并没有为这个不确定的新业务付出溢价。一旦新业务成功，就能获得额外的回报。

投资中国，选择成长

雪球： 近3年，价值蓝筹股在市场中获得了很好的回报。您认为这会是一个长期趋势吗？您对当前A股的价值蓝筹股整体估值如何？哪些板块还有好的投资机会？

刘文动： 这肯定不会是长期趋势。现在很多人提倡所谓的"核心资产"，我并不完全认同。"核心资产"这个提法就像过去的"漂亮50"（Nifty Fifty，20世纪六七十年代在纽约证券交易所交易的50只备受追捧的大盘股），可以一直持有，不会发生什么问题。这种说法是很荒谬的。市场永远暴露在激烈的风险回报的竞争中，一些现在看起来确定性很强的资产，即未来赚取现金流的能力似乎非常确定的资产，由于现在市场要求的回报率降低，其估值得以上涨；但与此同时，其潜在回报率也大大降低了。那么，如果未来出现预期回报率比该资产高得多的其他资产，你是否会买入？一定会，这就是资产的比价效应。过去，很多人会在市场最悲观的时候买入货币市场基金（Money Market Funds，简写为 MMF），其回报率为3%～4%，甚至更糟，但人们依然趋之若鹜。这是因为人们不愿意承担风险，而是追求所谓的确定性，结果风险资产的风险溢价大幅提高，也就是潜在回报率大幅提高，但市场常常不明白这个道理。为什么 MMF 总是在股市出现机会的时候出现危机？就是因为当风险偏好上升的时候，大家又竞相把投入 MMF 的资金取出，并投入股市，但这个时候无风险利率也在上升，导致 MMF 持有的资产出现账面亏损。

投资者投资，必须比较资产的潜在回报率，而不是看它是否为"核心资产"。投资者从始至终一直在抉择着资产风险和回报之间的关系，如果他们察觉到风险和回报的关系改变了，就会撤出。即使把现金存在家里，也会面临通货膨胀的风险。本质上，没有任何资产是无风险的，投资者必须时刻综合评估风险和回报的关系。

因此，我不认为现在的核心资产"抱团"会成为一个长期现象。实际上，它只是一个宏观现象，2004 年和 2005 年也曾出现过。

购买商品要看性价比，购买股票也一样。没有哪只股票会卖出天价，也很少有哪只股票会跌到分文不值。任何确定性资产在市场"贴现"机制的作用下都会有波动，何况股票这种不确定性极大的资产。然而，尽管它偶尔会有极其乐观的预期，偶尔又会有极其悲观的预期，但终究还是会回归其长期回报率的均值，这就是所谓的"均值回归"。均值回归其实是一个很浅显的道理。

说到底，投资者最大的问题在于自以为是、自作聪明，总是在短期回报不佳或最好的时候，寻找各种理由合理化这些短期表现，自以为在做分析，其实不过是顺从了人性的弱点，行为金融学对此进行过很深刻的研究。所以投资需要克服人性的弱点，克服贪婪和恐惧的本能。每当市场情绪高涨或者极端恐惧的时候，一些人会列出很多道理，看似分析得头头是道，其实已经被自己的潜意识所欺骗。因此，时刻"监督"自己思维过程的"第二层次思维"，对股票投资来说非常重要。

雪球： 您怎么看待金融（尤其是银行）和地产行业的低估值？现在是好的投资时机吗？在未来中国经济的发展中，银行和地产行业会与过去有哪些不同？

刘文动： 金融和地产行业的低估值现象不是今天才出现的，2009年后，银行就走上了长期价值压缩的道路。总体上讲，2009年后，银行盈利增长还是比较稳定的，一些好的银行，比如招商银行，还达到了15%的年复合增长。那么，为什么银行的估值一直在降低？第一，整体经济增速降低，导致作为国民经济大载体的银行的估值中枢下行。第二，经济下行周期内，市场对银行的资产质量抱有很大的担心。这是因为银行本质上是经济中各行各业的一个组合。经济下行周期内，人们通常不信任银行资产，所以银行的估值就会"打折"。第三，存贷款利差缩小。银行作为金融机构，本质上可以被看作一个套利机器或一个中介，它吸收存款、发放贷款，其中的利差就是它的利润，存贷款利差缩小对银行不利。在影响银行估值的这3个因素中，市场对银行资产质量的担心占主导地位。

从我个人的角度看，在当前的估值下，如果投资者认为中国经济不存在发生巨大危机的可能性，那么银行是有长期投资价值的；但是短期来看，在没有特别的驱动因素或催化因素的情况下，上涨的时间也只能靠时间来证明。

地产行业的情况稍有不同。首先，地产行业估值低是因为整个行业已经发展到了一个新的阶段。从人均住房面积来说，我国人均住房面积约40.8平方米，在世界上都属于不低的水平。在这样的行业背景下，行业高速增长的阶段无疑已经过去。那么，在存量竞争的格局下，相对来说，龙头企业更有价值。也就是说，我相信龙头企业还会有比较好的增长，但是地产企业"躺着赚钱"的时代已经过去了。

其次，地产行业会受到政策预期的很大影响，所以它的情况总是时好时坏。比如，2014 年，像万科这样长期来看比较优秀的企业，其估值也跌到了非常低的水平，很多短期投资者不愿意买入其股票，直到"宝能收购"等催化剂出现之后，股价才开始有了好的表现。这类有一定成长性，同时盈利能力较好的企业也可能面临这样的窘境，即在一定时期内股价不上涨，被压缩到极致的时候，可能才会出现一次爆发性的反弹。2015 年以前的格力也属于同样的情况。

总而言之，对于银行和地产两个板块，如果投资者追求的是长期的回报，龙头企业是不错的选择，但是短期来看，这两个板块或许没有太大的机会。

雪球： 近期科技行业受到了很多关注，政策频频提及，相关股票也是涨势良好，下一个科技上行周期真的要来了吗？

刘文动： 我认为，很多时候科技趋势与 A 股的关系或许没有那么紧密，因为 A 股的产业代表性并不强，与中国产业转型的格局也并不相称。A 股中的很大一部分来自传统制造企业，相当多反映未来科技趋势的企业并没有在 A 股上市。当然，或许科创板的推出会带来一些变化，但这需要时间。比如，消费电子产业的上一轮周期实际上是由以苹果为代表的智能手机的普及所带动的，智能手机的普及带来了消费电子产业一个较长的繁荣期，这一繁荣期从 2010 年一直持续到了 2017 年，中间虽有波动，但总体上是增长的。虽然 A 股市场的电子元器件制造业企业受惠于此，但是 A 股市场内并没有在科技新周期下商业模式发生颠覆性创新的企业，因为过去的上市制度不允许这类企业在 A 股上市。可以说，尽管过去 10 年 4G 和移动互联网崛起并发展得如火如荼，但 A 股的投资者并没有从中享受到商业模式创新带来的多少好处。

5G、物联网、云计算、大数据、人工智能、生物科技等科技浪潮似乎正在奔涌而来，但一切又似乎刚刚开始，未来到底会有哪些成功的应用，我们还需拭目以待。目前大多数新技术应用还很不明确，一些应用方式虽然已经开始显现，但其发展也还处在早期，比如，物联网被应用于智能家居产品中，但这只是很小的领域，物联网发挥作用的更大空间还不清晰。当然，二级市场投资不需要过于前瞻性地把握那些新技术应用开发还处在早期阶段的企业，这些企业的确定性很低，一般而言并非好的选择。一级市场投资追求的是"高赔率"，二级市场投资则更多地追求"高胜率"。

雪球： 当前市场在 3 000 点左右徘徊，这是一个不上不下的位置。您比较看好哪些方向的投资机会？

刘文动： 我们相对更看好成长股。

从中长期角度看，中国有能力避开所谓的"中等收入陷阱"。虽然中国经济还在下行，长期潜在增长率也在下降，甚至难以预测其下降的具体幅度，但所有追赶型经济体都必然经历这个阶段。另外，绝对增长率本身也并非那么重要，重要的是产出缺口。美国经济的长期增长率稳定在 3% 左右，但这并不妨碍美股的周期性兴衰和长期增长的趋势。中国正处于经济结构转型的进程，其中，传统行业正沿着价值链向高端迁移，新兴行业布局良好，占据了有利形势。从全球经验来看，处在这个阶段的国家往往会面临一个危机——中等收入陷阱，一些拉丁美洲国家就是典型。除了最早实现工业化的国家和地区，如西欧和北美，其他大部分国家都很难跨过这个危机。无法跨过危机的原因很多，但核心的原因是：严重的贪腐问题、极大的贫富差距，以及过早的民主化导致的民粹主义，使这些国家很难实施有效的应对措施，从而引起了社会周期性失序，经济危机频发，社会意识形态在左右之间来回变动，无法凝聚发展共识，以至于几十年来都无法摆脱发展停滞的局面。反观中国，政治长期稳定，改革开放虽然节奏有快有慢，但总方向从未动摇。我深信，这一政治优势对于中国跨过中等收入陷阱是一个有利的条件。

另外，从中国经济周期的角度看，在最重要的 3 个经济周期中，即库存周期、产能周期、信贷周期，库存周期和产能周期已经基本处于底部，信贷周期目前虽然仍处于高位，但也已经趋稳。A 股上市企业的杠杆率接近有史以来的最低点。当前经济的高杠杆其实主要体现在地方政府融资平台层面，其对应的资产主要是基础设施，而基础设施的特点就是回报周期比较长。因此，宏观杠杆率的下降仍需一段时间。但不同于消费型债务，这些基础设施资产终将对国内大市场的形成和分工的发展起到无可估量的促进作用。

我们也注意到，在提及中国经济的前景时，很多人对部分产业转移、资本外流的现象忧心忡忡，并据此认为中国经济长期前景不佳。在我看来，事实恰恰相反，一个国家要富裕起来，最终要依赖整体生产率的提升，所以产业转移、产业升级是经济发展的必然现象，产业必然要从价值链的底端向高端转移。美国的强大不是因为保留了全部的产业，而是因为淘汰了低端产业，在保持其可贸易部门的效率的同时，利用可贸易部门的高效率带来的货币购买力，通过全球分工，交换发展中国家低生产率部门的劳动，从而享受闲暇和富足。今天，如果让美国人继续生产鞋子、袜子、衬衣和玩具，美国人付出的劳动一点儿也不会比中国人少。所以中国人要想过好日子，绝对不能靠自己持续生产低生产率的产品。转移低生产率产业，用高生产率产品交换低收入国家的低生产率产品，是产业发展的本质规律。

在这一转型过程中，中国在很多传统领域已经走在世界前列。我们可以在华为的发展过程中看到，中国的通信领域毫无疑问正在崛起，甚至处在世界领先地位；中国在化工领域也有突破性发展，比如，万华化学的产品驰名世界精细化工领域，维生素行业同样得到了全球范围内的广泛认可；中国在电子信息产业、汽车产业、机械产业、电力设备行业以及新能源领域的竞争力也在持续不断地增强。与此同时，中国的一些新兴行业也位于世界前列，比如移动互联网、大数据、云计算、人工智能、新能源汽车等。

虽然中国经济总体上与美国还有相当大的差距，但在传统领域，中国在向价值链的高端迁移；在新兴领域积极布局，占据了较好位置，产业转型势不可挡。我们还有什么理由不相信中国光明的发展前景？

投资中国，无疑是最正确的选择！

超额收益来自多数人的误区

周良 | 少数派投资创始人

拥有长达29年的投资经验，历任申银万国研究员、投资经理（1995—2006年），理柏（Lipper）中国区研究主管（2006—2008年），汤森路透（Thomson Reuters）投资咨询业务中国区总监（2008—2009年），浙江浙商证券资产管理有限公司副总经理（2009—2013年）。

任何一种单一的投资方法都可能长期跑输市场，因为市场风格在不断变化。 即使是价值投资，也存在长期跑输市场的周期。 少数派投资的创始人周良先生分享了他的投资理念和方法。

投资要做 "少数派"，超额收益来自多数人的误区

雪球："少数派"这个名字令人印象深刻，可否简单介绍一下公司为什么会取这个名字？其背后的含义是什么？

周良："少数派"是我们的注册商标。能在股市里长期获得超额收益的永远是少数人。如果你的投资行为模式和大多数人相似，你的投资结果自然也只能和大多数人相似，也就是说不会太好。

我们的投资方法与绝大多数资产管理人不同，所以取了"少数派"这个名字。我们的投资理念概括为一句话就是："超额收益来自多数人的误区"。在投资研究中，我们则采用了很多行为金融学的观点和方法。

雪球：您1991年入行，至今已有29年的证券投资实战经验，您曾说过自己总是在"不断与时俱进"，能否简单介绍一下您从入行到现在不断与时俱进的过程，比如投资心态、理念或方法的转变？

周良：市场在不断进化，经济环境也在时刻变化，交易对手会变得越来越高明，上市企业利用资本市场的手段也会越来越高明，同时，监管部门对市场进行监管的方法也在进化。因此，我们的投资方法也要不断进化，而且要进化得比市场更快，这样才能战胜市场。

1991年，我开始投资股票。20世纪90年代，我做过技术分析，做过短线的追涨杀跌，做过庄股。2000年后，随着价值投资的萌芽，我曾进行过价值投资。而2010年以后，我长期从事成长股投资。

我发现，任何一种单一的投资方法都可能长期跑输市场。因为市场风格在不断变化，即使是价值投资，也存在长期跑输市场的周期。比如，价值投资者的代表——美国的老虎基金（Tiger Fund），虽然在 1980 年至 1997 年获得了 30% 的年化收益，但在 1998 年至 2000 年，它连续三年跑输市场，从而导致大量赎回，最终于 2000 年遭到清盘。

正是在对投资环境变化和不同投资方法进行不断反思的基础上，我们逐步发展出了目前的投资理念和方法。这些理念和方法依然不是固化的，还在不断地发展、进化。

定价错误反映了人类的思维模式

雪球：少数派的核心投资理念是：超额收益来自多数人的误区。你们一般是通过怎样的方式寻找市场中的误区的？市场本身一直在变化，如何不断地找到这些误区，保证长期的超额收益？

周良：超额收益来自多数人的误区，如果你能了解到多数人的预期，或者多数人的研究、认识和判断出现了哪些错误和失误的话，这些错误和失误存在的地方就是股票市场中定价错误的地方。定价错误的地方就能够带来超额收益。如果你的投资行为模式与大多数人不同，你发现了大多数人的错误和失误，市场规律对你而言就是失效的。

我们在投资研究中运用了很多行为金融学的理论和方法。传统经济学的基本假设是"理性经济人"假设，认为投资者都是理性的。但是经过对市场的多年观察，我们发现，其实股票市场中的大多数参与者都不是理性的。比如，在牛市高潮期，市场变得非常乐观，几乎所有投资者都在买入，还发生了一些行为或情绪的共振。我们对市场中的"草根经验"进行观察，发现其确实比较符合一些现代行为金融学的理论观点。

雪球：你们认为，在如今 A 股机构化、国际化的趋势下，市场的定价错误会不会越来越少？你们会如何应对？

周良：我们觉得定价错误还会长期存在。因为定价错误反映了人类的思维模式。行为金融学的创始人之一，诺贝尔经济学奖获得者丹尼尔·卡尼曼（Daniel Kahneman）认为，人类思维存在快思维和慢思维两种模式。快思维是直觉的、感性的，思考效率很高，但容易出错；慢思维是理性的、逻辑的，不容易出错，但需要耗费很多脑力。由于脑力有限，人类习惯用快思维进行思考。只要大多数人的思维模式还属于快思维，那么定价错误就会长期存在。而我们要用更加准确的慢思维去寻找多数人快思维的误区，这就是我们长期超额收益的来源。

雪球：在你们的投资方法中，行为金融学得到了很大程度的应用，您能否详细介绍一下你们的核心应用框架，并举一个具体的应用实例？

周良：近年来，我们进行了一些独特的研究，根据行为金融学提出的人类非理性影响市场价格的观点，对市场供求结构、交易对手行为、筹码稀缺性、估值高低、市场情绪等进行了分析，从中发现了一些大多数人容易产生偏差的地方。

比如，近年来，很多媒体报道，大蓝筹被多数投资者或公募基金集中持股了。如果我问大家，中国平安作为公募基金持股市值最大的股票，是否被公募基金超配，大多数人可能会感性地认为的确如此，因为大蓝筹被集中持股、"抱团取暖"了，中国平安又是公募基金持股市值最大的股票，它一定是被超配的。然而，我们统计了 2 000 多只主动偏股型公募基金对中国平安的持股比例，发现中国平安不仅没有被超配，甚至达不到标配。

这个案例就属于行为金融学的研究范畴。可见，我们要用理性客观的量化分析取代感性、直觉的快思维。比如，公募基金的持仓比例属于交易对手行为，但它只是影响市场的 5 个要素之一，我们只有经过多要素的综合分析，才能得出最终结果。

雪球：除了获取长期超额收益外，控制回撤是基金管理人面临的另一大挑战。少数派不但躲过了 3 轮股灾，净值还创新高，是怎么做到的？在控制回撤方面，你们有哪些好的方法？

周良：自少数派成立以来，我们获得了很高的超额收益，同时回撤远远低于同类产品和同期大盘跌幅，这一成绩与我们的投资方法密切相关。

我们善于寻找位于大多数人认识误区的投资方向和投资标的，它们往往是一些基本面良好，但是市场上的大多数人不看好的标的。比如银行股，其估值很低，但是大多数人认为中国银行业的资产质量存在很大的水分，或认为中国银行业是暴利行业，当前的高收益难以长期维持。经过研究，我们认为这些主流观点是错误的。

我们的研究成果在很大概率上是正确的，如果该成果正确，我们就能获得大量超额收益；当然，该成果也有可能错误，但错误的概率较小。不过，即便我们判断错误，损失也不会太大，因为银行股的估值已经反映了主流观点的悲观预期。这是一个非常有效的事前风控方法。

中国大蓝筹是全球大蓝筹的一个估值洼地

雪球：随着中国资本市场开放进程的不断深化，近年来，北向资金的投资偏好成了投资风向标。您如何看待外资流入对 A 股市场的影响？

周良：外资的大量流入使得外资对 A 股定价的影响力越来越大，从而影响着国内资金的投资行为。目前，我们非常关注外资的投资行为。我们认为，外资持续影响着国内机构投资者对配置行业龙头和进行长期投资的理解，这种影响仍将长期存在。

雪球：您能否结合中国经济和资本市场的现状和发展前景，谈谈当前是投资中国的好时机吗？

周良：目前，全球资金依然严重低配中国市场，2019 年 11 月，中国 A 股在明晟指数中的权重也仅有20%左右，但未来几年会提高到100%。中国大蓝筹也是全球大蓝筹的一个估值洼地。这些能在二级市场买到的中国核心资产依然值得投资。

发掘高质量成长型企业并长期坚定持有

张坤 | 易方达中小盘混合基金经理

理学硕士。曾任易方达基金管理有限公司行业研究员、基金经理助理。现任易方达中小盘混合型证券投资基金基金经理、易方达亚洲精选股票型证券投资基金基金经理、易方达新丝路灵活配置混合型证券投资基金基金经理。

关于投资中国，易方达中小盘混合基金经理张坤先生认为，中国资本市场上有一批竞争力、护城河和商业模式等基本面质地优异的企业，例如贵州茅台、上海机场、爱尔眼科等。张坤先生表示："从业绩归因的情况看，我们的持续超额收益主要来源于个股选择，即发掘高质量成长型企业并长期坚定持有。"

雪球：2019 年上半年，易方达中小盘混合净值上涨 50.57%，居同类产品前列，其近 5 年的收益率更是高达 243%，是所有偏股混合型基金中的第一名。请问您为何能持续取得这样的超额收益？

张坤：从业绩归因的情况看，我们的持续超额收益主要来源于个股选择，即发掘高质量成长型企业并长期坚定持有。中国资本市场上有一批竞争力、护城河和商业模式等基本面质地优异的企业，它们能持续创造大量自由现金流并保持较高的资本回报率，例如贵州茅台、上海机场、爱尔眼科等。我们有幸选出了这些优质企业中的一部分，并通过长期持股的方式陪伴它们成长，从而分享到它们成长的回报。我们也曾选错企业，但由于及时进行了调整，没有造成太大亏损。所以，从长期回报的角度看，我们能取得比较显著的持续超额收益。

雪球：您曾说过您会花费大量时间阅读上市企业年报，并且认为阅读有时候比调研更重要。您能否分享一下您是如何阅读这些年报的？阅读年报为您提供了哪些调研中无法获取的信息？

张坤：我阅读年报的方法很简单，就是按照时间顺序逐年阅读，每份年报都从头到尾仔细阅读。

我非常重视年报阅读的原因是，年报是刻画企业经营全景的最佳资料，通过阅读年报，我们能对企业产生最贴近现实的整体印象。

具体来说，第一，正如清华大学的校训所说，"行胜于言"，如果说企业调研是"听其言"，阅读年报无疑属于"观其行"，有助于检验企业历史战略的执行情况和执行效果。

第二，按照时间顺序阅读年报能帮助我们最直观地感受企业的商业模式和竞争力。例如，最优秀的企业大多只会在首次公开募股时进行一次融资，此后则会靠自由现金流不断滚动成长；它们还有持续稳定的资产收益率和资本回报率，固定资产和运营资本的占比始终保持在较低的水平。

第三，年报能反映出很多潜在的"红灯"，即公司治理是否存在潜在缺陷（例如关联交易金额），企业会计政策是否激进（例如研发费用资本化），折旧政策是否符合经济特征（例如，折旧年限是否过长，是否应该采用加速折旧却采用了直线折旧）。

雪球：过去 3 年，易方达中小盘混合的年均换手率不到 100%，这个数字非常低。这表明您在持股过程中赚取的大多是企业的成长收益，而不是交易的收益。请问您是如何发现这些优秀企业的？

张坤：优秀企业从不是突然变得优秀的，它们往往有相当长的发展史，已经在过去的市场中证明过自己。易方达中小盘混合持仓的企业拥有平均超过 15 年的上市历史，有大量历史数据可供检验。"乌鸦变凤凰"的故事在资本市场中可能存在，但概率很小，与已经在市场中证明过自己的优秀企业相比，是缺乏吸引力的。

具体的选股方法是，首先，筛选出历史上自由现金流强劲、投资资本回报率（Return on Invested Capital，简写为 ROIC）持续稳定、有息负债率低、没有反复股权融资历史的企业。这一步完成后，大约有二三百家企业符合条件。

其次，阅读每个企业上市以来的所有年报，剔除壁垒正在丧失、竞争力正在削弱的企业，将企业列入持续观察名单。之后，在这些企业遇到短期困难而不影响长期竞争力时果断买入，例如 2013 年贵州茅台遭遇"三公"消费禁令的困境时，2017 年华兰生物遭遇渠道去库存困境时，2019年白云机场遭遇机场建设费取消的困境时。

雪球：您能否分享一下您卖出企业股票的逻辑？

张坤：卖出的主要原因是基本面的变化，比如，最初的企业竞争力评估出现了偏差，需要修正，或者随着时间的推移，企业竞争力有所减弱。

雪球：易方达中小盘混合的回撤控制十分优秀，即便在 2015 年股市出现大幅下跌的时期，回撤也不超过 30%。您能否分享一下您关于回撤的看法？您是如何控制回撤的？

张坤：首先，权益类资产是所有资产中长期复合收益率最高的资产，其重要条件是存在波动，高收益率在一定程度上是高波动的合理补偿，如果不愿意承受波动，就只能投资低收益率的固定收益类资产。

其次，在投资中，我并没有刻意控制回撤。我不认为自己有判断大市的能力，我相信只要企业选择正确，企业股价会一轮一轮不断创造新高的。

雪球：目前，我国经济发展方式正在由重数量转向重质量，各大龙头行业的头部效应明显。在这样的大环境下，您怎么看中小市值企业的企业成长和投资机会？

张坤：现在的优秀企业也是从中小市值企业成长起来的。不论是市值已过万亿元的贵州茅台，还是市值达千亿元的上海机场和爱尔眼科等，都是从过去几十亿元或一百多亿元的市值上涨到现在的规模的。毫无疑问，目前的中小市值企业中也会有佼佼者成长为 10 年后的优秀企业。但从投资的角度看，这种能由小长大的企业比例很低。

对投资者来说，最大的困难是选对一个企业要以选错多个企业为代价。投资者可能不得不忍受个别股票表现优秀，但股票组合整体暗淡的情况，尤其是资产管理从业者，更关注组合收益率，而不是某只个股的收益率。

具体到公司特征上，这种"未来之星"往往具备独特的商业模式，不会以同样的模式与现有成功企业竞争，并且在企业发展早期就已经展现出了远超同行的竞争力。

聚焦扩张型行业中的好企业

吴俊峰 | 清和泉资本投资总监

毕业于清华大学五道口金融学院，拥有超过15年的投资研究经验，历任泰达宏利投资部总经理、基金经理、研究主管。在泰达宏利供职的近10年里，管理了百亿规模的股票型基金，长期业绩优异。

谈到中国经济和市场的发展，吴俊峰先生认为，中国速度就是把西方发达国家 100 多年工业化历程实现的发展压缩到 40 年完成，而 A 股市场也将美股 100 多年的发展压缩到了 30 年完成。A 股的发展就像按着三倍速快进键播放的一场电影，但其内在逻辑和成熟国家的发展路径相同。

当前中国经济和市场的发展正处于良性状态，尽管节奏和速度可能会时有变化，但是方向一定是成为成熟国家。我们做多中国，就要投资扩张型行业，投资 GDP 占比和市值占比正在不断提升的行业，投资使用率越来越高的产品。

接下来，吴俊峰先生分享了他对中国行业发展的理解，他眼中的 A 股估值体系更替以及他对投资中国的建议。

雪球：您之前供职于泰达宏利，从研究员做到投资经理，又担任了投资部总经理，是什么原因促使您转行私募基金？"奔私"后，您在投资方面有哪些新的体会？

吴俊峰：我的个人成长是比较典型的国内培养投资经理的模式。毕业后从研究员做起，接着担任基金经理助理，然后成为基金经理，最后管理投资部。我在担任研究员时学习了很多东西，就像盖房子要先把地基打扎实，才能修建主体结构，在此期间我获得了正确的投资理念。担任投资经理时，我则开始进行一些经验性的总结。这就是我的投资成长经历。

我转行私募基金的原因和其他很多"奔私"的人一样。公募基金的排名机制决定了操作时间越长，从业者受到的束缚越大，这就不可避免地要进行很多短期操作。比如，你看好某种很有价值的资产，但是市场可能在炒其他资产。你可能还没坚持到证明自己正确，就被干掉了。私募基金管理则可以按照我们的理念和操作风格来进行，更适合我们，也更能立足长远，于是我们成立了清和泉资本管理有限公司。

雪球：您认为在您从事投资的 15 年里，中国经济、股票市场或基金行业等有哪些变化或者趋势值得分享给投资者？为什么？

吴俊峰：第一，A 股市场的发展可以理解为将美股 100 多年的发展压缩到 30 多年来完成，就像按着三倍速快进键播放的一场电影。从一开始的不规范，到炒庄股，炒各种消息和题材，再慢慢发展到机构化，根据基本面寻找企业，A 股市场是一个向成熟状态快速演进的股票市场。我认为 A 股市场最终会走到何处是显而易见的。美股市场等发达市场目前的交易结构和估值体系，其实就是中国 A 股市场的未来。从炒垃圾股、概念股到散户逐渐退出市场的大趋势没有变化，只不过如果演进速度快，比如外资结构占比更大，机构化进程加快，成为成熟市场的那一天会更早到来。即使达不到这个程度，A 股市场的发展也在按部就班地进行。

第二，中国经济的发展可以理解为把西方发达国家 100 多年工业化历程实现的发展压缩到 40 年完成。我刚入行的时候，中国正处于重化工业阶段，那时发展得最好的行业大多是周期性行业，如钢铁、煤炭、有色金属等行业。不到 10 年，中国的城镇化、工业化水平都达到了一定程度，国家进入转型阶段，经济继续向更高端的方向前进，制造业也在谋求逐步摆脱粗放型生产。我认为，未来只要不出现太大的政策错误和严重的外部冲突，中国大概率能慢慢实现经济转型和产业结构升级，跨过中等收入陷阱。

总而言之，当前中国经济和市场的发展均处于良性状态，不存在太大问题，尽管节奏和速度可能会时有变化，但是方向一定是成为成熟国家，经济结构也会持续升级。这虽然是共识，但也是投资中不可忽视的基本观点。

雪球：有些投资者将北向资金视为风向标，您如何看待外资流入 A 股市场的影响？

吴俊峰：外资持股的规模已经超过公募基金了，从结果上看，外资已经成为一股很重要的力量。外资的思维方式和选股标准与国内投资者有一定差异，比如，过去国内投资者认为很多市盈率为 20 倍、30 倍的企业股价过高，所以直到外资进入后才开始大量买入，结果使其上涨到 50 倍、60倍；过去，国内投资者认为"越小越贵"，小票更值钱，但外资进入中国后不会投资小票，而会投资最好的企业，认为"越大越贵"。其实，国内外的估值体系没有对错之分，只是判断标准不同。外资基于外国股票市场的发展历史进行判断，认为这类企业值得这样的价格。这在某种程度上也能丰富投资者的结构。

雪球：您刚入行的时候主要管理的是周期股和一些与周期相关的基金，但现在清和泉偏向价值投资，对周期股已经不太关注了。这一转变的原因是什么？

吴俊峰：这一变化主要与经济结构有关。我入行的时候，中国刚好处于重化工业和城镇化发展叠加的阶段，是投资周期性行业的最佳时机。当时，每年的固定资产投资增速都是 20%～30%，出口增长也有 30%～40%，周期性行业，包括钢铁、水泥、机械，都非常景气。但是 10 年之后，中国 GDP 增速整体持续下滑，既然波动已经很小，甚至几乎消失了，那么我们就很难在周期性行业中找到机会了。当然，如果供给侧改革进行得好，产能去得快，龙头企业可能会有阶段性机会，比如海螺水泥。而一些依旧处于混战状态的行业，机会确实不大。也就是说，既然现在没有比较明显的周期性，我们就减少了关注，没必要在下行的行业里百里挑一，而应该将目光投向机会更多的行业。

雪球：您在公募基金供职时，能获得强大的内外部研究支持，来到私募基金后，会不会感觉在研究方面比原来吃力一些？

吴俊峰：其实没有。公募基金和私募基金的机制不同，公募基金实行排名机制，需要每天关心市场的机会在哪里，即便是两个月的短期机会，你也要跟进，这就需要大量人员进行研究。但是私募基金以绝对回报为主导，而且可以进行一些长期投资，我们如果看不到一家企业 3 年后的发展前景，可能就会舍弃它，更不用说一两个月的机会。转向私募基金后，我们也不断改进着我们的投资体系，其中最重要的一个策略就是"做减法"。我们不会像以前在公募基金时那样，各种机会都关注，现在我们更倾向根据更长的逻辑寻找优势企业。做减法后，我们从以前需要关注 1 000 家企业，变成现在可能只需要关注 100 家企业就够了。我们的研究员数量并不少，投研团队有 15 人，每名研究员对重点跟踪的企业的关注时间比以前更长。这是因为做减法前，每名研究员可能需要关注 20 家企业，现在则只需要关注 5 家。这样一来，他们研究得反而更深入，投资也更有把握了。

雪球: 清和泉的投资方向是聚焦扩张型行业中的优秀企业。如何理解扩张型行业?为什么确定了这样的投资范围?清和泉是如何做行业研究的?

吴俊峰: 我认为扩张型行业就是在国民经济中占比越来越高,A股行业市值占比越来越高的企业,与之相反的就是收缩型行业。其实投资很简单,就是要找发展得越来越好、越来越大的企业。

扩张型行业的范围往往随经济结构的变化而变化。我国刚进入工业化阶段时,轻工业是扩张型行业,如纺织、造纸等,因为其在国民经济中的占比在升高。但是我国加入世贸组织之后,重工业变成了扩张型行业。重工业发展到一定程度之后,或者说城市化发展到一定程度之后,消费、服务、医疗等行业变成了扩张型行业,可能再过几年,科技行业又会变成扩张型行业。投资当然要选择越来越好的行业,而不是越来越差的行业。要在鱼多的地方钓鱼。

美股过去100多年的历史也表明,投资扩张型行业长期能跑赢市场。这个观点很好理解,当你画的"蛋糕"越来越大,里面的优秀企业肯定也会更多、更好。抓住了这一点,你就可以不用太关心那些收缩型行业了。对于煤炭、钢铁、有色金属等行业,你就不用关心了,因为中国的未来发展将主要依靠效率提高、技术升级、产业升级,而不是依靠建楼来完成。

雪球: 您刚才说,再过几年,科技行业可能会变成扩张型行业,那您认为科技行业的扩张性体现在哪儿?现在是配置科技板块的好时机吗?

吴俊峰: 科技行业概念范围很广,中国制造业要不断升级,肯定不可能像现在这样继续从事相对低端的行业。华为等企业以前是追随者,现在变成了引领者。中国未来可能会出现一大批在全世界都占有很重要地位的科技企业,它们都属于扩张型行业。

关于是不是配置科技板块的好时机,首先,A股中真正的科技企业不多,我们需要重点关注这样的企业未来会不会有所增长。其次,就算我关心科技股，关心的也不是整个科技板块。虽然最近科技股炒得很火热，但很多时候这种现象是资金行为的结果。我们不想去猜对手在做什么，下一步准备做什么，我们只要把自己关心的五六个方向研究清楚即可。我们认为未来的方向是 5G 应用、人工智能、云计算等。制造端的企业受季度影响大，我们关注得较少。

雪球：大家都说要投资好企业，那么清和泉如何定义"好企业"？清和泉是如何挖掘好企业的？

吴俊峰：好企业的评判带有很强的主观性，就像选美，你认为一个人漂亮，我可能不这么认为。但是很多标准也可以共用，比如优秀的管理人、良好的企业家精神、完善的企业治理结构，以及好产品、好渠道、好品牌，等等。我认为，其中最重要的还是企业家精神。在竞争激烈的行业里，优秀的创始人和管理团队对企业发展而言非常重要。在同一行业中，创始人的品质不一样，企业的差距会非常大。因此，挑选好企业，首先要挑人。也就是说，要先考虑这家企业的老板是怎样的人，或者这个团队能力如何，再去看其他细节。

此外，好企业肯定出现在好行业中。在不景气的行业或收缩型行业里，你的主观能动性再强，也很难抵挡大势。挑选出好行业后，就可以根据创始人、管理团队、产品、品牌等指标进一步挑选好企业。当然，也有特例存在，比如贵州茅台。但大部分情况下好企业都需要好老板和好团队。

雪球：就是先选一个好赛道，然后在好赛道里寻找好老板的意思吗？

吴俊峰：我认为赛道不适合作为选择标准。只要有创新，好赛道就可能被轻易突破，所以占据好赛道意义并不大。我们不怎么关心赛道，更关心企业是否有护城河，护城河可能才是最重要的，它意味着这家企业的竞争对手无法轻易突破它。

雪球：作为一家备受欢迎的私募基金管理公司，清和泉如何看待投资中的波动和回撤？

吴俊峰：第一，我们投资的是股票，是权益类资产，波动是在所难免的。没有波动，那就不叫股票、不叫权益类资产了。

第二，我认为，我们在追求收益的同时，也要兼顾回撤。我们的客户在购买我们的服务时，也知道股票必然有波动。但是他们为什么依然选择了购买？为了获取收益。所以对私募基金来说，首要任务是为客户获得收益，同时坚持"收益优先，兼顾回撤"的原则。很多时候，避免回撤需要依靠一些经验和常识。一只股票涨到 10 元还是 15 元才会见顶是很难判断的，但是我们可以根据一些常识做出大致的判断，比如，当一只股票非常火爆，换手率极高，它大概率已经到达了一个阶段性顶部。这时我们会相应地减仓，而不是加大投入。

其实，我认为回撤控制的核心还是选择好企业，投资好企业，夏普比率（Sharpe Ratio）会非常高，如果基金组合里全是这种企业，用于择时的时间会大大减少。做基本面研究的人并不擅长短线操作，过多的短期择时可能会影响投资胜率。我们还是要把精力更多地放在选择好企业上，并在这个基础上进一步细化操作，比如股票高涨时适度减仓，股票低迷时适度加仓。

雪球：目前，在 A 股市场中，贵州茅台、海天味业等消费行业龙头的估值已经相当高了，您怎么看待这一现象？

吴俊峰：第一，贵州茅台的估值并不高，只有 30 多倍。要知道，很多不知名小票的估值都能超过 100 倍。从市盈率的角度看，贵州茅台也比很多企业的股票更便宜。

第二，估值不由我们决定，而由资本决定。外资进入后，对很多企业重新进行了定价。你既不能做空，又没有能力购买，自然没有话语权。想购买的人为之定价，而我们的态度就是接受市场给它的估值。如果你认可它的估值，购买即可，反之亦然。我们认为，投资机构的多元化必然会带来对各类企业的新一轮估值，很多小票可能会跌到几角钱，甚至直接退市，这也是一种定价。

以前 A 股市场上小票最受欢迎，但是在世界其他大多数股票市场，如港股、美股，都是大企业的股票更贵。所以外资进入 A 股市场后，当然倾向于购买大企业的股票，比如，美的集团的估值可能是十几倍，小票估值则是几十倍，美的集团又大又稳，分红又高，估值还低，外资当然会选择它。

总而言之，外资进入后会对企业重新定价，对此，我们先要分析定价是否合理，如果定价合理，且可能成为长期趋势，我们就应该向其靠拢。当然，向其靠拢不是指照搬，而是要反思以前的一些投资定价框架。但是，如果我们不能接受新的定价，可以选择不购买，比如，恒瑞医药的估值已有 70 多倍，但我现在还不能接受，那我就不买。我认为不同的投资定价框架没有对错之分，投资者自身的理念或经验总会告诉他们哪些企业值得购买，从而影响他们的购买决策。

雪球：您认为接下来相比全球资产，投资中国资产的 alpha 源自哪里？如何展望 A 股的中长期走势？

吴俊峰：其实，外资在进行全球配置时，思路非常清晰：专注两类资产，一是美国资产，二是中国资产，投资美国的科技股，投资中国的消费股。外资一般会选择购买一个国家最有比较优势的产品，所以不会购买中国的科技股。一家小企业估值 100 多倍，这对外资来说简直是一件疯狂的事情。

但是中国的优势在于，中国的人均消费水平在不断提高，同时，由于中国人口基数大，中国的消费企业会做得非常大。消费企业的发展规律就是，受众越大，边际成本越低。比如卖 1 亿瓶牛奶与卖 1 千万瓶牛奶相比，成本优势大得多，很多费用分摊后更加划算。大国出现大的消费企业很正常。当前贵州茅台的市值已超过 1.4 万亿元，预计最高可达 4 万亿元，对此我并不觉得奇怪。只要企业不出大问题，量价逻辑不被破坏，它一定会成为一家非常大的企业。可见，就比较优势而言，投资中国资产的 alpha 来自消费。

这里的消费指的是广义的消费，凡是人们使用的事物，或者人们越来越多地投入使用的事物，都有 alpha。比如，人口老龄化会给医药行业带来机会，一些服务性行业也会受到影响，如教育行业。所以我认为，从全球角度看，A 股其实很好理解，就是中国的泛消费领域。

如果中国科技进步得更快一点，也会有 alpha，但它目前还是一个赶超型而不是引领型的存在。即使中国实现了科技领域的突破，还是会面对国外强劲对手的竞争。而消费是中国独有的优势。中国消费品企业本身实力就很强劲，只要不出问题，就会不断壮大。我的观点很明确：中国的 alpha 源就是泛消费领域。

雪球： 在 2018 年年底带量采购政策推进的大背景下，您对缺乏创新能力的医药股持保守态度，当前您对医药股的看法是什么？

吴俊峰： 2018 年的带量采购确实对医药行业有很大冲击，我认为它会推动整个估值体系的重构。我所说的"缺乏创新能力"，其实就是指仿制药。仿制药企业未来会变成一片红海。医保药品会不断降价，仿制药企业为了竞争，利润会越来越薄。很多人甚至认为仿制药企业的股票将是"未来的化工股"，这种想法未必是错的，海外很多仿制药企业估值都比较低，只有十几倍。

中国医保政策变化的核心逻辑是人口老龄化程度越来越高，医保负担越来越重，我们只能把有限的医保资金投给更有效的药品。过去几年，医保领域的一大变化就是压缩辅助用药的规模。那些说不清疗效，只能有限提高免疫力的辅助用药，大部分都从医保药品目录中被去除了，这就会给相关企业带来风险。

创新药是一个大方向。经历过 2018 年的政策变化，接下来的策略很简单：一是投资不受医保或不受带量采购政策影响的企业，这些企业主要是服务性企业，比如通策集团、爱尔眼科；二是投资创新能力很强的企业，如恒瑞医药；三是投资合同研究组织（Contract Research Organization，简写为 CRO）或提供创新服务的企业，如药明康德，这类企业的估值会越来越高。

在当下医保政策的背景下，整个估值体系都发生了变化，仿制药和辅助药的估值会越来越低，但创新药和服务性企业的估值会越来越高。

雪球：从 2019 年四季度到 2020 年，您在仓位选择和行业配置上有何安排？您认为市场的风险点在哪里？

吴俊峰：第一，从交易角度看，2019 年四季度市场一般会有一定的波动，主要是一些资金层面的波动，比如保险公司要兑现收益，外资要结算，一些机构排名结束，可能要调仓……这些交易层面的波动在所难免，尤其是上涨幅度很大的股票。因此，我们会根据经验，提前做一些仓位上的安排，比如对上涨幅度很大的股票相应地减仓。

第二，行业配置主要根据未来几年的预期来进行。我们长期关注科技、消费、医疗及其他扩张型行业，所以基本上会在这个范围内进行行业配置，不会有太大变化。至于其他行业，我们也不怎么关心。

第三，市场的风险点一般是过快的上涨或流动性问题，我认为，只要货币政策环境仍然比较宽松，市场就不存在系统性风险。目前，市场估值仍处在历史的较低位置，至少点位上不存在泡沫。而货币政策不存在大幅收紧的可能，因为世界货币政策呈放松趋势，中国没必要收紧。因此，我认为市场系统性风险不太可能发生，但是由于资金的一些短期行为，年底的波动风险依然存在。所以凭经验来讲，年底还是要以稳为主，除非一家优秀企业因为各种原因下跌，但第二年有上涨空间，这是一个很好的加仓时机。有的企业年底不做调整，第二年也没有上涨空间，这就不是一个好机会。

看好中国新经济，聚焦四大方向

张延鹏｜朱雀基金公募投资部总经理兼权益投资总监

金融学硕士，先后任上海联合资信评估有限公司高级评估分析师，西部证券研究发展部消费品行业研究员、投资管理总部投资经理、客户资产管理总部投资经理。2009年加入朱雀，现任朱雀基金公募投资部总经理兼权益投资总监。

入行 15 年，担任朱雀基金公募投资部总经理兼权益投资总监，管理朱雀基金首个"私转公"产品——朱雀产业臻选基金，张延鹏先生依靠的是多年实战磨练出的敏锐洞察力以及追求绝对收益的理念。

在 Beta 理财师平台上可以看到，张延鹏先生的投资业绩非常不错，他管理过多个股票多头产品，年化回报率远远跑赢大盘同期表现。

张延鹏先生说："我们的主要出发点是，不逞一时之快，持续为客户创造价值。当市场狂热的时候，可以适当放弃一些收益，不一定要赚最后一个阶段的钱；在市场低迷的时候，也要敢于逆向布局，坚定持有优质企业。"

雪球：朱雀基金的赛道聚焦于先进制造业、大消费、医药生物，以及科技、媒体和通信（Technology，Media，Telecom，简写为TMT）等4个方向，这是否可以理解为投资中国的新经济产业？

张延鹏：我们的确主要围绕这4个方向构建赛道。资本市场作为经济的晴雨表，能反映经济转型的趋势。过去，美国经济增长的动力主要是这些产业，我们相信，未来10年或更长的一段时期内，中国资本市场的结构也会遵循类似的路径演变。

从2010年到现在，我们团队对这4个产业方向不断进行深入的研究。最近三五年，我们把行业研究升级为了产业链研究。之后，随着新成员的加盟，我们的综合能力将越来越强。

推进产业链研究，归根结底是为了研究效率最大化，以便更好地把握产业发展趋势，让研究与投资更好地结合在一起。

雪球：在您看来，朱雀基金更偏向价值投资还是成长投资？

张延鹏：我们不会刻意区分成长型企业与价值型企业，在经济发展的不同阶段，二者间存在动态转化。有的成长型企业在度过较快成长阶段后，就不再是成长股了；传统行业中一些带有周期属性的企业，可能会由于行业格局改变以及自身竞争力提升，使自身的增长持续性提高，体现出成长属性。

我们需要更多地从产业角度进行思考。中国经济已进入高质量增长阶段，经济结构分化、行业内部的企业分化都在持续加剧，选择具有持续增长潜力的企业是关键。

雪球：朱雀基金追求绝对收益，您认为获取绝对收益的关键是什么？哪些要点比较难把握？

张延鹏：我们要时刻铭记，我们的出发点是为客户赚取收益，帮助客户实现资产的保值增值。

在具体的投资实践中，比如当市场特别热的时候，由于存在潜在的风险，我们可能会做适当的取舍，不一定要赚取最后一个阶段的收益。而当市场状况特别差的时候，比如2018年，市场泥沙俱下，极端情绪化，我们恰恰可以淘到一些价值和回报率都比较有吸引力的优质企业。

当然，对于绝对收益，我们还有一些制度上的保障，涉及回撤管理、风险控制、止盈止损等多个方面。这是从过去十几年的投资实践中总结出来的一套方法，可以在很大程度上限制个人情绪跟随市场波动而起伏。

不过，我们也不是每年都不亏损。在市场状况特别差的时候，哪怕是低位买入优质资产，短期内依然会亏损。但长期来看，这一策略往往能够带来较好的收益。

雪球：您认为2019年的市场与2018年相比，有哪些变化？在投资操作上有哪些不同？

张延鹏：2019年的市场依然处在一个不断分化的过程中。从中报的情况来看，上市企业的整体盈利在回落，但是各个行业龙头企业的中报表现都非常好。

总体来说，宏观经济下行，企业盈利下行，微观经济结构发生了一些变化。行业龙头企业盈利情况较好，这表明未来的经济转型过程会保持"龙头企业上涨或优质企业市值增长"的总基调。

2019年下半年，我们参加了一项调研。往年这个时候，行业内会有很多企业来参加这项调研，然而2019年出席的企业少了很多，很多小企业都破产了。可见，现在已经到了存量经济的时代，市场整体增长较慢，新增的蛋糕很少。

雪球：从投资的角度讲，有些中小企业的投资收益可能会比龙头企业的投资收益大。面对这种情况，您会如何抉择？

张延鹏：大企业和龙头企业不能一概而论。很多企业虽然属于中小市值的企业，但在细分行业里其实也是龙头，这类企业我们也比较看好。投资前要先对行业有一个判断，看这个行业是否还有一定的成长空间，目标企业的份额是否还在提升，以此决定是否对它进行投资。投资与否和它现在是大盘股还是小盘股其实没有很大的关系。

雪球：朱雀基金在买入持有后，会在什么情况下考虑卖出？是行业出现问题时，企业基本面出现看不懂的变化时，还是企业涨幅过大、估值高企，需要择时卖出时？

张延鹏：我们主要关注买入时的逻辑是否已经充分兑现。

当一家企业已经阶段性地达到我们买入时预期的水平，倘若盈利预测和未来展望并没有新变化，我们就会考虑逐步降低一部分仓位。

当企业的基本面发生变化，或者由于行业竞争、政策等原因，它的成长没有达到之前预期的水平，我们也会修正之前的判断，降低仓位。

另外，从系统性角度看，当市场整体进入高估的阶段，我们也会重新进行检视。

雪球：2019 年以来，中美贸易摩擦的进展对中美两国的股市产生了巨大影响，您对此有什么看法？在基金管理或个股选择上做了哪些调整？

张延鹏：中美贸易摩擦的影响在 2018 年体现得比较充分，对全球经济都有很大的影响，中美股市、亚太市场都有波动。进入 2019 年，风险释放得较为充分，贸易摩擦冲击的边际效应递减。这是中国崛起过程中必然遇到的问题，要做好打持久战的准备。在实际操作中，我们还是聚焦中观和微观层面的行业体系和公司，选出一些质地不错的公司。

雪球：新中国成立的这 70 年也是蓬勃发展的 70 年，您是如何看待中国经济的产业结构变化和未来趋势的？目前中国处于什么样的经济周期中？这一周期中哪些行业的投资机会值得关注？

张延鹏：目前中国经济正在从"高速增长"阶段转型到"高质量增长"

阶段，其中涌现了很多值得关注的结构性机会。

2018 年，最终消费支出对 GDP 增长的贡献率达到 76.2%，消费成为保持经济平稳运行的"稳定器"和"压舱石"。随着运营效率不断提高，服务业的转型推进，消费将成为拉动国内经济增长的重要引擎。

新中国成立以来，中国工业总产值从 140 亿元增长到 90 万亿元，工业积累过程中的量变也带来了翻天覆地的质变。在决定一国经济命脉的能源领域，中国从缺席第二次工业革命时代的石油定价权争夺发展到引领新时代的能源转型升级。

随着现代信息技术的不断发展和国家对科技产业的政策扶持，中国的 TMT 行业快速发展，未来优秀的企业将凭借持续的研发投入和不断提升的产品能力，在全球科技产业链中扮演更加重要的角色。

中国的医药行业也处在一个快速发展的历史关口。近年来，由于国家医保对进口新药的及时纳入、接受国际多中心临床数据、药物政策改革缩短药物的开发及商业化时间等因素，中国创新药市场发展迅速，跨国创新药企会从中获益，对持续研发投入较大的本土头部公司也会分享到红利。

雪球： "悲观者可能正确，乐观者往往成功。"您能否谈谈对这句话的理解？

张延鹏： 悲观与乐观是一枚硬币的两面。在投资中，机会与风险并存。角度不同，得出的结论也不同，要具体问题具体分析。比如，一家公司如果负债率很高、现金流很差，从信用评估的角度来看，它的确风险偏大；但从投资的角度来看，它可能处在一个成长性的行业里，为了快速扩张，投入很多，所以才会表现出现金流差的特点，其实它蕴藏着不错的投资机会。

获取超额收益，需要更加专注和专业

陈俊涛 | 雪球ID"丹书铁券"

拥有超过18年的多市场投资经验，管理的铁券一号基金产品成立于
2018年9月5日，迄今为止业绩出色，波动稳定，跑赢业绩基准。

具体到投资策略上，陈俊涛擅长深度研究和行业配置，更喜欢站在生意的角度思考投资机会，寻找被市场忽略的拐点，挖掘其内在的投资逻辑。

雪球：您能否分享一下您的个人投资经历？您是如何进入股市，并从个人投资者成长为私募基金经理的？

陈俊涛：1992 年，我堂哥用一位乡亲的身份证申购新股，赚了大钱。榜样的力量是无穷的，大概从那时起，我的内心就播下了"股市能赚钱"的种子。我拿到第一份工资后就开始炒股了；几年后，我觉得工作影响炒股，就开始从事自由职业，兼职炒股；后来我索性全职炒股。经过 18 年的股市磨砺，我积累了一些经验，于是顺其自然地迈入了资产管理行业。

雪球：回首您的股市投资历程，对您的投资理念影响最大的事情是什么？

陈俊涛：刚开始炒股时，我听过消息、数过浪、打过板，痴迷于各种技术指标。多次碰壁后，我发现，股票不是用来"炒"的，用"炒股"来定义资本市场是完全错误的。从"炒股"到投资的转变对我影响最大。

雪球：能否结合您的亲身经历，谈谈您觉得投资中最难的事是什么？您是如何克服的？

陈俊涛：投资中有很多难做的事情。寻找一只低估值成长股不容易；找到后，在暴跌中守住它也难；更难的是在暴涨后依然守住仓位。这不但需要对企业进行长期跟踪和深入了解，也需要对行业进行前瞻性的理解，同时克服人性中的恐惧与贪婪。有时，你可能还需要一点运气，以及对信仰的不断充值。只有坚守内心，才能征服星辰大海。而坚守到最后，依靠的是回归本源——对投资标的的理解。

雪球：您曾在雪球上表达过"大仓位持有物美价廉的优质股权才是关键"，投资者应该如何判断"物美价廉"和"优质股权"？

陈俊涛："物美价廉"对应的是"好股"，且估值不能太高。"优质股权"主要属于股东、股权的范畴，它用时间来体现价值，而不是炒作后的一地鸡毛。

雪球：您之前说过，用实业的眼光理解生意模式，比了解资本市场的复杂"玩法"更重要。理解生意模式有哪些要点？

陈俊涛：理解生意模式要与同行进行对比，与行业发展进行纵向、横向、由点到面的全方位比较。同时，每家企业都有自己的发展历程，我们要了解它的前世今生，只有熟悉企业各个方面的情况，才能透过负面表现，得出不一样的结论。

雪球：此前，您曾提到过"长短结合，折腾不止"的投资策略。投资中应该如何正确地"折腾"？

陈俊涛：所谓"折腾"主要是指买卖。很多时候，买卖是盈是亏，需要参考系数。前些年我们投资雅砻江水电的时候，有两个标的业务比较接近，我们经常做从 A 业务到 B 业务，或者从 B 业务到 A 业务的搬迁动作。用相对权益"折腾"出更多的"股益"，我认为这种折腾比较明确，对投资收益也有一定的帮助。

雪球：您之前配置了很大比例的港股，您怎么看港股未来的投资机会？如何平衡 A 股和港股的配置比例？

陈俊涛：对于同一事物，如果不需要花费多大力气就能在隔壁市场以70%的价格买到，我相信绝大多数人都会选择购买价格更低的那一种。但资本市场往往相反。不过，从资本的角度看，我还是会选择价格低的，我相信均值回归。

雪球：2019 年年初，您看好猪肉养殖行业集中度提升带来的投资机会，现在的逻辑变了吗？怎么看未来的猪肉养殖行业？

陈俊涛：猪肉养殖行业从散户主导到规模养殖主导，经过了一个长期的过程。不过，从资本市场角度看，大多数养猪股标的都能得到提前反应，比如春节过后缺少饲料"饿死猪"，也能炒得不亦乐乎。以两三年的周期为尺度看，头均利润均值回归是必然的，因而猪肉养殖行业的胜出者一定是自身规模超出常规发展水平的企业。当然，也许有企业能够抓住这次机遇，实现超常规发展。

雪球：您也比较关注医药行业，能否谈一谈投资中国医药行业需要注意什么？中国的创新药行业有没有投资机会？

陈俊涛：医药行业赛道不错。解决衣食住行后，人们会对生命和健康产生更高的追求，人口老龄化的提前到来更是一个机遇。投资医药行业的挑战主要来自政府对医疗支付占比的容忍度。我认为，中国的创新药有机会，其创新主要来自新疗法，与欧美领先者的差距并不大，比如在 car‑T（嵌合抗原受体 T 细胞免疫疗法）等细分领域，中国甚至可能具有后发优势。

雪球：您觉得接下来最应该关注的行业或板块是什么？

陈俊涛：能关注的标的不少，例如传统行业中的地产、水泥、煤炭，新兴行业中的生物医药、新能源等。总之，我认为目前能选择的范围比较广。

雪球：您管理的铁券一号私募基金自 2018 年 9 月成立以来跑赢了大盘，您能否谈谈在 A 股动荡的行情下，该基金的超额收益主要是从哪些地方产生的？

陈俊涛：其实，我的长期目标比跑赢大盘更高，当然，这一目标的实现需要时间。铁券一号的超额收益主要来自对标的和市场的理解。随着中国资本市场管理者和参与者的不断成熟，基金管理人要取得超额收益，需要更加专注和专业。

最后，祝愿中国资本市场越来越好！

专注价值：
A股的价值投资实践

真正的好企业，买入后就没有卖出的一天

但斌｜东方港湾投资管理公司董事长

1992年开始投资生涯，历任君安证券研究员、大鹏证券资产管理部首席投资经理。2004年参与创建深圳市东方港湾投资管理有限责任公司。长期致力于金融市场的基础研究，对价值投资哲学有丰富思考。

如何穿越时间的河流，等待玫瑰盛开？

但斌先生于 1992 年踏入中国资本市场，在 28 年的投资生涯里，他从早期进行技术分析，到后来转向价值投资，可谓国内最早研究和传播巴菲特价值投资理念的知名投资人。 2004 年，但斌先生成立国内最早的私募基金——东方港湾投资，在中国践行价值投资理念。 经过 15 年的"滚雪球"，他管理的私募基金规模已经超过 50 亿元。

谈到这些成绩，但斌先生认为自己很"幸运"：一方面，他刚入行就赶上了中国资本市场的发展机遇；另一方面，他对风险判断和价值投资理念的坚守，某种程度上注定了他对消费、互联网等领域优秀企业的一系列成功投资。

但斌先生认为，投资者应该"选择中国最好的企业，跟随国家一起成长"。 这一切看似水到渠成，但在中国资本市场发展的近 30 年时间里，能矢志不渝地坚持者寥寥无几，而未来投资的成功就在于投资者能否"看得远、看得准、敢重仓、能坚持"。

始终选择最好的企业，伴随它们一起成长

雪球：作为资深的私募基金从业者，在过去 20 多年的投资实践中，您是如何打造和完善适合中国本土的价值投资体系的？您认为投资成功的主要原因是什么？

但斌：我在《时间的玫瑰》里曾写过一句话：巴菲特的伟大不在于他在 75 岁的时候拥有了 450 亿美元的财富，而在于他在很年轻的时候就想明白了很多道理，并用一生的岁月坚守了这些道理。

对于价值投资来说，坚持对国家的信念非常关键。国家发展得好，个人的收益才会好。巴菲特从 1957 年开始从事私募行业。从 1957 年到 1981 年，他经历了越南战争、古巴导弹危机、两次石油危机、两次中东战争，以及长达十余年的经济滞胀。尽管面临着冷战、经济大衰退等严峻形势，巴菲特还是坚持对美国的信念，始终选择最好的企业，伴随它们一起成长。中国投资者也应如此。东方港湾投资成立 15 年来，一直在全世界寻找最好的企业进行投资，并且都取得了很好的成就。

雪球：东方港湾投资不仅在 A 股投资，也在港股、美股布局，你们在不同的市场上主要选择哪些产品？为什么这样选择？

但斌：我们在境外有美元基金，以投资亚马逊、谷歌、苹果、微软等纯美股为主，当然也会投资一些中概股和港股，港股主要布局了消费产业和互

联网产业。总之，我们以投资纯美股和 A 股为主。

实际上，一个国家的发展，一般不会只依靠单一行业；如果只依靠单一行业，那它可能只是一个小国。中国、美国等大国的崛起，一定会建立在普遍和广泛的发展之上，既有星巴克、麦当劳、肯德基、雅诗兰黛等传统品牌的兴盛，又有亚马逊、谷歌、苹果、微软等科技企业的繁荣。这样的发展才是全面的。

中国的发展过程确实具备这一特点。消费类企业这几年一直表现得很好。另外，如果华为上市，其市值可能会达到上万亿美元，很可能成为全球最大的科技企业。至于创业板，如果由网易、腾讯、百度、阿里巴巴、京东、拼多多等企业组成，那我们的回报将远远超越纳斯达克。由于 A 股市场过去是核准制，各种限制和规定很多，中国改革开放过程中发展得很好的一些企业过去不能在 A 股上市，于是全在境外上市了，境外投资者分享到了它们发展的大量成果。2020 年 4 月 27 日，中央全面深化改革委员会第十三次会议审议通过《创业板改革并试点注册制总体实施方案》，这将是 A 股市场的重大利好消息。我个人认为，只有当注册制彻底实现时，中国的长牛、慢牛才会开始。

从更广阔的视野看，中国的发展也是全球经济崛起的重要组成部分。在世界 500 强企业中，中国企业的数量已经与美国企业并驾齐驱了。虽然进入世界 500 强的中国企业仍以银行、房地产企业等传统企业为主，但从数量上看，中国已经有了很大进步。

最近几年， 市场利润都流向了大企业

雪球： 随着中国居民财富的不断积累，大家的投资需求越来越旺盛。您认为目前 A 股市场上值得长期投资或者估值合理的股票多吗？它们主要集中在哪些行业、哪些领域？

但斌：从整个 A 股市场看，这样的股票还是有一些的。我们在 A 股市场投资了医药、白酒等行业。在美国，医药企业的市值仅次于互联网企业，拥有很多不错的投资机会。但是在全世界任何一个市场，优秀企业都是少数，占比一般不到 5%。美股也是如此，比如在纳斯达克市场，亚马逊、苹果、微软等市值排名前五的企业就占了接近 50% 的市值。在纳斯达克投资，如果不买入排名前五的企业，想赚钱是非常难的，买入小企业是很容易亏损的。港股的情况类似，那些边缘的股票基本上都没有成交量，资金都集中在 1 000 亿元市值以上的企业。A 股市场同样如此，假设当前市场共有 3 600 家企业，将只有 5% 的企业，也就是 100 多家企业，能获取较高收益。

实际上，最近几年，市场利润都流向了大企业，而且大企业的创新能力往往非常强，在某种意义上，小企业的处境反而更艰难了。实际上，在世界范围内，真正优秀的企业也是有限的。外资配置 A 股市场，买入的始终是中国的核心资产，它们总是围绕着那 100 只左右的股票进行交易。这是全世界的规律。

年轻人若错失白酒行业，未来会很遗憾

雪球：在您的投资池中，白酒股一直是主要标的之一。如今，白酒股不断创新高，然而很多人虽然看好，却不敢入手。您如何看待这一现象？

但斌：很多人问过我类似的问题，比如白酒行业某龙头企业的股价从 300 元、600 元涨到了 1 200 元。是否已经到顶？实际上，我认为投资能否成功，依靠的是投资者是否看得远、看得准、敢重仓、能坚持。如果看得稍微远一点儿，从企业自身利润的角度看，答案就很直接明了。比如，从 1950 年到 2019 年，无论是在计划经济时代还是在市场经济时代，某龙头白酒的出厂价都是按 11% 的年化收益率提价的。不只老酒，新酒也是如此。如果银

行的理财产品能够达到11%的年化收益率，大家肯定会疯抢的。

至于未来还能不能保证按11%的年化收益率提价，我不知道，但是就算按照2%的水平来提价，在未来的200年里，6万吨酒大概能够获得2.8万亿元的利润，如果按照5%的水平来提价，6万吨酒会获得约9.38万亿元的利润。当然，这是对200年以后的情况的预期。一个企业的生命周期非常关键，拥有50年的生命周期和拥有100年或200年的生命周期，情况是不一样的。现在哪怕一些规模很大的企业，生命周期都不超过50年。

巴菲特从事投资多年，一直选择投资最优秀的企业。我认为这就是他多年未踩地雷的关键所在。

雪球： 针对年轻人不喝白酒，白酒股未来增长空间存疑的言论，您怎么看？

但斌： 我们始终认为，白酒是中产阶级偏好选择的消费品。现在A股市场上有18家白酒企业，从2000年五粮液上市以来，每一家都表现得很好。换句话说，如果因为"年轻人不喝白酒"的错误观点，有人错失了这个行业，那岂不是很遗憾？

从数字上来说，虽然白酒行业储量1 400多万吨，近年来略有下降，但我认为主因是该行业的品牌化，也就是说，人们从喝白酒变成了喝品牌酒。该行业的主营业务有700多万吨，而且还在增长；另外，A股市场上18家白酒企业的年报、季报显示，它们业绩的年增长率大多能达到20%，这个水平还是非常不错的。

真正的好企业，买入后就没有卖出的一天

雪球： "重仓持有一家企业并坚持长期持有"，实践这样的策略，若判断正确，投资者的胆量和决断力会得到回报；若判断错误，则会面对巨大压力。您能否结合自身经验，讲述一下重仓持有股票后应如何观察和操作，何时是最好的卖出时机？

但斌：对于真正的好企业，买入后就没有卖出的一天，就像巴菲特坚持的长期投资。但巴菲特的投资与私募基金有一定区别，私募基金有规定的止损线和个股持仓限制，一旦个股持仓超过20%，就必须减持。

我比较认同长期投资理念，比如，你购买了一家企业，买入时的市值是1亿元，之后上涨到了100多亿元，每年还能获得三五亿元的分红，那你何必卖掉它呢？就像买房一样，2002年、2003年在北京、上海或深圳以每平方米几千元的价格购买的房子，不能仅仅因为它涨到了每平方米10万元就把它卖掉。随着经济发展，它还会继续涨价。可见，投资中最关键的是资产的本质，投资者要考虑该资产能否不断提供更好的回报；如果它能够提供更好回报，实际上是没有被卖出的一天的。

一般意义上的"会买是徒弟，会卖是师傅"的投机观念，从博弈角度可以理解，但是资本市场真正的核心逻辑是共赢的逻辑。如果一个企业发展得好，那么所有相关方都能"赢"——国家赢、企业赢、员工赢，没有输家。这也是资本市场得以建立且所有国家都愿意大力发展资本市场的原因。从投资角度和从博弈角度出发的理解是完全不同的。

雪球：在您的投资生涯中，您是否曾大范围地卖出过某只股票？

但斌：出于投资的目的，我们很少卖出股票，但A股市场本身存在系统性风险，一旦遇到系统性风险，我们也会做风控，在其他情况下，我们都是以持有为主。

雪球：您曾说过资本市场是把有效率的资金投入有效率的行业，从而推动一次又一次技术革命的展开。您认为下一次技术革命大概会在什么时候出现，会给普通人带来怎样的历史性投资机会？

但斌：我认为，VR技术应用、万物互联等都是重点发展方向，未来将有全新的交流方式和社会管理体系出现。但是投资有大小年之分，就像NBA选秀，"96黄金一代"这样的球星不可能每年都出现。投资有大年、小年，一般来说，5 年或 10 年会是一个坎。

就中国而言，互联网时代早期的技术革命是由网易、搜狐、新浪掀起的；第二次技术革命以腾讯、阿里巴巴、百度为主导；奇虎 360、YY、陌陌等出现的阶段属于小年；现在又出现了拼多多、今日头条、抖音等。

下一次从 4G 到 5G 的技术革命可能会催生新的商业模式，对此，我认为不能着急。投资看似容易，真正做起来非常难。一般人不一定有足够精准的眼光及穿透力。

超额收益来源于对基本面的深入研究

张胜记 | 易方达基金管理公司基金经理

管理学硕士，2005年3月加入易方达基金管理有限公司，现任易方达基金管理有限公司指数与量化投资部总经理助理、易方达恒生中国企业交易型开放式指数证券投资基金基金经理、易方达50指数证券投资基金基金经理。

易方达产品的超额收益来自哪里？ 易方达上证 50 指数 A 基金经理张胜记先生表示，超额收益的主要来源是对基本面的深入研究："以自下而上的深度研究为基础，调整指数基准内成份股的权重配置，增配成份股外具备核心竞争优势的企业，追求长期稳健的超额回报。"

雪球：易方达上证50指数A为什么能长期跑赢上证50指数？您采用了什么策略？该基金的超额收益来源于什么地方？

张胜记：易方达上证50指数A是一个指数增强型基金，其投资目标就是跑赢上证50指数。在管理该基金的7年时间里，我采取的是基本面增强策略。该策略主要是在严格控制风险的前提下，以自下而上的深度研究为基础，调整指数基准内成分股的权重配置，增配成分股外具备核心竞争优势的企业，追求长期稳健的超额回报。

超额收益的主要来源是对基本面的深入研究和相应的投资决策，具体包含以下3个方面：（1）对具备长期竞争优势和业绩持续增长能力的成分股进行长期超配，这类操作大概贡献了累计超额收益的55%；（2）对行业竞争优势薄弱、业绩波动大、盈利水平低下的成份股进行低配，尤其是在其估值过高时大幅低配，这类操作贡献了超额收益的约25%；（3）选择少量非成分股进行超配与增强，这类操作贡献了超额收益的15%。

雪球：在更长的时间尺度上看，易方达上证50指数A在所有指数基金中有着首屈一指的表现，易方达上证50指数A大幅跑赢市场上大部分指数基金的秘诀是什么？您在资产配置上遵循着怎样的思路？

张胜记：易方达上证50指数A能跑赢市场上大部分指数基金，主要有两个原因：（1）2015年以来的表现持续好于多数指数基金；（2）实现了7%以上的年化超额收益率，7年多来累计获得了超出上证50指数100%以上的超额收益。

为了实现超额收益，我遵循价值投资理念，以长期业绩为主要出发点，深入研究成分股的基本面，客观衡量企业业绩成长与估值间的关系，以形成合理的超低配策略。实行超配的企业一般具备 3 个特点：在财务上，预期能实现业绩的持续增长；在业务上，已成为行业里最具核心竞争力的企业之一；估值尚处于合理或较低水平。

此外，我坚持在资产配置上追求充分投资，较少做股票仓位的调整；在行业与个股配置上，注重长期配置、低换手率。

雪球： 有人认为，指数基金的表现与基金经理关系不大，您怎么看待这个观点？对于易方达上证 50 指数 A 来说，是这样吗？

张胜记： 对于纯被动跟踪的指数基金来说，基金经理对业绩的影响确实不大，但他们的精细化操作也会对业绩产生细微的影响。

对于易方达上证 50 指数 A 来说，作为一个指数增强型基金，对它的管理不是纯粹的跟踪指数运作，对基金经理的主要考核指标就是超额收益率的高低，因而不同基金经理对基金业绩的影响是至关重要的。

雪球： 易方达上证 50 指数 A 在个股权重分配上采用什么策略，在增强部分采用什么选股策略？

张胜记： 在个股权重分配上，易方达上证 50 指数 A 主要依据基金经理对企业未来业绩成长速度的判断、业绩成长的可预见性、估值水平的高低等 3 方面情况进行决定。简单来说，我会优先选择具备长期竞争优势和持续业绩增长能力的成分股，并在其估值处于合理或较低水平时进行超配。

雪球： 您怎么看 Smart Beta 指数基金？它会成为指数基金的主流品种吗？

张胜记： 我认为 Smart Beta 指数基金具备三大特点：追求超额收益，运作高度透明，运作成本低。这符合大多数投资者的需求，因此 Smart Beta 指数基金将逐渐成为被动型指数基金的重要部分。

但是，由于传统宽基指数基金在市场影响力、衍生品配套、成分股优化等方面的优势显著，Smart Beta 指数基金难以很快取代传统宽基指数基金成为主流品种，但会成为对其的重要补充。

雪球：目前市场做多"核心资产"的情绪高涨，您怎么看中国核心资产的大幅上涨？您认为目前核心资产仍然值得投资吗？其估值水平如何？

张胜记：我认为中国核心资产的大幅上涨反映的是中国目前的经济增长现状。中国经济正在从高增长阶段向高质量发展阶段转型，各个行业陆续度过了野蛮生长时期，具备核心竞争力的行业龙头企业在产品质量、成本、品牌力等方面都拥有明显的竞争优势，其业绩增长必然会快于竞争对手。股价上涨最终反映的是企业的业绩成长，因而核心资产的上涨有其必然性。

目前，中国核心资产的估值已与发达国家接轨，被低估的优质企业已经比较少见。因此，在未来的一段时间内，资本市场大概率会处于用业绩成长消化较高估值的阶段。从长期配置的角度看，中国核心资产依然有很大投资价值；短期则需要精选成长快于预期、估值相对合理的企业。

雪球：您看好哪些行业的投资机会和哪些领域的投资品种？

张胜记：长期来看，我看好与老百姓密切相关的 B2C 行业，包括消费行业、医药行业、科技互联网行业、保险行业等。B2C 行业容易出牛股的本质原因是，这些行业内部已经展开过激烈的竞争，余下的企业普遍在细分行业内具备明显的竞争优势，因而可以随经济体量的增长而持续成长。

价值投资的4个维度

肖志刚 | 天弘基金管理公司股票投资总监、基金经理

经济学硕士，多年证券从业经验。曾任富国基金管理有限公司行业研究员。2013年8月加盟天弘基金管理有限公司，现任天弘基金管理有限公司股票投资总监，天弘永定价值成长混合型证券投资基金基金经理、天弘策略精选灵活配置混合型发起式证券投资基金基金经理。

2019 年 8 月 24 日，天弘基金发布公告称，旗下的明星基金经理肖志刚先生离职。 公开信息显示，肖志刚先生曾任富国基金行业研究员，他于 2013 年 8 月加盟天弘基金，离职之前任天弘基金股票投资总监、天弘永定价值成长混合基金经理。

基金经理给股民的印象大多是低调又神秘的，但是肖志刚先生在社交媒体上颇为活跃，是雪球的人气用户，网友亲切地称他为"刚哥"。

对于离开天弘基金的原因，肖志刚先生在接受雪球采访时表示："大多数人都会面临职业发展的天花板，这种时候，最直接的办法是找到楼梯，走到二楼。"

离开天弘基金后，肖志刚先生选择了经营线下实体书店。 在此前的一封告别信中，他曾颇为文艺地写道："接下来，我可以趁着这个机会再多开几家看得见、摸得着的校园实体书店，同时把过去零星撰写的投资心得整理成书，在自己的书店卖自己的书，多好。 借用豆瓣上一位书店店主的话，'别人有钱开宝马，我有钱开书店'。"

作为一个拥有 11 年基金从业经历，20 年股票投资经验的投资界"老兵"，肖志刚先生这样看价值投资："最接近价值投资的投资风格是长期持股、左侧买入、重仓持有、均衡配置。"

离开天弘基金，经营实体书店

雪球：2019 年 8 月 24 日，您正式从天弘基金离职，当时选择离开的原因是什么？

肖志刚：每个人最重要的投资就是对自己的投资，多数人对自己的投资体现在职业选择上。大多数人都会面临职业发展的天花板，这种时候，最直接的办法是找到楼梯，走到二楼。

雪球：您曾在雪球上发表过一篇文章《基金经理为什么越来越难》，您怎么看目前国内基金经理的生存环境？

肖志刚：基金经理面临困境的主要原因是，在投资者对基金经理的期待与基金经理受到的约束之间，存在着难以弥合的矛盾。投资者对基金经理的期待是"全面、全能、全天候"，而基金经理能提供给大家的还远远达不到这个标准。

其实，主动权益基金经理与基金投资者之间应该再设置一些衔接环节，比如基金中的基金（Fund of Funds，简写为 FOF）、理财顾问、买方财富管理。简单地说，基金经理本不应该直接面对个人投资者，而现实却是那些本该直接面对投资者的渠道、销售，总是直接把基金经理推向前台，直面压力。

雪球：您在离开天弘基金的告别信中提到，以后您将告别投资圈，去经营实体书店。您为何做了这个选择？

肖志刚：平时研究上市企业的时候，我一般会围绕商业模式展开思考，也经常会把这方面的心得写出来，供大家批评，以完善我的理解框架。

我之所以选择图书行业，是想借机探索一些新的商业模式。图书是一种相对特殊的商品，它的价格是透明的，品质也有第三方保证。因此，它具备一种比较适合进行模式创新的特点。美国电商的发展就是从亚马逊卖书开始的，中国电商的发展也是从当当卖书开始的。

雪球：不再担任基金经理后，您是否还会以个人身份参与股市投资？

肖志刚：当然会。我本来就是从一个散户成长为基金经理的。投资是一个锻炼和提高人的认知能力的过程，除了收益以外，还会有更多收获，应该珍惜这样的实践机会。

刻画价值投资的 4 个维度

雪球：您在告别信里提到自己有 11 年基金从业经历，20 年股票投资经验，作为资本市场的"老兵"，您想向新股民分享的最重要的经验是什么？

肖志刚：投资要虚心好学，切忌自负，自负是致命的。投资的基础是研究，而研究最大的风险就是错了却不自知，以为自己掌握了真理，并据此下注。老话说得好，淹死的都是自以为水性不错的，输钱的也都是自以为牌技不错的。

经常有人说投资是认知的变现，这话没错，但它只是一个静态描述。从动态的角度看，投资者需要不断提升自己的认知水平，而最好的提升途径就是理论联系实践。投资者每天都要参与投资实践，如果能在实践之余进行理论总结，再用新的理论指导投资实践，认知就会在这个过程中实现螺旋式上升。

雪球：大家都在谈价值投资，您能否用几句通俗易懂的话简单说说什么是价值投资？

肖志刚：我曾在《中文语境下的价值投资》中分析过为什么中国有很多人

在谈论价值投资。投资存在很多风格，包括不同的研究风格和交易风格等。对于交易风格，我们可以从 4 个维度进行分析：一是持股期限的长短；二是交易时点是在左侧还是右侧，即高抛低吸还是追涨杀跌；三是单个股票的重仓或轻仓；四是与大盘相比，组合是均衡配置还是偏离配置。最接近价值投资的交易风格是长期持股、左侧买入、重仓持有、均衡配置。

从研究风格的角度看，股票的每股收益和市盈率相当于一个人的内在美和外在美，有人只关注每股收益或基本面，有人则只关注市盈率或市场。在研究层面上更接近价值投资的投资风格是只关注外在美，放弃挖掘内在美，也就是"颜控"。将这两个角度相结合，就是我理解的价值投资的全部。

雪球：您能否向大家简单介绍一下您的交易体系，比如买入、持有、卖出原则？

肖志刚：除了交易风格，对于持有、卖出等交易时点的选择，原则上我坚持低估时买入，一直持有，直到高估时卖出，但这样的说法并没有可操作性。

一般来说，一轮大牛市或一个大牛股的发展过程可以分为 3 个阶段：第一阶段反映过去的利好；第二阶段反映当下的利好；第三阶段透支未来的利好。熊市则恰好相反。

在组合的实际管理过程中，我们需要对组合的整体风险收益比进行评估、优化，剔除风险收益比不理想的股票，加入风险收益比理想的股票。所以在实际操作中，有的股票可能还没等到泡沫阶段，就已经被那些处于低估状态的股票替换了。

买入 A 股就是投资中国

雪球：您如何看待投资中国这个投资理念？

肖志刚：一只股票的价格走势会受到若干因子的影响。比如，上汽集团的股价变化反映了国企、A 股、汽车行业、上海本地股、蓝筹、制造业等若干因子。所以我更愿意从因子的角度考虑投资中国这个说法：买入 A 股本身就是在投资中国，因为所有 A 股企业都包含这个因子。

雪球：您认为 2020 年最值得关注的行业或板块是什么？

肖志刚：2015 年至今，A 股市场整体估值水平持续下行，很多产业投资者和个人投资者都离开了市场。2020 年，市场需要高度关注他们是否会回归，因为这是下一轮牛市出现的关键。而这两类投资者的风向标板块是军工股，2007 年、2015 年的两次大牛市都是军工股"打头阵"。

投资者自身的护城河更重要

方锐 | 上海务圣投资管理合伙企业总经理、投资总监

拥有将近18年的证券投资经历，经历了多个牛熊周期，现任上海务圣投资管理合伙企业总经理、投资总监。高中时就开始看金融类书籍，并酷爱阅读财经媒体文章。前期的知识积累为他后期的股票投资打下了坚实的基础，使他即使在2008年金融危机的时候，也能从容应对。

方锐管理的基金产品——雪球私募工场"肥尾价值一号"成立于2016年4月5日，业绩一直十分出色。"肥尾"这个名字并非无中生有。方锐认为，由于在资本市场，某些事件真实发生的概率往往比数理统计计算的结果大很多，正太分布的钟形曲线两端会出现大量的"毛刺"，这个毛刺就是"肥尾"。方锐将基金产品命名为"肥尾价值一号"，为的是不断提醒自己：多数事物不必然具备可掌握的客观规律，许多数学模型本身就有缺陷，投资者应时刻保持对未知事物的敬畏之心，专注于基本面研究，同时在投资过程中谨遵不加杠杆的铁律。他强调自己的策略是"保守投资"，以与价值投资相区别。他认为，在未来的市场博弈中，投资者自身的护城河更加重要。

雪球：您从高中开始积累财务知识，大一下学期进入股市实战，毕业后直接成为职业投资人，后来还成功创立了自己的私募基金，能否分享一下您的投资故事？

方锐：我少年时，中国的经济改革还在"摸着石头过河"，大多数人对"财经"没有什么概念。因此，前期的知识储备在我从事股票投资的初期对我帮助很大。初中时，《读者》《南风窗》等杂志令我对社会和经济等有了一些浅显的认识。高一时，我开始看《中国经营报》。到了高三，我被关于李泽楷的封面文章吸引，第一次阅读了《21世纪经济报道》。记得有一次，我和同学一起去报刊亭，我买了一份《21世纪经济报道》，同学说，这是当总经理的人才需要看的。可我想，如果现在不积累，将来凭什么当总经理呢？这种没有体系、无人指导的积累过程对于一个没有经验的学生来说并不容易，需要持续的碎片化、渗透式的学习，如果没有热情，是难以坚持的。上大学后，我学习的是财务管理专业，虽然大一讲授的都是基础课，但我已经开始自学财务与金融课程。在学习的过程中，我感觉眼前的知识正是股票投资所需要的，当时那种强烈的感觉我至今还能隐约地回忆起来。正是这些前期的积累，为我后期的股票投资打下了坚实的基础。

雪球：您能否谈谈从事私募基金以后，您管理基金的方式和以前管理个人账户有什么不同？从事私募行业以来，您有什么特别的心路历程可以分享给大家？

方锐：管理个人账户，我只需要对自己负责。作为一名职业投资人，我对股市波动的心理承受能力高于普通人，因此，我可以放开手脚，收益与风险也在一定程度上被相应地放大了。管理私募基金则是企业行为，基金持有人众多，众口难调，有些人希望收益高些，有些人则希望波动小些，管理人需要平衡这些诉求。我们一开始就放弃了多策略多基金的做法，因为更多投资人可能还不知道自己想要什么，在这种情况下，建立多只策略不同（即投资组合及权重不同）的基金会造成此消彼长的局面，最终可能只会令投资人失望而归。

从事私募行业以来，我最大的感受是运作私募基金比个人投资难很多。这个行业监管严格，需要基金管理者在条框内谨慎行事。相比之下，个人投资需要考虑的条框则比较少。

雪球：在您的投资理念中，相对于向上发展的空间来说，您往往更加注重公司的风险，您如何权衡风险和收益？

方锐：首先，评估风险前，我们会问自己3个问题：是否对投资标的足够了解，能否大体评估标的的实际价值，是否有合理或偏低的购买成本。如果对以上3个问题的回答都是肯定的，那么这项投资的风险就是高度可控的。其次，在权衡风险与收益的过程中，我们始终把风险控制放在首位。在漫长的投资生涯中，我们有时候会跑得快一点，有时候会跑得慢一点，这都无所谓；但是我们要尽量把控住较大的风险，不要摔大跤。控制风险也就意味着一些不确定性较强的机会会流失，这是必然的。如果一项投资需要通过拉高风险来博取收益，那么我们通常会放弃。

雪球：您在投资过程中有一个铁律，就是不使用杠杆、不使用两融、不使用配资，仓位最多100%，这十分符合您保守投资的理念。请问，除此之外，您在投资过程中还有其他一直遵守的铁律吗？

方锐：不使用杠杆的确是我的一条铁律。迄今为止，在肥尾一号的运营过程中，权益类仓位甚至从未超过90%。从根本上讲，这条铁律的设置是基于对未知的敬畏。很多事物的因果关系我们并不清楚，但是习惯在阐述观点或解释事物时，给事物强加因果关系。逐渐意识到这一点后，我开始习惯性地用"无知"来警醒自己。基于此，我们也不使用期货、期权之类的金融工具。

雪球：您对巴菲特的投资理念研究得较为透彻，但您一再强调自己做的不是价值投资，而是保守投资，您如何理解价值投资和保守投资以及两者的不同之处呢？

方锐：我从 2002 年踏入股票市场起，就专注于股票的基本面与价值评估。2004 年，我通读了历年来巴菲特致股东的信。在 18 年的投资生涯中，我发现有很多人在谈论价值投资，但大家对价值投资的理解各有不同，一千个投资者眼中有一千个巴菲特。2006—2007 年，我开始强调"价值投资"纯属废话，投资当然要看值不值。所以此后我只说"投资"二字，几乎不再使用"价值投资"一词。后来，为了使我的投资理念容易理解，我使用了"保守投资"的说法。保守投资实际上是我个人理解的一种价值投资，是在价值投资的基础上的升华。

在我的保守投资体系里，我有明确的投资目的：抵御通货膨胀，分享经济增长。因此，我们专注于基本面与价值评估；不做睁眼瞎，对宏观情况保持关注并不断研究；不排斥交易，在保持低换手率的同时，需要坚决控制仓位。我们不自欺欺人，我们认为大多数事物不必然具备可掌握的客观规律，只能在少数可知的范围内谨慎决策。

雪球：您曾说过，一家毁灭价值的企业，长期来看价值趋于零，几乎任何价位长期来看都偏高；而一家持续创造价值的好企业，其价值可以不断创造新高，所以任何价位从足够长的周期来看都是便宜的。普通投资者往往很难通过后视镜看问题，您买股票前如何判断企业的成长性？

方锐：这是一个不错的问题。对于一家企业能否成为伟大的企业，如果站在现在设想未来，我们其实很难先验地得出结论。因此，我们需要对企业的未来发展做谨慎而非乐观的判断，不断根据当前的信息做出动态的调整。这些年，我们观察到多数企业能保持竞争优势的时间越来越短。快速的科技革新正在加速摧毁一家企业，甚至整个行业的护城河。实际上，在我的投资体系里，我更喜欢向下看，而不是向上看；更喜欢评估现有资产带来的价值，而不是依靠未来的高成长带来的价值。这样可以减少犯错的概率。

雪球：您的基金自成立以来获得了远远跑赢大盘的超额收益率，如果对超额收益进行业绩归因，您认为它主要来自哪些方面？未来它能否持续创造超额收益？

方锐：肥尾一号的超额收益主要来源于消费股和金融股。超额收益的根本来源是所选个股的价值被低估的程度超过整个大盘。实际上，过去3年多来，很多股票是处于高估状态的。肥尾一号成立以来，平均每年跑赢上证指数30多个百分点。长期来看，我们有信心在未来继续取得超额收益。

雪球：您对消费、金融、医药、优势制造、泛公用事业等领域颇有研究，而且就是以消费股起家进行股票投资的，未来您还看好消费股吗？

方锐：以上几个领域都是我长期重点关注的。消费股我依然长期看好，只不过在当前形势下，消费行业估值偏高，所以我配置在消费股上的仓位比重不大。

雪球：2019年以来，虽然市场环境变得更加复杂，但是股市涨势很好，人们对股市相对乐观，做多中国核心资产情绪高涨，不少行业龙头纷纷创下历史新高。您如何看待目前中国核心资产受追捧的现象，未来它是否会持续产生超额收益？

方锐：过去几年，特别是2015年下半年以来，A股市场发生了剧烈的结构性调整，出现了"冰火两重天"的局面。一方面，一些具备长期优势的核心资产估值持续提升，股价不断创下新高；另一方面，一些垃圾股、概念股则"跌跌不休"，被市场抛弃。我认为，这是A股市场越来越国际化，"聪明钱"持续涌入的结果。现在的3 000点与5年前或10年前的3 000点早已不可同日而语。随着市场的不断演化，一种趋势总有走到尽头的一天。我不知道核心资产未来能否持续产生超额收益，我只知道，投资者的超额收益会越来越难以取得。在未来的市场博弈中，投资者自身的护城河更重要。

远离平庸企业，选择优质企业

刘巧记 | 深圳市九霄投资管理有限公司董事长、总经理

从事证券投资行业近20年，拥有丰富的投资、研究和资产管理经验。操作心态稳定、成熟，投资业绩优秀，是价值投资笃定的践行者。

刘巧记先生管理的基金产品——雪球私募工场"九霄投资稳健成长二号"成立于 2015 年 7 月 31 日，该产品秉承低风险的投资原则，以内在价值为考量标准，追求回报率而不是规模，坚持买股票就是买企业的价值投资理念，迄今为止业绩十分出色。

雪球： 您进入投资行业近 20 年，经历了 3 轮牛熊周期，在市场的历练中不断完善您的投资理念。您认为投资中最重要的事情是什么？

刘巧记： 投资的本质是通过参与企业的成长，分享企业成长的果实。投资非常考验人，我认为在投资中，价值判断是基础，克服人性是关键，另外需要培养底线思维，具体来说：

（1）价值判断：通过深入研究和长期跟踪，基于行业认知和常识判断，挑选出最符合"三好原则"（好行业、好公司、好价格）的投资标的。

（2）克服人性：投资是一项反人性的活动，成功的投资者必须学会克服过度贪婪、过度恐惧、从众、自负等心理，保持稳定平和的投资状态。

（3）底线思维：既要通过深入研究寻找相对的高确定性，也要为潜在的失败留有足够的安全边际。

雪球： 您的投资原则里有一个"三好原则"，能否详细阐述一下您的选股原则？

刘巧记： 我的投资理念的核心就是投资"三好学生"：第一好是找到一个好的行业，第二好是在行业当中找到一家好公司，第三好是在价格比较好的情况下，再进一步讨论。

好的行业要么具备一些先天优势，能够满足人们的一些基本需求，比如烟酒行业；要么议价能力很强，拥有与上下游谈判的筹码，能够让利润更大化；要么拥有颠覆性技术的专利。好公司往往需要拥有一支高素质的管理团队、业内公认的核心领袖，以及优秀的管理体系。至于好的价格，先定性后定量，先存量后增量，现有价值要能够支撑目前的市场价格，确定性要高，性价比要高，至少我们能够预期公司未来 3 到 5 年的盈利状况。

雪球：一笔成功的投资不仅要看收益，还需要做好风险控制，您的风险控制系统是怎样的？您如何确定安全边际？

刘巧记：最好的风险控制是主动风控，通过挑选"三好学生"，动态调整风险，同时也要适当分散，降低风险。具体地说，就是挑选 5 个左右的行业，而且是互不相关或弱相关的行业，形成一个组合，东方不亮西方亮，最终就能在低风险的前提下获取长期稳健的收益。若多个行业齐涨齐跌，当然起不到资产适当配置的作用。

当然，很多投资者不愿意看到波动，涨涨跌跌就像过山车一样。我们也追求长期稳健增长，但在实际操作中，如果净值表现达到了很平稳的状态，避免了一定的回撤，那么肯定也错过了大幅增值的好机会。如果想拥有 1～2 倍的升值空间，某种意义上就需要承受短期内 10% 甚至 20% 的回撤。所以我们采用的风险控制手段比较特殊，我们认为，把确定性和安全边际控制好，就是最好的风险控制。

至于安全边际，在我们做决策买入任何股票之前，都会了解其价值。通俗地讲，如果一件物品价值 10 元，我们会在其价格是 6 元甚至是更低的时候买入，给自己的投资决策留下安全边际，允许自己犯错，这样一来，即使有所亏损也不会致命。可见投资既要买得好，又要买得便宜。当然，确定一家企业的价值，需要对该企业有足够深入的研究和理解，并不是说一家企业目前是 10 倍市盈率，它的价格就低，另外一家企业是 30 倍市盈率，它的价格就高。我们需要综合各方面的因素，通过不同的估值方法进行衡量。

雪球：有个说法是，投资就是尽量少犯错误。怎样才能降低在投资中犯错的概率？

刘巧记：尽最大可能回避有财务造假嫌疑、管理层有较大污点的企业。长期没有产生经营性现金流的企业都是流氓，投资者最终还是要聚焦"三好"——好行业、好公司、好价格的龙头股票，集中持股，适当分散，动态调整。长期坚持这样的策略，可以取得不错的收益，也能大大减少犯错的可能性。

我们会根据以下几个指标进行判断：

第一，前 5 年或者前 10 年的财务报表上是否显示有大存大贷；

第二，有没有持续的经营性现金流；

第三，主营业务增长率、毛利率、净利率长期是否稳健；

第四，董事会、管理层每年的规划和指引能否实现，若不能实现，是出于客观原因还是主观原因，公司管理层的长期信誉如何。

雪球： 您管理的私募基金自 2015 年 7 月成立以来大幅跑赢了大盘，在 A 股动荡的行情下，基金的超额收益主要产生自哪些地方？未来它又将如何给投资者创造超额收益？

刘巧记： 我们能获得超额收益，主要在于我们一直坚持价值投资，拥抱确定性高、前景广阔的好企业。这样的投资理念在市场上已经得到充分验证，确实能够给投资者带来稳健的投资收益，未来我们也将一如既往，知行合一地坚持下去：

第一，挑选朝阳行业中第一梯队的企业。这些企业要么已经在行业中排名前三，要么已经具有明显的龙头潜力，拥有广阔的发展前景，"天花板"高，甚至在不断上移。

第二，优选"人无我有，人有我优"的企业。它们提供的产品和服务具有稀缺性，在行业内拥有很大的定价权。

第三，注重毛利率和净利率。当一个企业的毛利率足够高，其竞争力也会随之增强，并增强消费者黏性。

雪球： 您说过，要远离平庸的企业，选择优质企业，在您眼里，平庸企业和优质企业的区别是什么？

刘巧记： 优质企业提供的产品和服务能够很好地解决消费者的痛点，满足消费者的需求，这些企业在行业的竞争中往往处于优势地位，其管理层无论在战略方向的判断方面，还是在战略的选择与执行方面，都会比平庸的企业做得更好。最后表现出来的结果就是：优质企业会持续超出预期，而平庸的企业即使三五年过去，表现还是一般。优质企业持续优质的概率比平庸的企业更高，可持续经营的时间比平庸的企业更长。一定程度上，我们可以通过回溯企业过去表现出来的优质基因来预判它未来的发展。

雪球：近几年来，"核心资产"被市场热捧，蓝筹白马股涨幅巨大，不少企业股价连创新高。您怎么看待核心资产被热捧？它们目前被高估了吗？它们还有没有投资价值？

刘巧记：我们认为大部分核心资产的估值目前还处于合理区间，不存在明显的高估。这些核心资产确定性高，现在投资这些企业，大概率还能分享企业业绩增长的收益。从长期持股的角度看，我们认为它们仍然具备投资价值。

雪球：您说过，下一轮财富盛宴将发生在股市而非房市，抓住一次机会就足以实现财富自由。您认为未来普通人应该如何平衡股市和房产的配置，应该将多少比例的资产投入股市？

刘巧记：资产配置的方向非常重要，但也需要一定的催化剂。我们观察到，美国、日本、欧洲等发达国家和地区的股票总市值与房地产总市值的比值大概是 1∶1.5 到 1∶1，而在中国大陆，这个数字在 1∶10 左右。随着时间的推移，我相信中国股市市值占比将逐步增长，房地产市值和股票市值之间的差距也会逐渐缩小——这是一个大趋势。我们不要犯大方向的错误，否则再有能力与才华，成就和获利都会受到限制。

为什么 20 年来相当一部分投资房地产的人获得了收益？因为他们就像池塘里的鸭子，顺应了大趋势，水涨而浮。"房子是用来住的"，站在当前时点，房产已经不能作为主要的投资品种，除了核心城市、核心区域的核心资产之外，其他绝大部分区域的房价增幅未来只会与 GDP 增速大体相当。目前国内资本市场的整体估值水平横比、纵比还相对较低，随着更多的长期、理性的海内外资金的加入，资本市场的投资价值也将进一步得到彰显。

利用好资本市场，可以让更多优秀企业借助资本市场增强其资本实力。如果没有资本市场，人类经济与科技的发展将非常缓慢。正因为资本市场源源不断地提供资本，将资本配置到这些快速发展的行业及优秀的企业中，加速了它们的发展，我们才能分享到企业发展带来的数倍乃至数十倍的成长果实。

雪球： 据我们了解，您之前曾投资过港股内房股。目前来看，您认为港股市场里有哪些投资机会？

刘巧记： 虽然短期来看，港股存在不稳定的环境因素，但从中长期估值的角度看，目前港股市场里的企业无论是在市盈率、市净率，还是在股息率等方面，都具备较大的吸引力（平均市盈率只有 9.6 倍，平均市净率只有 1.03 倍，而平均股息率接近 4%）。

我们认为大金融、大消费、大健康、高端制造、教育、TMT 等领域的龙头企业值得重点跟踪。

雪球： 对于投资中国，您看好哪些行业的投资机会？看好哪些领域的投资品种？

刘巧记： 最好的投资机会在中国。2018 年，中国的 GDP 总量约为 13.6 万亿美元，美国的 GDP 总量为 20.5 万亿美元，中国的 GDP 相当于美国的约 66%。然而，中国的 GDP 增速在 6% 以上，是美国的 2~3 倍；中国的新经济正在迅速崛起，独角兽数量仅次于美国；新一轮改革开放将开启经济新周期，释放巨大活力。同时，中国拥有全球最大的统一市场（14 亿人），全球最大的中等收入群体（4 亿人）；中国的城镇化水平距离发达国家仍有约 20% 的差距，发展潜力大；中国的劳动力人口近 9 亿人，就业人员超过 7 亿人，受过高等教育和职业教育的高素质人才有 1.7 亿人，中国每年都会产生 800 多万大学毕业生，人口红利正在逐渐转向人才红利。

综上所述，我们看好中国，尤其看好大金融、大消费、大健康、高端制造、教育、TMT 等领域的龙头企业。

投资中最难的事：构建完整的投资体系

全昌明｜明资道一期基金经理

超过15年的跨国企业高管工作经验，曾任4家企业的中国区财务负责人，后转行成为职业投资者，著有《投资最困难的事》。遵循价值投资理念，认为买股票就是买生意，以物超（有）所值的价格买入优质股票，就能带来良好的投资回报。

全昌明管理的基金产品明资道一期成立于 2017 年 4 月 12 日，迄今为止业绩出色。 全昌明先生的投资策略是，借助其企业管理、财务管理和企业价值管理经验，在对企业基本面进行深度分析的基础上展开价值投资，持股要相对集中、适度分散。

雪球：能否分享一下您的个人投资经历？您是如何进入股市，并从个人投资者成长为私募基金经理的？

全昌明：我大学时学习的是国际贸易专业，其中的一些课程，如国际金融市场、公司财务等，都涉及股票、债券市场方面的内容。但在参加工作后的很长时间里，我都对股票和基金投资敬而远之。我感觉股价泡沫很大、波动剧烈，同时，股票和基金市场很不规范，充斥着坑蒙拐骗，吴敬琏教授的"赌场论"和媒体揭露的"基金黑幕"更是强化了我的这个印象。

我真正开始进行股票投资是在 2005 年。我对许小年教授的"千点论"，以及上证指数历史性地跌到 998 点时，尚福林主席为推动股权分置改革喊出的"开弓没有回头箭"的悲壮宣言印象很深刻。当时我进行股票投资的原因也很简单，就是觉得便宜。我记得我买的第一只股票是宝钢股份，业绩很好，分红收益率超过 4%，市净率也不到 0.8。随后，我正好遇上了 2006—2007 年的大牛市。可能是从事财务工作的缘故吧，"便宜"和"风险"意识几乎是我的本能：买股票的时候专挑"便宜"的。在 2007 年下半年上证指数达到 5 300 点左右时，我感到泡沫、风险巨大，于是卖掉大部分持股撤出了。在这两年多的时间里，我大概赚取了 7～8 倍的收益，算是在股市挣得了第一桶金。

从那以后，我就一直利用业余时间学习、研究股票投资。因为我在跨国企业从事财务管理工作，工作的强度和压力都很大，再加上我的投资规模也越来越大，要兼顾工作和投资对我的挑战实在是太大了，所以在看到雪球发展出"私募工场"业务后，我觉得它非常契合我寻求职业转型的想法：在管理好自己的投资的同时，通过在私募工场设立私募基金，帮助有需要的亲友投资理财，也尝试给自己开发职业的"第二曲线"。

但是，是否要主动放弃跨国企业高管的工作，还是让我纠结了一年多时间。直到 2016 年年底，我才下定决心离开职场，并于 2017 年 4 月在雪球私募工场设立了明资道一期基金。在雪球私募工场的各位伙伴的大力支持下，在这两年半时间里，基金的起步和发展都很顺利，也得到了越来越多基金投资人的认同和肯定。能把自己的业余爱好变成一份工作和事业，是一件很值得开心的事情。

雪球：回首过往的股票投资历程，对您投资理念的形成影响最大的事情是什么？您是如何打造自己的投资体系的？

全昌明：对我投资理念的形成影响最大的事情，其实是一件很小的事情：大概在 2009 年年初，我在上海宜山路博库书店一个书架的底层角落里，找到了一本珍妮特·洛（Janet Lowe）写的《本杰明·格雷厄姆论价值投资》（*Benjamin Graham on Value Investing*），封面上用红字醒目地印着"股票投资者的圣经"。

在 2007 年年底基本清仓后，上证指数从 6 124 点的历史高点跌到了 2008 年年中的约 3 500 点，下跌了超过 40%。我清楚地记得当时一个知名股评家喊出的口号："3 500 点，小跌小买，大跌大买"。于是我入场抄底，只是没想到抄在了半山腰上，2008 年年底，上证指数再次下跌了超过 50%。虽然我是边跌边买，拣相对便宜的买，但是到 2008 年年底时，账面上还是出现了 30% ~40% 的亏损，金额也不小。当时我心里很彷徨，搞不懂自己是在投资还是在炒股，如果是投资，为什么会亏这么多？

因此，尽管当时我还不知道格雷厄姆是谁，但看到这本"圣经"，我真是有一种如获至宝的感觉。我在那里站了半小时，几乎就把全书通读了一遍，我非常认同其中的理念，对价值投资很有一种"顿悟"的感觉。从那天起，我一发不可收拾，在随后的一两年时间里，我基本上把所有能找到的有关价值投资的书籍都读了一遍，应该有几十本。这也是我打造自己投资体系的开始，我觉得其中有几点体会可以分享一下。

（1）多读书，但要把书读薄。中外优秀投资者写了很多书或文章，广泛的阅读是基础，但是一定要从中汲取精华，把书读薄，才能将其吸收到自己的投资体系中。

（2）通过投资实战来提炼总结。投资就像学游泳，只在岸边看是学不会的。把书中的精华与自己在实战中的经验教训相结合，才能使投资体系不断完善。

（3）结合企业管理或实业经验。价值投资需要好的生意头脑，或者说敏锐的商业洞察力。如果投资者具有丰富的企业管理或实业经验，将会对投资很有帮助。我做过企业管理者，在理解自己投资的企业的管理层战略和动机时，确实会有一定的优势。我现在持股或重点关注的不少企业是我原来的同行、客户或供应商，对这些行业和企业的了解自然也会给我带来一定的优势和便利。

（4）注重科学性和理论依据。虽然投资决策有不少"艺术"的成分，但我还是追求对投资体系关键环节的论证，我希望自己的投资体系能在企业管理、企业财务等相关理论中找到依据，所谓知其然还要知其所以然。如果投资只是凭感觉、看运气，那么很可能不仅不可持续，也无法成为工作和事业。

雪球： 能否结合您的亲身经历，谈谈您觉得投资中最难的事是什么？您是如何克服的？

全昌明： 当我 3 年前开始从事职业投资时，我出版了《投资最困难的事：公司基本面分析和估值》。从书名中可以看到，当时的我认为，投资最困难的事就是选股和估值。事实上，绝大多数投资者即便秉持价值投资理念，也难以跨越这个难关。不过如今来看，我觉得我可能过于强调选股的重要性了。

要想投资成功，其实远不是选对股票就可以了，成功的投资需要构建一个完整的投资体系。投资过程就像一个串连电路，从投资理念、选股、估值、构建投资组合、到调整优化、仓位管理、基金申购赎回等，可以说每一步都很重要，一旦其中任何一步出现错误，都有可能前功尽弃。因此，我认为只有用系统性思维来组织和管理投资过程，才能使自己的投资体系不断完善。这可能才是投资中最困难的事吧。

雪球： 您所管理的基金信奉和践行价值投资，您可以用通俗易懂的话谈谈价值投资吗？

全昌明： 我认为，可以用以下4点来概括价值投资。

第一，股票是具有内在价值的资产。股票是公司所有权的一部分，本身就是一种财富载体，其财富属性和特点与房地产，尤其是商铺，其实是很相像的。既然是资产，当然就有优劣之分，我们不能因为市场上还有不少垃圾股就否定这一点。

第二，股票市场具有两面性，价值投资者要敬畏市场。在价值投资者眼中，股票市场是股权资产的交易场所，提供了流动性便利。但我们也要看到，绝大多数的股票交易事实上是"零（负）和博弈"的炒股，市场上也确实有各种坑蒙拐骗的陷阱和风险，所以说股票市场也是一个大赌场。只有理解和认清市场的两面性，才能更专注于企业（价值）研究，要利用市场和股价，而不是被市场和股价操控。

第三，只买对的。这不只是说投资者要投资优质蓝筹股，不参与题材股、垃圾股的炒作；也意味着投资者要牢记"隔行如隔山"的警示，坚守"不懂不做，不熟不做"的原则。

第四，不买贵的。既然买股票就是买资产，那就和做生意时购买其他资产没有区别，要会算账，要坚持"便宜才是硬道理"的生意原则。

所以通俗地讲，成功的价值投资者大概可以这样描述：很有生意头脑，会算账，爱便宜，买好货，规避风险，拒绝赌博。这其实与做实业是一回事。

雪球： 做价值投资，买股票就是做生意，那么对于投资者来说，应该如何发现"好生意"，又该如何找到成长型企业？

全昌明：积累 3～5 年经验后，你会知道，发现好生意其实不难：港股、A 股的好企业，如贵州茅台、恒瑞医药、海天味业、格力电器、美的集团、中国平安、腾讯等，都是人人皆知的好企业。难的是发现便宜的好生意，因为好企业的股票可能会很贵。要发现便宜的好生意，不仅需要独立思考和与众不同的商业头脑，还要有逆向投资的巨大勇气。所以最后只有很少一部分优秀的价值投资者能够获得成功。

充分理解和思考中国经济未来的发展、转型、升级路径，参考美国、日本、欧洲等发达国家和地区成熟市场的演变过程，可能是我们找到好生意和成长型企业的一个思路。

雪球：您怎样理解"投资的专业性"？普通投资者可以从哪些方面提高投资能力？

全昌明：投资在很大程度上是一种"智力游戏"，所谓投资能力，就是投资者所有的学问、专业知识、工作经验、投资教训等在其所选投资标的、所做投资决策上的综合体现。所以有人说，投资就是投资者认知能力的兑现，我认为这种说法很有道理。因此，要提高投资的专业性，投资者需要不断地学习，提升自己的认知，不断吸取新的资讯，不断研究和探索新领域，不断总结、完善自己的投资体系。换言之，学习、研究的深度和广度才是判断投资专业性的关键，而不在于投资者是机构还是个人，是职业还是业余。所以优秀的投资者都需要很强的学习、研究和自我反省能力。

对于机构投资者，如私募基金而言，我认为"投资的专业性"还有另一层意思：要有强烈的信托责任感。在投资决策中，要谨记"风险"和"责任"，要把投资者的利益放在基金管理人的利益之前，把基金净值放在基金规模之前。这也是"基金专业性"的重要体现。

将这两点结合起来，大概就是我们日常常说的"靠谱"：可靠、有谱。靠谱应该是基金机构专业、合格的标准，还算不上优秀。近期有好几位明资道一号的投资人反馈说，推荐朋友申购明资道一号是因为觉得它靠谱，令我有一种被认同、被肯定的感觉。

雪球：据说您会花大量时间和精力阅读上市企业的半年报、年报。阅读财报，您最关注哪些要点？

全昌明：阅读上市企业的半年报、年报可能是投资中最重要的工作之一，也是非常耗费时间和精力的一件事。我认为其中最重要的两个部分是：

（1）对经营情况的讨论与分析。管理层对企业发展战略、竞争优势、核心竞争力、行业发展、竞争态势的判断和应对措施等，是我们了解一家企业的业务基本面乃至管理层水平的重要依据。

（2）财务报表附注。单看财务报表是不够的，"魔鬼在于细节"，企业财务报表真实、客观与否，用于投资决策的财务数据是否需要调整，都要逐个项目地研究和理解。

雪球：您曾说熊市最好的投资是读书，您认为读哪类书对投资更有帮助？

全昌明：我认为读书应该是现在最划算的投资：只要花费几十元钱，就可以买到作者几年，甚至几十年的所学所悟，只要从中获得一点能使自己的认知有所启发和提高的知识，就值回买书的钱了。

我认为读书本身就是投资工作的一部分。首先要多读中外优秀投资者写的书，不要局限于价值投资，量化、对冲、指数、技术等各方面的代表作都需要了解，有对比，才会知道自己的选择是否正确。其次是阅读经济、管理、财务等方面的专业书籍，积累专业知识。再次，中外著名企业家的回忆录和一些行业的专业书籍也非常值得一读。

雪球：您怎么看当前港股的投资机会？您是否有投资港股的计划？您如何平衡 A 股和港股的配置比例？

全昌明：我知道很多投资者看好港股，尤其是在目前历史性低估值的情况下，不过我一直对港股的"便宜"非常警惕。港股的监管和信息披露相对宽松，而且国际大投行对蓝筹股定价权的影响力，香港本地券商对小盘股的掌控，市场运行机制和股价波动的剧烈程度，都与 A 股大不相同，风险巨大。所以我只会对个别已跟踪多年、确定性很高的个股做一些配置。在过去两年多的时间里，我的基金投资组合中港股的占比一直低于20%。

雪球：您认为接下来最应该关注的行业或板块是什么？

全昌明：投资需要长期视野，我们也需要用长期的视野来看待目前中国经济遭遇的挑战。只要中国开放和市场化改革的方向不变，中国人的吃苦耐劳精神、学习能力、商业头脑，以及全民创业创新的致富热情，就将是中国经济不断前行的不竭驱动力。

每个人的能力圈不同，投资者需要基于自己的情况来选择投资行业和标的。我主要关注与我过去的职业经历相关的行业，如大消费、制造业龙头、大金融等。由于老龄化趋势，很多人看好医药行业。我虽然在一家跨国制药企业工作过一段时间，但是感觉制药企业普遍"水太深""价太高"，所以没有涉足。

雪球：您的私募基金自2017年4月成立以来一直跑赢大盘。在A股动荡的行情下，基金的超额收益主要产生自哪些地方？未来又将如何给投资者创造超额收益？

全昌明：明资道一号过去两年半的表现还算不错，基金规模与净值基本实现了同步稳健成长。最令我满意的其实不是净值，而是实现这一净值的方法和过程：在过去两年半的时间里，基金几乎一直满仓，年换手率低于20%；2019年9月，我做了一次基金价值分析，发现在获得理想超额收益的同时，基金持仓组合的估值水平基本保持不变。基于这个分析，我可以确定，基金的超额收益主要来自持仓的上市企业内在价值的创造和增长。换言之，超额收益体现了这些企业为股东持续创造价值的优秀能力。也正因为如此，我相信明资道一号的超额收益符合价值投资"赚企业成长的钱"的理念，是具有可持续性的。当然，一切还需要时间来验证。

价值投资既是方法论也是价值观

夏志平｜翔鹏投资创始人

上海翔鹏投资管理有限公司创始人，雪球私募工场翔鹏中国竞争力一号和二号的基金经理，入行十余年，能力圈涵盖化工、医药、消费、保险和高端制造等板块。善于把握周期性底部的投资机会，即使在2018年A股主要指数大幅下跌的背景下，仍使翔鹏中国竞争力系列基金取得了正收益。

每个投资者都有自己独特的投资方法和理念，比如，价值投资者巴菲特强调以合理价格买入能够理解的优秀企业并长期持有，而索罗斯则擅长利用市场预期与客观"事实"的偏差，当偏差达到临界点时放手做多或做空。夏志平先生是典型的价值投资和逆向投资践行者。他认为实际情况总比市场的乐观预期糟糕，比市场的悲观预期好，因此他敢于买入市场不看好的股票，也勇于卖出或远离蕴含巨大风险的"万人迷"企业。

　　夏志平先生对企业和行业的深入分析也能给我们许多启发，他认为，企业价值是企业未来能创造的自由现金流的折现，真正优秀的商业模式很早就具备现金流创造能力，只不过存在成长确定性差异。

雪球：您曾说，私募基金经理和研究员的最大区别在于：研究员是看得越多越好，打电话、写报告、调研企业越多越好；私募基金经理研究、关注的企业越简单越好。请问为什么会有这样的区别？您能否简单分享一下从研究员到私募基金经理的心路历程？

夏志平：研究员和基金经理的关系可以被看作投资工作的分工，也可以被看作一个人从事投资行业的成长过程。研究员需要见多识广，才能从比较的视角真正理解"为什么好"和"为什么不好"。此外，能力圈的构建和固化也需要一个筛选的过程，否则就无法真正了解自己擅长什么行业，容易羡慕别人，忽视自己。基金经理不同，它是一种终极的职业状态，承担着极大的信托责任。成熟的基金经理必然会有稳定的投资决策体系和框架，其关注点一定是收敛和聚焦的，因为投资对认知深度的要求是无止境的，人的时间却极其有限，唯有聚焦精力，才能实现认知复利，即长时间内认知的积累、试错和迭代。真正赚大钱的机会往往源自市场错判，如果没有深度认知，人们一般不会逆市场下重注，而深度认知源自认知复利。

我一直觉得自己只是一个普通的股票市场参与者，我的心路历程和一般人没有什么不同。不过，我可以分享以下几点。

第一，从利润表转向资产负债表和现金流量表。以前，我总是盯着利润表和每股收益进行研究和投资，现在我发现，利润表只是结果，现金流量表和资产负债表才是原因。

第二，从市场风格标签转向定价本质。以前我总号称自己是成长股投资者，现在我发现，无论是成长股、价值股、周期股，还是大盘股、小盘股，都只是市场风格标签。投资的核心不在于追逐市场风格标签，而在于给企业定价。定价和企业有关，和市场关系不大。

第三，从追求弹性转向追求确定性。追求股票收益弹性是符合人性的正常选择，但是过度追求弹性会让人忽视确定性。这是一件极其危险的事情，会让投资人忽视投资体系层面的很多要点，盲目自信，甚至可能在某次黑天鹅事件中遭受巨大损失。这不是"鸡汤"，而是真实经验的总结。

雪球： 您一直坚持价值投资和逆向投资，而逆向投资的收益主要来源于市场波动，如宏观经济周期、利率周期，或行业周期、企业经营周期。您基金产品的收益主要来自哪种周期波动？可以分享一下您由于企业或行业经营周期而取得丰厚收益的经历吗？

夏志平： 我们的投资不是基于自上而下的宏观策略，所以大部分收益源于行业周期和企业经营周期的波动。就我们的投资策略来看，一般每 2 ~ 3 年，贡献较大的股票会换一批。举一个"冷门"股票的例子。2018 年下半年市场大幅下跌的过程中，我们找到了一个制造业细分领域的龙头企业。该企业由于经历了 2015 年至 2017 年的行业周期调整和转型，业绩很差，但是实际上 2017 年该企业的经营就已经好转。2018 年上半年，受短期汇率波动和环保核查关停事件的影响，该企业股票估值水平比 2008 年金融危机时期的低点还要低。而我们认为，这家企业的环保并没有问题，汇率波动也只是影响股票的短期因素，并不会影响公司长期的核心竞争力。我们在 2018 年的暴跌中逆势投资，目前依然持有，期间经历了一些波折，但是收益率其实已经很可观了。这个案例告诉我们，应尽量打破很多过于简单的标签，按照自己的策略体系持续发掘投资标的。

雪球： 您认为总投资收益是每笔投资获得正收益的概率和所获预期收益的乘积之和。诚然，逆向投资能获得相对更高的收益，但是每笔投资获得正收益的概率也会相对降低，您如何平衡这两个因子？

夏志平： 不需要平衡，平衡往往意味着妥协，问题一般都是因为妥协而引起的。实际上真正基于定价的逆向投资，一般在概率和预期收益率上都是占优的。概率降低的问题在于我们的认知水平不足，而不需要我们在投资策略上进行平衡。所以我们关注的重点应该是提升自己的认知水平，特别是当我们认为市场错了时，凭什么确定自己是对的呢？我们认为自己的投资体系闭环值得坚守，那么失误就是坚持这种体系必须付出的成本。实际上，失误恰恰是不够坚守和认知不足引起的。

雪球： 逆向投资就是要买入低估值股票。您通常通过对企业历史数据、行业及国内外市场的对比来判断该企业目前的估值是否处于较低的转折点，您认为提高投资的正确率就要在极端点做决策，然而投资者往往不知道最低点在哪里。请问在您的投资体系中，什么时候才是合适的买入时机？

夏志平： 在极端点做决策本身就是概率思维下的行动，既然是概率思维，就不应该追求最低点本身，因为最低点往往是后验的，先验只能把握一个低价格的区间。判断合适的买入时机，我们倾向于把握以下两点：（1）与历史数据、行业及国内外市场对比后，估值处于较低区域；（2）错误定价一般源于利空或者困境，极端便宜往往和问题相伴，确定合适的买入时机需要对问题的本质有深入理解。

雪球： 您曾说，为了减少黑天鹅事件，应该更加关注企业质地和管理层，因为好的管理层具有的谦逊和审慎的品质会使企业基本面容易被市场低估。那么请问您是如何渗透到企业经营层面，如何了解管理层的？

夏志平： 优秀的企业家本质上就是真正的价值投资者，价值投资是方法论，更是价值观。价值投资者要渗透到企业经营层面，对于很多问题，可以先假定自己是企业的实际经营者，设想自己会怎么做，再借此观察企业是怎么做的。大部分时候二者是一致的，并且经营活动可以通过调研及财报得到验证。

对于了解管理层，我们最为看重的品质是企业家精神和诚信。我们认为，了解管理层最有效的方式是复盘研究，即通过尽可能长的财报、公开演讲等信息进行持续的复盘分析，观察管理层的言行是否一致，由此判断管理层是否值得投资者信任。我们也看重股东会等面对面交流，但是会与其保持合理的距离，我们需要的是逻辑和客观数据的印证，而不是盲目的相信或者不信。

雪球：您认为在哪种市场状态中进行逆向投资压力最大？您是如何应对这种压力的？

夏志平：从过往历史来看，我们在熊市和平衡市环境中表现较为轻松，在单边快速上扬的市场环境中投资压力最大。这很好理解，因为在单边快速上扬的市场中找到低估逆向投资机会的难度很大。应对这种压力，首先不能随意动作，以免导致风险。其次要和客户保持开放的沟通，无论是投资的错误，还是投资策略的业绩"阴暗期"，都不要避讳与客户坦诚地沟通。长期来看，得到客户的理解，对于应对这种压力很有帮助。

雪球：风控对于投资者来说极其重要，您能分享一下您的风险控制体系吗？

夏志平：我想分享以下几点。

第一，内心要真的相信，如果基于定价做投资，波动不是风险，而是机会，定价错误才是风险；

第二，投资管理企业的治理结构决定了风控人员很难对老板进行风控，且风控启动时，一般损失已经发生，所以 90% 的风控应该发生在买入前，风控应该隐含在投资策略和体系中；

第三，由于目前我们进行的是资产管理业务，同时对波动和风险的识别具有一定的后验性，我们也需要有波动控制体系。我们的主要想法是为净值设置一个回撤幅度的预期目标，然后把这个目标分解到持仓个股和潜在持仓上，通过管理单个个股的波动幅度来实现整体的回撤控制目标。我们称这个方法为"风险预算管理"。

雪球：您的私募基金自 2016 年 7 月成立以来一直跑赢大盘，您能否对过去的业绩进行一下归因？您如何看待基金净值的回撤？

夏志平：我们的业绩主要是由精选个股实现的，少部分则是通过仓位控制实现的。同时我们的仓位控制也是通过判断个股是否处于估值泡沫来实现的。

我刚才提过，如果基于定价做投资，波动不是风险，而是机会。对于股票多头基金，适度的回撤是必要的，回撤等同于做生意的"成本"。如果因为回撤而简单地被动减仓，实际上违背了价值投资的本质。但是也不能一味地放任基金净值回撤。对于价值投资者而言，定价错误才是风险，可是实际操作中最难的是，我们无法在大幅下跌之前确切判断当前的情况到底是暂时的波动还是定价错误，对风险本身的认知往往是后验的。往往一开始我们认为是波动，股价暴跌之后我们才突然发现是定价错误。所以对于个股大幅波动导致的净值回撤，我们会保持高度的警惕，尽量避免盲目自信。

雪球：目前 A 股市场融入国际市场的步伐加快，投资者结构正经历巨大的变化。您曾说过，许多投资策略未来可能面临进化压力，但是基于定价的投资策略将会常青。请问您对目前投资策略的坚定信心来源于哪里？

夏志平：我们相信基于定价的投资策略将会常青，主要是源于我们对企业拥有价值的理解，我们认为企业拥有价值的原因是企业可以创造自由现金流，企业价值即是企业未来能创造的自由现金流的折现。这是一个第一性原理，不依赖任何统计或者归纳。

在此，我想分享一下我们对一些新经济企业的复盘。分析 Facebook、亚马逊、腾讯和阿里巴巴等企业的早期财务数据，我们发现，这些企业实际上很早就不太依赖外部资本融资了，核心原因是它们很早就具备了极强的现金流创造能力，这和绝大部分估值达上百亿美元，却无法在资本上"断奶"的所谓的独角兽企业有着本质差异。亚马逊就是一个典型案例。一直以来，亚马逊的利润并不高，但是从 1995 年到目前，除了少数几年（成立之初和互联网泡沫破灭的那几年），其现金流十分健康，且能持续高速增长。真正优秀的商业模式很早就具备现金流创造能力，只不过存在成长确定性差异。我们可能会因为确定性不够而放弃很多行业和企业，但是绝对不会怀疑价值投资本身。

雪球： 目前股票市场上主要指数的估值水平都处在历史大周期的底部区域。您2018年时就曾预测2019年股票市场的机会将大于风险。您认为未来会有哪些行业值得投资？您对普通投资者有什么建议？

夏志平： 人类社会是一部遵循复利规律的发展史，概率站在乐观者这一边。投资中国是一个不言而喻的结论，如果不相信这个结论，就不应该投资A股或者从事投资行业。我们不是特别看重行业逻辑，而是更看重行业内是否有具备超强竞争力的企业。我们对投资者的建议很简单，那就是投资自己了解和信任的企业。

投资没有别的诀窍，就是找垄断企业

林园｜深圳市林园投资管理责任有限公司董事长

人称"民间股神"，1989年以8 000元进入股市，截至2018年，管理的私募基金规模已经超过50亿元。20多年来，财富呈"核裂变"式快速增长。在许多人葬身充满暗礁和险滩的中国股海时，在很多人妄想靠赌博和投机一夜暴富时，林园凭借简单而又质朴的投资理念稳稳地赚钱。

林园快人快语，却又笃定自信。 他说，他当初入市只是凭借着自己的年轻和激情，没想到一直在赚钱。 他说，跌多了总是要涨的，但是做多中国也要有方法。

雪球： 据说您是在 1989 年拿着 8 000 元进入股市的，请问您作为一名医学生，并非金融科班出身，当时进入股市的契机是什么？您刚入市时又是如何捕捉投资机会的？

林园： 当时的情况和现在不一样，当时我比较年轻，也没有什么特别的想法，就是凭借着自己的满腔激情进入了股市。我进入股市的时候，正好股市比较低迷，大幅下跌，我记得好像从高位下跌了百分之几十。我去证券公司的时候，只看到了几个人，营业状况十分惨淡。我当时没有多想，就当是存银行、买债券了。当时市场上只有几只股票，万科、深发展、金田等，也没有太多的选择。我先买了深发展，因为深发展是一个龙头，整个深证市场就看深发展。我入市的时机也比较好，刚买入就上涨了，于是一直在赚钱。

雪球： 在您的投资生涯中，您曾经成功地捕捉到电视板块的大行情，随后又捕捉到了银行、房地产板块的行情，到 2003 年，您又成功买入了贵州茅台，这些都是非常成功的投资案例。您是如何捕捉这些行业的投资机会的？您是如何建立起自己的投资体系的？

林园： 我们进行了几波投资，一是银行，二是电子元器件，包括电视，三是白酒。20 世纪 80 年代，我在博物馆工作。博物馆举办了一个酒文化节的活动，当时五粮液的老板询问我对五粮液的看法，因为我不喝酒，我就说我不知道五粮液。他觉得很奇怪，因为五粮液非常知名。于是，我开始关注白酒股。1992 年，我到西安开发房地产，发现很多从业人员很爱喝五粮液，于是我就整箱整箱地买。只要和喝白酒的人打交道，就必然会开始喝白酒。我们真正对白酒股进行研究，是从泸州老窖开始的，我们通过泸州老窖赚取了几十倍的收益。然后我们又投资了五粮液。2003 年，贵州茅台上市，我们的研究员说在白酒股里贵州茅台的财务指标最好，我们就开始买贵州茅台了。

至于投资体系，各个行业的投资思路其实都是一样的，要把各种资产在世界范围内进行比较，然后买性价比最高的。比如，研究银行，我们会对全世界的银行进行比较。2001 年，汇丰银行的市值比中国内地所有银行的总市值还大。当时我们研究了为什么中国很多银行不盈利。盈利的银行都在北京、上海，四川的招商银行都是亏损的。银行的盈利和经济发展有关系，如果所在地区经济不发达，银行就很难盈利，其营收甚至无法抵销费用。现在银行盈利则非常可观。我们大多是在行业和人口、市场不匹配时展开研究并介入的。

在行业的选择上，一定要选择大行业，大行业的盈利能力非常强。这是我们研究过去 100 年的上市企业，对各行业盈利能力做出排序后的结果。在买入时，我们是遵从行业和其市场的匹配度来选择的，我们会选择被低估的行业。

买入和卖出是两个系统。卖出时，我们也会看行业，如果行业不景气，我们就会卖出。之前我们选择卖出四川长虹，就是因为我们看到毛利率一直在下降，觉得存在问题。

雪球：您是如何选定自己想投资的行业，又是以什么指标来选择行业里的个股的？在您的投资体系里，看财务报表和对上市企业进行调研，哪个更重要？

林园：我认为看财务报表更重要，我们主要是根据财务报表进行选择的。1994 年，我们开始在境外投资，至今已超过 25 年。我们发现，在境外投资的收益率和在境内投资的收益率非常接近，只相差 8%。对于境外企业，我们没有机会进行更多的调研，但是我们选择投资标的的标准是一样的。所以报表是一个非常重要的指标。

雪球：您认为目前中国的哪些核心资产最值得做多？

林园：现在很多企业之间竞争很激烈，在高度的竞争中，能够在行业里占据垄断地位的企业比较有优势。现在很多中国股民都在亏钱，但我相信，跌多了总是要涨的。

　　说到核心资产，无非是必需品，例如能源、电力、医药。我们比较看好医药板块，这个观点不会有什么变化。

雪球：当前银行股估值比较低，您怎么看当前银行股的投资价值？

林园：我最近没有留意银行股。我个人认为，单纯从估值角度看，银行股是市盈率低。

雪球：您持有贵州茅台多年，最近贵州茅台股价突破 1 100 元，市值超过 1.4 万亿元，您怎么看当前贵州茅台的投资价值？您觉得它是高估了还是低估了？

林园：我们也没有关注贵州茅台，除非我们打算买入，才会关注。但是我持有的我也不卖。

雪球：您在 2017 年雪球嘉年华演讲的时候谈到过，您非常看好医药板块，请问您当前还是最看好医药板块吗？

林园：是的，医药板块是我们唯一关注并进行买入的板块。

雪球：在 2019 年的中报行情中，中药股出现了一些分化，比如，片仔癀中报业绩喜人，股价也非常坚挺，但是东阿阿胶中报营收同比下降 36%，净利润同比下降 77%，您怎么看这一现象？

林园：业绩其实没什么分化。东阿阿胶营收下降的主要原因是这个行业太火了，供应量大幅增长，供求平衡被打破了。这个行业收益很高，有很多企业进入，所以就没那么容易赚钱了。但是，这些年东阿阿胶给股东的回报是很大的，整个阿胶市场还是在增长的。阿胶这个行业我还是很看好，浙江、江苏一带的人非常喜欢吃阿胶，这是老祖宗留下的传统。

　　我们不会把企业一棒子打死，虽然现在我们的注意力不在这个行业上，但是等这个行业跌到一定价位，我们也可能参与。

雪球： 随着中国居民财富的不断积累，中国居民的投资需求越来越旺盛，A 股市场的账户数从 2000 年的 6 123 万户增长到了 2018 年的 1.55 亿户。您能给新股民一些投资建议吗？

林园： 建议就是赶紧炒股，哈哈哈。现在这个位置，我认为是可以参与的，实在不懂就买指数基金。

量化投资：
聪明的投资者玩的游戏

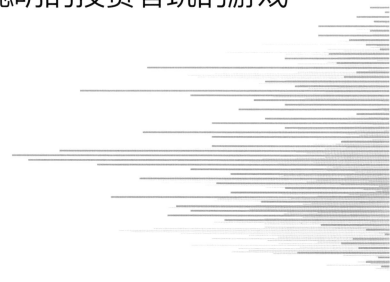

量化选股会成为权益类选股的主流

申毅 | 申毅投资公司首席执行官

物理学博士，曾经在高盛集团（Goldman Sachs）担任美国股票和交易型开放式指数基金（ETF）自营团队主管，后任职高盛国际欧洲交易部执行董事，并创建了高盛欧洲的ETF部门。2010年回国创业，成立了以自己的名字命名的公司，希望它能成为"百年老店"。

申毅投资是中国第一个金融机构股指期货户，中国上交所第一个期权套保户，曾荣获多项私募基金大奖。近9年的可追溯公开业绩使其拥有国内量化实盘的最长纪录。

在投资选择中，获得超额收益一直是大多数投资者的心愿，但还有一些投资者把平稳的收益率和极少的回撤看得更加重要。 相比主动投资，量化对冲是实现平稳收益和极少回撤的重要手段。

追求回撤极低的绝对回报

雪球：很多人质疑，2017 年和 2018 年，很多量化基金表现得不好，不如买沪深 300 指数之类的指数基金，对这个问题您怎么看？如何才能让更多普通投资者接受量化投资的模式？

申毅：关于收益表现，我们得具体问题具体分析。量化策略分为两类：一类是追求相对回报的量化选股策略，比如指数增强基金；一类是追求绝对回报的量化对冲策略。这两类策略的比较基准不一样，前者应对标相应的基准指数，比如沪深 300 指数和中证 500 指数；后者应对标银行理财产品。从数据上看，上述两类量化策略的表现都很优秀。在 2017 年和 2018 年，量化指数增强基金的表现普遍排在较前列，不管是公募还是私募，收益都远超相应基准。追求绝对回报和低回撤的量化对冲策略，收益也远好于同期的理财产品。

雪球：能否再详细介绍一下绝对收益和相对收益策略有何不同？

申毅：以前我们主要追求绝对收益，较少关注相对收益。过去我公司的投资者以银行和其他非常稳健的投资者为主。这类投资者不仅希望资金每年都实现复利增长，还要保证充足的流动性，就算不能保证月度的流动性，也要保证季度的流动性，可以随时申购赎回，甚至有些银行要求每天都可以申购赎回。这样一来，我们对绝对收益的把握就要非常精准，流动性要非常好。这造成我们过去的产品都是权益类的多头，我们用股指期货来控制敞口。

近几年，我们开始更多地运营一些相对收益产品。我们应用了量化选股权益多头策略，把对冲部分去掉，形成了一个纯多头敞口的选股组合，也就是一个相对收益产品。然后，我们既做商品交易顾问（Commodity Trading Advisor，简写为 CTA），又做期权，这样可以使我们的策略在较短的期限内表现好于基准，在基准指数上涨的时候上涨得更多，在基准指数下跌的时候下跌得更少。长期来看，由于我们产品的超额收益比较高，也就变成了一个绝对收益产品，非常受投资者欢迎。

雪球： 申毅投资旗下产品有一个非常重要的特点，就是波动极小、回撤少，这是怎么做到的？

申毅： 回撤少的原因与我们运营绝对收益组合的方法非常有关。每次运营绝对收益组合的时候，我们会首先设定好基准指数，然后通过相关基准指数的股指期货来做对冲（目前国内只有上证 50 指数、沪深 300 指数和中证 500 指数有对应的对冲工具）。在通过股指期货对冲之后，基本的风险就被对冲掉了，在这一情况下，我们的超额收益都来自我们的选股组合。能否取得好的回报，核心在于我们选取的资产能否在长时间内稳定跑赢我们的基准。

量化选股会成为权益类选股的主流

雪球： 您最近提出过一个观点，即量化选股将来一定会成为权益类选股的主流，为什么？量化选股的优劣势分别是什么？

申毅： 讨论这个问题之前，我们要界定一下，现在国内所说的"量化"，主要还是权益类资产的量化。权益类资产的量化分为两种。一是量化对冲，就是市场中性的绝对收益产品。量化对冲有市场容量限制，因为其本身的绝对收益受限于衍生品的工具和市场，以及对冲工具的发展。二是量化选股。量化选股与我们平时做的权益类多头非常类似，目前，这个市场对量化投资行业来说就是一片蓝海。从业者需要比对市场里的公募和一些主观选股的多头私募，这样的话比较基准就比较容易确定。

参考国际上发达和成熟市场的发展趋势，我们发现，它们都是从以主动选股为主开始，逐渐向量化选股转移。在美国股市近20年的发展中，共同基金（相当于我国的公募基金）中主动选股的基金减少了1.6万亿美元，被动和量化选股的基金增加了1.6万亿美元。不管市场涨跌、牛熊，这一变化趋势没有变化过。发生变化的主要原因：一是现在股票很多，相关的信息也很多，快速分析市场变化、吸收信息、进行管理是一个挑战，而量化选股有助于快速分析更多股票，分散风险；二是在目前市场信息充分披露的情况下，深入调研的附加价值没有以前那么高了。

回到中国的市场，很明显，现在中国市场数据的标准化程度在世界上已经处于前列，达到了成熟市场的水平，这给量化带来了很多机会。同时，中国市场交易中又存在很多机构抱团和散户无序波动的现象，给量化创造了获取额外收益的机会。随着长期资金的逐渐注入，量化的方法、选股的逻辑都会成为主流，这个大趋势是不会有变化的。

雪球： 您的量化选股方法对最终的收益影响非常大，您能否简单介绍一下申毅投资量化选股的核心逻辑和框架？

申毅： 为了长期发展和策略的稳定性，我们在量化选股运营上没有采用平台的方式，比如很多同行会用平台的方式招一二十名基金经理。我们更多地像一个工厂，策略就是在工厂的流水线上生产标准化的产品，服务投资者。我们选股有标准化的流程：首先，根据学术研究报告和市场经验，包括基本面和技术面的经验，确定交易策略的研究方向；其次，通过我们现有的研究框架进行回溯；再次，利用自有资金进行测试；接下来，进入资管产品的实际交易；最后，评估、反馈，并提高工厂的产品质量。这是一个"中国量造"的过程。

我们量化选股的核心逻辑是选择我们认为有趋势性的股票，这样的股票不管从基本面和技术面上看都要有趋势性。

雪球：对于技术面上的趋势性，一般投资者可能会相对好理解一些。那么对于基本面上的趋势性，你们主要是怎么判断的呢？

申毅：我认为，尽管数据比较少，但是基本面上的趋势性对企业来说尤为重要，比价格上的趋势性更重要。基本面上的趋势性在学术和实践层面都有很多抓取的方法，我相信雪球上的投资者自己是有能力查阅文献进行了解的。

雪球：人工智能的发展对传统的量化有什么冲击或促进？

申毅：人工智能的新热潮是在 2016 年谷歌人工智能系统阿尔法围棋（AlphaGo）战胜李世石之后开始的，但 10 年前、20 年前、30 年前，人们对人工智能都有过类似的讨论。30 年前，神经网络学习已经是一个拥有非常成熟的理论基础的学科。现在是在算力增加之后，重新探讨其在投资领域的作用。人工智能对投资决策非常有帮助，但是目前，我没有看到在狭义上被比较严格地界定的人工智能策略的成功。目前也没有海内外任何一家大型机构承认它们是用人工智能来做投资的。不过从广义上说，人工智能的范围就很广泛了。

我认为人工智能是一个突破性技术，但它还在等待一个突破点。这与历史上很多理论类似，它可能需要徘徊很长时间，直到某一天出现一个突破，比如理论或技术上的突破，这个突破会引发整个领域内的革命性变化。对于人工智能领域而言，目前这个革命还没有发生。它将在哪里发生，谁将引起这个革命，目前也是未知的。

对中国资本市场的发展充满信心

雪球：不管是主动基金还是量化基金，获得好的回报其实都是在分享国家发展和市场发展的红利。从量化投资角度看，您认为中国经济发展接下来主要有哪些看点？

申毅：对于经济发展方向，我不是专家。但是我认为，今后几年经济发展的看点主要在以下几个方面：

一是消费行业，其能在国内消费市场拓展的基础上发展良好；

二是医疗行业，生物医疗能在现有基础上弯道超车；

三是移动互联网行业，其发展能够改变人类生活的模式；

四是高科技行业，它有助于实现经济转型，完成国产替代。

这几个方向是我私下与同行交流讨论出的一些观点。由于一些规定，我个人没有证券投资账户，只能和大家分享一下我的看法。

雪球：近期中国资本市场发生了较多变化，比如持续的金融开放、科创板的推出等，你们对于未来资本市场的完善有哪些期待？

申毅：随着中国市场的逐渐开放，中国市场与国际接轨的趋势越来越明显。海外资金的流入，特别是对标指数的指数基金的流入，对中国市场已经产生了巨大的影响，这一影响将是长期和深远的，将深刻反映在估值方法、交易变化和股票选择上。我认为股票选择的发展方向将是发掘长期成长的股票。另外，换手率的总体下降，以及企业治理水平和财务报表质量的提高，也将成为未来资本市场的发展趋势。对于中国资本市场的发展，我充满期望，这是中国未来的一部分。

此外，值得注意的是，不管某些消费股过去表现得多好，中国梦的实现肯定还要依靠科技创新。

未来3~5年是做多A股的好时机

田汉卿 | 华泰柏瑞基金副总经理

华泰柏瑞基金副总经理，量化投资团队负责人，其团队管理的主动量化基金总规模达137亿元，排名行业第一（信息来源为万得资讯，截至2019年6月末），并于2018年3月和2019年4月连续两年获得《中国证券报》评选的"量化投资金牛基金管理公司"。

在加入华泰柏瑞基金之前，曾于2004年任国际量化巨头巴克莱全球投资管理有限公司（Barclays Global Investors，简写为BGI）亚洲（除日本）量化团队的主要负责人之一，管理资金规模超过20亿美元。本科与研究生均毕业于清华大学，后攻读美国加州大学伯克利分校哈斯商学院MBA，从业经验超过20年。是国内量化投资领域的领军人物之一。

与频频发声的策略分析师相比，基金经理要谨慎得多。

与普通的基金经理相比，量化基金经理则更加低调。

不过，随着投资作为一门"科学"在不断发展，量化的触角已经渗透到投资流程的方方面面，如今可以说是"无投资不量化，无量化不投资"。

到底什么是量化投资？ 如何从量化的视角思考当前中国股票市场的投资前景？ 中国股票市场的投资前景如何？ 量化投资体系是怎么样的？

未来 3 ~ 5 年是做多 A 股的好时机

雪球： 从 2016 年开始，A 股已经在 3 000 点附近徘徊了 3 年多。您如何看待目前 A 股的投资价值？现在是投资中国的好时机吗？

田汉卿： 我对于未来 A 股市场的行情是很乐观的，这个乐观不是指未来的一两个月，而是未来 3 ~ 5 年的窗口。股票是非常好的资产。我的观点主要基于以下两个理由。

1. 往前看，A 股市场的长期回报好于全球其他主要指数

过去 20 年，A 股行情看起来大起大落。从总回报的角度看，A 股的表现比全球大部分主要指数都要好，好于标普 500 指数，甚至纳斯达克综合指数。在这样的市场中，只要长期持有，不盲目买卖，长期回报通常都会很可观。但是，为什么大多数人认为无法在中国股市赚钱？是因为很多个人投资者是在 2007 年和 2015 年两个大牛市的时候进入股市的，在那个时候进入股市，肯定是很难赚钱的。

2. 往后看，A 股市场过去 10 年的表现落后太多，估值已是全球最低

相比发达国家过去 10 年的表现，A 股落后了很多。美股中，纳斯达克综合指数上涨 3 倍，标普 500 指数上涨 2 倍，而上证指数还在原地踏步。不过，这不是风险，而是机会。因为长期来看，不同指数的表现应该

相似，这段时间 A 股的表现落后，说明估值被压抑了，这恰恰说明现在是一个比较好的进场时机。现在 A 股市场的几大指数已经处在全球估值的最低水平。从市盈率相对盈利增长比率（PEG）的角度看，这恰恰提供了一个未来取得较好回报的机会。

最近我与其他投资人交流的时候，大家基本都同意从 3～5 年的时间窗口来看，现在的股市拥有非常好的投资机会，当前的股票是风险收益比很高的资产。很多人还说不用等 5 年，要获得收益，3 年就够了。只要有耐心投资股市 3 年，赚钱的机会就会变大，而且复合回报率不会低。

但是，很多人这个时候不敢入场，只有股市上涨时才会买入，越下跌越害怕，这是不对的，这样可能永远赚不到钱。总是在股市上涨以后才买入，收益肯定比别人低。就和定投的道理一样，长期收益适当的，越跌越买其实是更好的选择。

真实的量化投资没那么高深

雪球：在很多投资者心中，量化投资算是一个"高精尖"的领域，究竟什么是量化投资？相比传统的主动投资，具体有哪些优势呢？

田汉卿：这个问题比较大，我分几点来阐述。

1. 量化投资和传统主动投资的核心差别在于信息的处理

量化投资和传统主动投资的一个主要差别就是它们处理的信息不一样，量化投资是对已有的各种数据进行处理，而传统的主动投资需要研究企业的一些基本面情况。不同的处理内容使量化投资和主动投资形成了获取超额收益的不同途径：量化投资依靠的是尽可能多地覆盖更多的股票，主动投资则依靠更精准地判断个体股票的投资价值。

打个比方，做主动投资可能只能耕 3 亩地，通过精耕细作获得很高的亩产量，但无法进一步扩大范围。而量化投资一次性可以耕作100亩，虽然亩产量可能会低一点儿，但是总产量一点都不低。

另外，量化投资处理信息的核心是抓住主要矛盾。这句话虽然看起来有点儿简单，但这么做的效果其实不差，把主要矛盾抓住了，其他的就都是细节问题了。

例如，国外很多农民在打理果树的时候，因为人手的限制，只能利用机器对大片果园进行统一修剪，这样虽然单棵树木的修建效果没有人工修剪好，但是总体来说是一个更加高效、可行的方案。

通过量化模型做投资还有一个很大的好处，就是可以很清楚地了解自己面临的风险有多大、在哪里，自然也就更加明确该怎么控制风险。而如果通过传统的主动策略去构建一个投资组合，我们只能事后用风险模型来分析风险，才能知道风险在哪里。

2. 量化投资有很多种类，不同种类之间千差万别

很多人觉得量化投资难以理解，是因为他们把各种不同的量化投资混为一谈了，其实量化投资策略之间的差距很大。我认为，量化投资主要分为两类：一是"基于算法"的策略；二是"基于基本面"的策略。

基于算法的策略主要依靠纯粹的数据处理，从数据开始，通过挖掘数据找规律，然后形成各种各样的策略，包括高频交易策略、统计套利策略等，现在大部分私募基金的量化投资策略都属于这一类。这些策略一般要求交易频率比较快，交易频率较快时，量化投资与人工投资相比，有显著的优势。

基于基本面的策略则要参考企业的盈利数据、运营数据。基于这些数据衍生出来的策略，也是我们正在尝试的策略。

3. 华泰柏瑞的基本面量化逻辑

从持有期限上看，我们的持有期是比较长的，平均4~6个月。基于

这个持有期限，我们进行的是选股量化，而不是择时量化。

我们通过提高覆盖的个股数量来获取 alpha 收益。如果以 4 ~ 6 个月为时间跨度再次择时，会显著降低个股覆盖数量带给我们的 alpha 收益。择时模型还是更适合基于算法的高频量化交易。而且我们的量化投资基本不做宏观策略配置，因为国内的资产类别相对较少，容量太小。我们的业务核心是量化选股，因为 A 股的股票数量足够多，这样组合起来的话，波动性会小一些，收益也不错。

我们做的量化选股和基金经理的主动选股有什么区别呢？其实二者本质上很类似，比如都会考察企业的成长能力、估值、盈利质量等。二者的核心差别在于加工信息的方式不一样，量化投资的打分是通过模型来进行的，标准相对统一，而基金经理通过大脑加工主观打分，结果会有较大的偏差。

4. 中国市场目前可以通过量化投资的方式取得很好的超额收益

我们刚开始推出量化产品时受到了很多客户的质疑，他们觉得自己看不懂量化投资，无法把握。不过随后我们取得了很好的收益表现，越来越多的客户开始意识到我们产品的优势，可以长久地持有下去，甚至越跌越买。

从理论上来说，为什么量化投资是靠谱的呢？

在相对成熟的美国资本市场，从过去 10 年来看，获取超越指数的收益是比较困难的。在这个过程中，资金一直在从主动基金赎回，流入量化基金和指数基金，以期在单边的市场上取得至少和市场（指数）一致的收益。当前，A 股市场离成熟市场还有较大差距，市场不够有效。根据海通证券发布的数据，截至 2019 年 5 月，A 股市场机构投资者持有市值占比 13%，美股占比 57%。而且从换手率看，2018 年 A 股市场的换手率达448%，远高于美股的 109%。

在 A 股这样相对没那么成熟的市场中，通过合理的量化策略获取超额收益是有很大机会的。

一套行之有效的基本面量化投资策略体系

雪球：华泰柏瑞量化选股模型里的各种选股因子是如何产生的？核心的选股因子有哪些？

田汉卿：我们选择选股因子的前提是，这些因子本身具备合理的投资逻辑，比如盈利持续性好的企业、成长速度快的企业、内部人增持的企业等。在这个基础上，我们会通过数据回测确定这些因子确实能够带来超额收益，这样才会将它们纳入我们的因子库。最后，我们会以多因子组合的形式组成一个收益更高而且波动更低的量化选股模型。

当前，我们的因子数量比较多，大概有 100 多个。以前用的 80 多个因子中，我们剔除了一些我们认为无效的因子，现在还有 70 多个因子在使用。

关于核心的选股因子，我们主要看与基本面相关的几个方面，比如企业的成长速度、盈利质量、估值等。其中，我们更在乎那些还没有"price in"（市场价格已经对企业情况做出相应反应）的因子，比如成长因子，我们判断一家企业的成长能力不只是看其当前增速是否超出预期，因为这些情况都能反映在企业股票的价格里，我们更关注企业能否持续超出预期。

雪球：单看数据，不同行业的成长情况虽然相同，但是从投资者的逻辑来讲，它们是有区别的，比如银行增长 20% 和一家食品企业或科技企业增长 20% 是不同的。你们的模型会怎么处理行业之间的一些差别？

田汉卿：我们的模型是行业中性的，我们的行业配置占比与沪深 300 指数保持一致。我们主要做行业内选股，所以不存在这样一个比较的问题。进一步说，成长因子只是我们众多选股因子中的一个，我们同时还会考虑一些风险因子，比如企业杠杆率等。通过全面的评估，我们会综合得出某只股票是否值得投资的结论。

雪球：很多人认为 A 股市场相对来说运行时间较短，而这二三十年来，其投资风格变化很快，这样不利于利用数据挖掘出更多有效的因子。对于这个问题您怎么看？

田汉卿：这个担忧是不存在的。我们的模型是通过覆盖股票数量来获取超额收益的，而不是通过长周期的择时。在这样的背景下，我们认为，有 5 年的回测结果支持就够了，不需要太长时间的数据。从 2007 年开始，A 股市场也已经积累了 12 年的完整数据，数据量是非常充足的。

而且对于美国股市而言，三五十年的数据其实没有意义，因为很多情况都发生了变化，经济状况不同了，投资者结构不同了，所以不需要长时间的数据。长时间的数据最多能帮我们总结周期规律，但是即便我们能研究出来，发生的事件也完全不同，据此得到的回测结果敢用吗？比如，2007 年的经济危机与 1929 年的大危机能一概而论吗？在这样的情况下，虽然能拿到长时间的数据，但真正对我们的投资有效用的其实很少。

雪球：除了借助量化手段进行选股之外，你们是如何选择买入和卖出的节点的？

田汉卿：对于买入和卖出，我们是通过自己的投资平台来进行的，通过优化器程序化地进行交易执行和投资结果分析。这个优化器的运转核心是利用我们的 alpha 模型、风险模型和交易成本模型综合得出每只股票的分值，然后做出相应的买入卖出决策。这个模型我们目前每天都会更新。

在买入和卖出的过程中，我们几乎没有进行人工干预，而是提前设定好参数，比如换手限制、交易频率等，然后让机器自动形成相应的交易决策。例如，我们不会因为一只股票上涨得多就止盈，或者下跌得多就止损，而是始终根据其在模型中的综合得分做出相应的买入和卖出决策。

这也是传统主动策略和主动量化策略的差别，不管是选股还是买入卖出，都要贯彻。

雪球：关于量化，很多投资者认为模型回测的结果只代表过去，根本无法代表未来，您怎么看这个观点？在实践中，您会如何利用模型的回测结果？

田汉卿： 我认为从某种意义上来讲，这个观点是对的，因为用过去的情况预测未来总会有偏差。所以我们只能计算概率，看看回测是否对预测未来有帮助。只要回测能帮助提高预测的胜率，使胜率大于 50%，回测就有价值，这只股票就能赚钱。

另外，我们的基本面量化回测的因子都是存在合理的投资逻辑的，长期来讲是有用的，比如成长性好的企业就更值钱，这条逻辑不会变；又比如低估值的企业如果没有其他瑕疵，将来估值会得到修复，这条逻辑也不会变。我们的基本面量化回测都是基于这些合理的投资逻辑进行的，而不是随意寻找一组数据进行回测，然后不断地优化，直到最终我们都看不懂它的投资逻辑，这不是我们想要的。

合理的回测能将我们的日胜率提升到 50% 以上，月胜率提升到 60% 或 70% 以上，这已经是很好的结果了。

雪球： 量化模型在不同的阶段和市场中都有一定的局限性，比如 2013—2015 年回报很高的小市值模型在近 3 年就完全不灵了。如何使量化模型持续不断地进化？

田汉卿： 对于这个问题，很重要的一点是，要发现哪些因子是"真正"的 alpha 因子。真正的 alpha 因子可以持续且比较稳定地贡献超额收益，不受特定市场环境影响。比如，市值因子就不算一个真正的 alpha 因子，不是说市值小，上涨的幅度可能就大。事实上，根据我们在国外市场的经验，市值因子不仅不是能带来长期超额收益的"真正"的 alpha 因子，还是一个非常重要的风险因子。所以我们一定要注意区分什么是真正长期的alpha 因子，它要能给组合带来持续的超额收益。一旦看错了，我们就得摔跟头了。

长期有效的 alpha 因子也不是每段时间都有效，总有某些时期可能要回撤，这个时候就轮到多因子模型发挥作用了。比如，这个月某个因子不起作用，会有其他因子补上，以此保证模型的整体收益。

假如我们真的误判了某个因子，或者某个因子突然不再产生超额收益了怎么办？再好的因子也不可能一直有效，比如当使用的人增加，它就会变得没那么有效。这个时候我们还可以采用一个定期增减因子的体系。我们的模型是动态的，而不是静态的。一旦发现哪些因子不再产生超额收益，我们就会剔除它们；如果发现了新 alpha 因子，我们则会把它们加入我们的模型。我们会不停地挖掘新的数据来完善、更新我们的模型。

小结

从对田汉卿女士的访谈中，我们可以看出，一个量化基金经理的思维逻辑是非常缜密的，而且他们不会回避量化投资存在的缺陷。

量化投资如今越来越受关注，与量化体系自带的"科学"属性是分不开的。放弃量化投资，无异于放弃现代科学百年来积累形成的行之有效的方法论。

但是量化投资与传统主动投资并不是互相排斥的，而是相互依存的，它们在未来的资产配置中将承担不一样的作用。传统主动投资赋予基金经理更大的自由，使其可以创造弹性更大的超额收益。而量化基金则在严格的体系限制下，在风险可控的范围内，寻找概率更大的超额收益。

指数投资：
普通投资者的最优选择

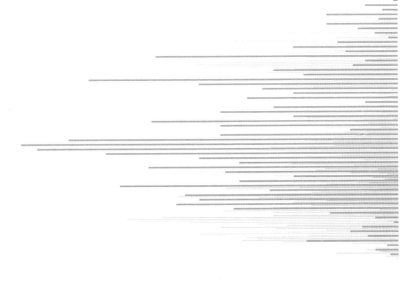

指数基金是股权投资的理想工具

杨超｜天弘基金指数与数量投资部副总经理

金融数学与计算硕士学位，历任建信基金管理有限责任公司基金经理助理、泰达宏利基金管理有限公司基金经理。2019年1月加盟天弘基金管理有限公司，现任指数与数量投资部副总经理。

站在这个时点，从居民个人资产配置的角度出发，以储蓄、房地产为核心的资产配置正在逐渐向以权益类资产为核心转变。近几年，指数基金的快速发展使其成为权益类基金发展的重头戏，同时，指数基金便利、透明、低成本的特点也使其成了做多中国的理想工具，以及实现价值投资的有效工具。

　　天弘基金打造的余额宝让货币基金得以惠及 6 亿中国人。2015 年，天弘基金开始大力发展指数基金，建立了指数基金的产品矩阵。指数基金费率低、风险分散、透明度高，同时可以避免很多人为影响，是非常优秀的投资工具。指数基金的不断普及，也能够让更多中国人更加便利地分享中国资本市场带来的长期收益。

雪球：坚定投资中国，在全球资产范畴内是能产生很好的 alpha 收益的。如果请您做一个历史回测，您认为投资中国的 alpha 收益主要源自哪些部分？

杨超：主要来自居民财富的增加。随着经济的发展，现在中国人越来越富有了，腰包里都有了一些积蓄，这带来了房地产行业的改善，也带来了一大波消费需求，这些与居民生活息息相关的方面贡献了投资中国绝大部分的 alpha 收益。

雪球：展望未来，您认为投资中国 alpha 收益的动力主要有哪些？

杨超：未来经济要朝制造业或财富分配链条的顶端移动，而这需要技术上的突破。正如经济整体发展的主要推动力是科技转型，中国资本市场未来的 alpha 收益来自新兴技术的不断投入、不断兑现。

雪球：您对资本市场和科技创新的关系有怎样的看法？

杨超：我认为，资本市场本身是一个直接融资的平台，融资后需要给投资者一定的股权回报。股权回报分为两个部分，一是企业盈利能力在未来的兑现，二是股价有市场波动，大家对其未来增速有预期，但长期还要看其能否落到基本面上，就是所有预期的估值能否兑现。这可能是未来市场演变的一个主要脉络。

雪球：天弘此前打造了国民级的货币基金产品余额宝，使金融市场的短期固定收益类产品的收益惠及到了更多的人。股票从长期来看是收益率最高的金融产品，但是它对很多人来说门槛较高，现在越来越流行的指数基金则能让更多国民以更低门槛的方式分享到股市增长的红利。天弘基金从

2015 年开始也大力发展指数基金，能否分享下天弘基金在推动国民指数投资方面的创新和实践？

杨超： 余额宝在低风险投资领域做出了巨大的创新，惠及了大众。过去很多人把钱放到短期储蓄里面，而余额宝使这部分钱的收益率惠及了全国 6 亿用户。

在国民指数投资方面，站在这个时点，站在居民个人资产配置的角度讲，以储蓄、房地产为核心的资产配置，正逐渐向以权益类资产为核心转变。

天弘基金选择了理想的工具，那就是便利、透明、低成本的权益类投资工具——指数基金。想在权益类投资领域服务大众，大概正是天弘基金提出"国民 ETF"战略的初衷。

雪球： 基金分为主动和被动两大类，主动基金很依赖基金经理的能力，而指数基金这种被动基金，我认为也是最简单的量化策略，虽然简单，但从国内外经验来看都具有较高的有效性，是具备普适性的金融产品。您是量化投资领域的行家，能否从更专业的角度分析一下指数基金在产品和机制设计上相较于主动基金的优势？

杨超： 首先，指数基金和非指数基金的区别并不是简单的被动和主动。指数型产品的分支很多，有完全被动复制的，有增强的，也有 Smart Beta（一种介于主动投资与被动投资之间的投资方式），并不是说产品采取被动跟踪的方式，其背后传导的投资理念也是被动的。选择哪种基金或配置是一方面；另一方面，指数的编制，如指数的季度调仓，就传导了一定的主动投资理念，只不过它是通过指数产品的形式表达投资理念的。

其次，主动基金有其主动的投资科学，被动基金有其被动的投资科学。我认为针对不同投资者的需求和特点选择对的产品，可能才是回答这个问题的最好方式。产品好坏不是一个绝对的概念，适合的就是好产品，不适合的可能就不是好产品。

再次，指数基金对于普通投资者和机构投资者而言还有一些区别。对于超大体量的机构投资者而言，由于资金体量巨大，比如上千亿元、上万亿元，其在整体上、边际上的主动管理能力的性价比可能并不高。beta 收益、资产配置等才是这些资产主要收益的来源。至于 alpha 收益，一方面，真正能创造 alpha 收益的管理人比较少；另一方面，即使有，alpha 收益的可持续性也要打问号，还可能有一定限制。超大体量的资产一般还是强调资产配置，去获取 beta 收益。对它的核心配置往往采取低成本的 beta 产品，也就是被动指数基金，特别是 ETF 配置。

个人投资者又有不同的需求，比如，一些个人投资者对市场的了解比较深入，他们有自己的投资和交易策略，需要的可能只是比较便利的交易工具，便于他们抓住市场上的机会。其实，很多个人投资者越来越倾向于用 ETF 构建自己的投资策略。

另外一种投资者是有全职工作的非金融行业从业人员，他们对于具体标的、行情变化、产业变化、政策变化等没有精力去研究。这部分客户更多地想通过长期持有的方式来分享行业经济发展的成果。他们大多会选择指数增强类产品，通过长期收获 beta 收益，进而获取相对稳定的一些 alpha 收益。

所以针对不同客户的实际需求，可以用不同的指数产品进行匹配。

雪球：您提到很多客户会选择指数增强类产品，那么有效进行指数增强的手段有哪些？

杨超：天弘基金的指数增强类产品主要采取多因子策略，通过构建 alpha 模型、交易成本模型，立体化地构建组合。谈到多因子模型，很多人认为它是量化策略，实际上量化也只是工具而已，它背后的支撑，或者说原始策略的驱动力，还是对上市企业基本面的分析。

估值、成长能力、盈利质量等其实和基本面分析一样，都是看待上市企业的维度。只不过量化可能更加着眼于这些因素在定量上对上市企业的股价有没有产生影响，产生了多少影响，是在什么时间维度下产生的，而且可能会描述得更加细致。

因为我知道指数增强类产品会更多地考虑性价比、信息比率，知道如何才能获取尽可能持续和稳定的 alpha 收益，所以我对主动风险控制实际上是比较珍惜的。从这一点考虑，我和基本面投资者的一个较大区别可能是更加看重风险管理。

雪球：如果说估值、成长能力、盈利质量等量化模型还是源自对上市企业基本面的分析，那么您是如何看待择时模型的？

杨超：择时是成功概率比较低的一件事情，除非你具备择时的能力，在牛市逃顶，在熊市最低点进入市场，然而实际上能够做到这一点的人很少。因为择时不太可能做到，所以我们要强调配置，淡化择时。在配置不犯大的错误的情况下，我们应该在资产的每个赛道上尽可能地选取有 alpha 的资产，这才是比较理性的投资思维模式。

雪球：您的量化模型选股时，有哪些比较核心的因子？

杨超：谈不上比较核心的因子，我们对上市企业的考量是多维度、多层次的，每个角度都符合基本面的逻辑。比如估值，我们对不同行业的企业的估值方法不一样，在不同的发展阶段，估值方法也需要调整。有些企业对估值的敏感性强一点，有些企业对估值的敏感性弱一点。但这个因子是围绕估值这个较强的权益类资产定价因素展开的。估值、盈利质量、情绪等因子的设计背后都是对基本面的研究，以及对上市企业和市场的观察。

雪球：量化模型在不同的市场中会有一定的局限性，这个模型如何不断进化、不断改变？

杨超：不是说量化模型在市场中有局限性。我们可以看到，随着科技的发展，很多新兴技术，比如 AI，已经在发挥作用。从决策的角度来讲，大脑是一个决策系统，量化也是一个决策系统，不是只有量化系统有失效的可能，大脑也会出错。重要的是策略对这个市场适不适应，而不是说量化策略和非量化策略哪种在市场中的局限性更小。所以从这点来讲，量化只是一个实现基本面投资策略的工具而已。打个比方，我们用电脑办公，但不能说是电脑在上班，而不是人在上班吧。

雪球：天弘的指数产品矩阵看起来比较丰富，既覆盖上证 50 指数、沪深 300 指数、中证 500 指数这样的主流宽基指数，又包含银行、医药、电子、食品饮料、证券保险、计算机等各大行业的指数基金。您认为普通投资者应该如何正确选择和投资这些指数基金？

杨超：天弘立志做中国最大的指数供应商。从产品布局来讲，从 2015 年到现在，我们从宽基指数开始布局，再布局行业，未来可能会延伸到二级行业，包括更多的指数，如跨场、跨境的指数。

供给这么多，对于投资者来说就有一个怎么选取的问题。

对于想要获取市场长期收益、平均收益的客户，我建议从宽基指数入手。如果客户对市场有比较强的短期判断能力，自己也有积累、研究，我觉得低费率 C 端的联接基金和场内的 ETF 可能是较优选择。对于比较喜欢交易的投资者，可以选择相应的市场份额去交易。

更愿意长期持有的投资者则要考虑两个维度。一是收益能否维系一个好的业绩比较基准。比如，我买入了沪深 300 指数，但配得很偏，这导致我的长期收益和我的预期不符，这是一个比较大的风险。所以投资者首先要考虑跟踪误差。

二是在合理的跟踪误差之内是否有一定的超额收益。大家都很关注费率，但是需要结合 alpha 收益综合考虑，才能判断是会亏损还是获利。一个费率比较合适的增强类产品可能是较好的配置选择。

还有一些客户可能是对某个行业有较深的了解的从业者。比如，医药行业的从业者会对医药领域有一定的了解，比较适合选择自己的行业来实现自己的投资目标。

雪球：2018 年，一些美国资产管理机构，如富达基金（Fidelity），推出了零管理费的产品，您对费率怎么看？

杨超：第一个层面，单看产品，国内基金管理企业的费率确实比海外高一些，但是实际上，产品本身的费率只是海外资产管理机构综合费率的一小部分，它们还会收取账户管理费、投资顾问费等，所以产品费率看起来非常低。另外，它们可以通过融券的方式进一步补贴投资者，同时把费率降低。国内基金管理企业的收费结构不同，除了产品本身的费率以外，没有其他额外的收费。

第二个层面，即使就产品本身的费率来讲，我们看到的显性的管理费、托管费也只是基金费率的一部分。

另外，目前 ETF 大多都在降费，实际上基金管理企业并不会对那些规模很大、流动性很好的旗舰产品进行降费，只会对规模较小的产品降费。不过这样降费对投资者投资体验的影响其实比较小，我们知道，特别是对于 ETF 流通性好和流通性不好的两个产品，盘口的交易量可能就与一年的管理费相同。管理费和托管费的成本与投资者实际承担的成本相比，完全是小巫见大巫，不是主要矛盾。

还有，即使在统一管理费水平下，对于 ETF 管理，如何安排交易，使用头寸是否高效，是否尽可能地提高仓位，对降低跟踪误差的影响很大。仓位越接近 100%，跟踪误差越低。但在实际的基金管理和投资管理中，大量的营收因素、各种费率、提高费率使用效率的方式，也与客户持有基金的成本有关。真正站在客户的角度看，与其在前端打价格战，不如把精力放在如何降低客户的综合成本，提高客户使用产品的感受上。

雪球：2019 年 A 股市场行情虽然有波动，但是整体行情不错。天弘上证50、沪深 300、中证 500 这 3 只宽基指数目前处于什么估值点位，您认为现在是入市的合适时机吗？

杨超：我认为是不是合适的入市时机，主要看客户要持有多长时间。如果客户只打算持有半年或一个季度，我认为短期来讲，经济整体上都在宽松，海外的央行是如此，国内的经济也处在底部的区间内，指数会不会往下走，甚至创下新低，还不好说。

从边际上说，目前至少不是右侧交易的时点，所以如果短期内想获取收益，实际上投资的思维方式和权益类资产的投资理念是背道而驰的。

如果客户打算长期投资，虽然我不敢绝对地说指数目前处在什么样的位置，但是从横向比较和绝对估值来讲，它确实处在估值的低位。如果我们考虑的是 5 年、10 年的大机会，眼下就不必特别纠结短期市场的波动。

雪球：现在海外的指数，如明晟指数（MSCI）、富时指数（FTSE）等，都在提高 A 股的权重，您能否谈谈海外指数提高 A 股权重对中国资产的影响？

杨超：这些年，A 股市场一直在不断推进国际化进程，包括打开 QFII 额度，所以大的趋势和方向是不会改变的。外资对 A 股持股的占比也在稳步提升。其带来的影响主要有以下两点。

第一，A 股市场的波动更加受全球风险资产的联动效应影响。A 股和全球资产的联动会提升联动效应。国内市场原本像一个孤岛，未来，其与全球资产的联动会更加明显。

第二，因为海外投资者的投资期限整体上比国内投资者稍微长一些，所以从企业定价上看，国内很多质地不是很好的企业的估值会慢慢与国际接轨，"炒壳"、小公司效应等现象也会由于与国际接轨而得到改善。好企业会有持续的资金流入，被投资者认可；不好的企业在退市机制的推进下，会被市场淘汰，被投资者抛弃。资源会持续朝优质的企业集中，这个趋势也会对 A 股估值产生比较深远的影响。

雪球：达利欧和巴菲特都非常看好 A 股资产，非常看好中国目前的投资价值和投资机会，您对此怎么看？

杨超：我认为，海外投资者要进行全球配置，中国资产是不可或缺的板块，这一点毋庸置疑。长期来看，无论是估值、经济体发展的韧性，还是经济结构，都使中国成为世界经济版图不可或缺的一部分，未来也值得坚定看好。中国从一个一穷二白的国家发展成为世界第二大经济体，将来还将进行持续的产业升级。无论是海外投资者还是国内投资者，都应该对中国经济抱有坚定的信心。

雪球：目前，各行各业迎来新的发展阶段，天弘基金也有不少行业指数基金，请问您当前更看好哪些行业的发展，投资者应该如何把握？

杨超： 长期来看，中国人口众多，人们的衣食住行样样都是需求，所以一定存在对应着巨大人口规模的产业，从这点来讲，我坚定看好消费类企业的长期表现。

另外，贸易摩擦使一些产业结构上的问题得以暴露出来。在尖端科技、TMT、生物制药等方面，中国企业确实和海外企业，特别是美国的优质企业存在一些技术差距。但差距的存在恰恰也说明了中国企业有发展的空间。原来一些上市企业的产品在技术和品质上确实和美国企业存在差距，但无论我国是进口替代产品，还是发挥主观能动性，不断更新产业链，攀爬科技制高点，科技企业都是一个比较值得投资的方向。

雪球： 2019 年，天弘基金提出了发展"国民 ETF"的战略，您能否分享一下天弘基金"国民 ETF"的核心？

杨超： 第一，我们希望全国人民都能分享中国资本市场带来的长期收益。

第二，在产品层面，我们希望打造一些普通人能参与的产品，对标余额宝。余额宝有 6 亿用户，人们用它参与投资非常便利，不像私募的门槛那么高。

我们本着普惠金融的目标，试图根据目前的市场环境和投资者的投资习惯，选择最可能惠及尽可能多人的产品模式和发展路径。之前我们选择了余额宝，现在我们选择指数基金，这两者是"国民 ETF"的核心。

未来的alpha收益来自基本面

赵菲｜中融基金指数投资部执行总经理

2008年进入业内工作，2012年加入中融基金管理有限公司，现任指数投资部执行总经理。同时也是中融央视财经50等20余只基金的基金经理。

2019 年以来，中国资本市场对外开放全面加速，明晟指数分批次纳入了更多 A 股股票。在当前外资对 A 股的配置比例仍处低位的背景下，外资流入是大趋势、长逻辑。

　　外资是过去几年 A 股市场最重要的边际增量，整体规模已接近公募基金。海外指数提高 A 股权重，也导致外资将在相当长的一段时间内维持单向流入，其产生的边际影响将远远超过公募的仓位腾挪。除了不断增强的估值吸引力，中国资本市场改革开放持续深入，也为看好 A 股的外资们提供了"中国信心"。

雪球：您是中国资本市场的"老兵"，能否结合自己这些年的亲身经历，谈谈对中国资本市场重要时间节点上的成长、进步和改革的看法？

赵菲：我认为，最近 10 年，中国资本市场的重要时间节点主要有以下几个。

一是 2009 年 10 月 30 日，创业板第一批股票正式上市。当时，中国经济刚开始转型，创业板的推出标志着中国开始重视自主创新，并借助资本市场培育创新企业。

二是 2010 年 3 月 31 日，融资融券业务的推出使中国股市从只能做多，发展到可以合法加杠杆做多和融券卖空。

三是 2010 年 4 月 16 日，推出沪深 300 股指期货，引入金融衍生品，使投资者有了对冲工具，从而可以开发出更多的投资策略，也使对冲基金大量出现。

四是 2014 年 11 月 17 日，沪港通正式开启，这一事件与 2019 年 9 月 16 日的取消 QFII 和 RQFII 投资额度限制，都标志着中国资本市场进一步对外开放。

五是 2019 年 7 月 22 日，科创板第一批股票正式上市。科创板的设立顺应了中国经济转型的趋势，有助于科创企业更加便利地融资，为中国科技发展和经济转型做出了贡献。科创板的出现也是资本市场制度的一次重大变革，它采取的注册制、扩大涨跌停板、市场化定价机制都是前所未有的，未来有望成为主板、中小板和创业板改革的方向。

资本市场的这些变革反映了以下 3 个重要的时代特点。

一是中国经济从传统发展方式向自主创新驱动经济增长转型。随着经济结构的调整和转型的推进，越来越多的创新型企业不断发展壮大。体现在资本市场上，即创业板和科创板的推出。

二是中国的对外开放越来越深入，层次越来越高。这体现在 QFII 制度、RQFII 制度、合格境内机构投资者制度（Qualified Domestic Institutional Investor，简写为 QDII）、陆股通、沪伦通等的先后推出，2019 年 QFII、RQFII 投资额度的最终取消，以及明晟、富时罗素、标普等先后把 A 股纳入其指数。

三是资本市场基本制度完善，包括推出股指期货、期权、注册制等。

这些都表明中国资本市场和中国经济一样飞速地发展着，两者相辅相成。

雪球：这些年来，中国公募基金行业发展迅猛，您从业多年，如何看待公募基金这些年的发展历程？当前的中国公募基金行业和您 10 多年前进入行业时相比，最大的变化是什么？

赵菲：过去 10 多年，从渠道变革的角度来看，除了银行、券商等传统渠道，第三方销售平台崛起，互联网的发展影响了公募销售格局，货币基金规模增长迅猛，成为过去 10 多年来的爆款产品。在行业竞争格局方面，公募基金管理人越来越多元化，保险、券商资管、私募及个人纷纷设立基金管理企业，客户基数大幅攀升。

当然，最大的变化还是整个公募基金行业的专业化和精细化，投资风格与审美偏好正在发生潜移默化的改变，甚至从量变走向质变。一是因为与外资的碰撞及与外资机构的交流，使我们对外资成熟的投资理念有了更深入的了解和认知；二是因为过去几年价值投资风格实现较高超额收益的事实推动了新的投资趋势的形成；三是近几年国内投资者结构和考核方式的变化，越来越注重长久期和低波动因素，使得中国市场的投资者结构和估值体系越发机构化、价值化和配置化。

雪球：过去几十年，投资中国资产在全球范围内可以收获不错的 alpha 超额收益，您认为投资中国的 alpha 收益主要源自哪些地方？未来投资中国的 alpha 收益又主要由哪些因子推动？

赵菲：从量化视角观察，投资中国过去 10 年的 alpha 收益主要来自市值、反转、流动性等具有高风险溢价特征的因子。随着国内投资者结构的逐步改善，投资理念越发理性和成熟，未来 alpha 收益的获取难度将持续增加。我们认为，未来投资中国的 alpha 收益将主要来自基本面因子，诸如盈利、价值、成长能力、红利等。

雪球：您之前表示非常看好国内指数及 Smart Beta 基金的发展前景，近年来国内指数和 Smart Beta 基金也确实呈现快速发展的态势，您能否谈谈对国内指数、ETF 以及 Smart Beta 基金发展的最新看法？

赵菲：2018 年以来，国内 ETF 资金流入的趋势明显。企业层面的宽基 ETF 头部效应突出，管理集中度非常高。从标的层面看，以沪深 300 指数和中证 500 指数为例，单一标的的头部效应也非常明显，竞争非常激烈。未来，随着 A 股机构化、国际化程度加深，外资、险资、养老、银行理财等重要增量的入市或将使得宽基 ETF 持续受益。外资持股比例近几年快速增长，我们相信未来它们有望加速流入 A 股。

创新型 Smart Beta 产品是被动投资与主动投资间的相互扩展和延伸。Smart Beta 具备被动投资低成本和系统化的优点，非常透明，以通过在因子上进行主动暴露获取超额收益为投资目标。

Smart Beta 中的单因子和多因子两种策略具有不同的特点：单因子策略工具属性强，受风格周期波动影响大；多因子策略若能通过多个因子进行有效配置，可有效分散风险，配置属性强。以美国市场为例，单因子 ETF 起步比较早，占据了 Smart Beta 的主要份额，价值、成长能力和红利因子产品规模最大。而多因子 ETF 的规模和数量近两年出现了比较大的增长，此外，环境、社会及公司治理（Environment, Social Responsibility, Corporate Governance，简写为 ESG）等新概念指数也表现出了巨大的潜力。普通投资者在单因子策略上的择时能力往往不够强，而多因子策略则有利于获取更加稳定的超额收益。此外，对于中小型基金管理企业来说，Smart Beta 有很多策略可以进行实施，作为重点布局和赶超的方向，提供更多差异化发展的路径。

雪球："漂亮 50"的说法在中国兴起，源于市场大幅下跌后，投资者发现屹立不倒的板块都是偏传统的行业，比如家电、白酒、医药。实际上，和美国的"漂亮 50"一样，中国市场并没有一份明确的"漂亮 50"名单。您认为投资者买"漂亮 50"究竟是在押注什么？

赵菲：投资者买"漂亮 50"，实际押注的是中国的核心资产。从 2016 年开始，个人投资者资金逐年递减，公募规模整体平稳，险资规模缓慢扩张，外资成为 A 股最重要的边际增量，整体规模逐渐逼近公募。外资的配置就有很强的延续性，它们始终青睐本土优势行业和特色产业，对 A 股而言就是以大消费行业龙头为代表的核心资产。

2019 年以来，中国资本市场对外开放全面加速，明晟指数分批次纳入更多 A 股股票。在当前外资对 A 股的配置比例仍处低位的背景下，外资流入是大趋势、长逻辑。此外，由于国内投资者的自身风格和审美偏好，投资者结构和估值体系向机构化、价值化和配置化转变。贸易摩擦不断，经济基本面下行导致内外部不确定性提升，市场风险偏好下降，机构持仓再度向消费和金融板块集中，存量资产的"抱团"逐渐向核心资产靠拢。

雪球：中国有很多"漂亮 50"指数，如上证 50 指数、央视财经 50 指数、创业板 50 指数等，央视财经 50 指数在这些"漂亮 50"指数中有哪些优势？

赵菲：央视财经 50 指数是由中央电视台财经频道联合北京大学、中央财经大学、复旦大学、南开大学和中国人民大学五大高校，从"创新、成长、回报、公司治理、社会责任"5 个维度进行选股，结合 50 家市场投研机构的投票，再由中国上市公司协会、中国注册会计师协会、大公国际资信评估有限公司从专业角度进行评定，在 A 股市场上遴选出每个维度各 10 只、共 50 只的优质上市企业股票组成指数样本股，最后经深圳证券信息有限公司进行优化加权，编制而成。

央视财经 50 指数作为一个基本面多因子选股指数，是一个 Smart Beta 指数。在选股方面，它从多个基本面维度选股，降低了单一维度选股的风险，结合了高校学术资源以及投研机构的市场经验，不但考虑了成长、分红、盈利等客观财务指标，还纳入了公司治理和企业对环境、员工、客户、社会的责任等影响企业发展的长远因素，因此是一个考察企业基本面、遵循价值投资的指数。在加权方面，其聪明的权重设计有别于传统市值加权，避免了单一股票、单一行业占比过大产生的影响，有效提升了收益，降低了波动性。因此，从这两方面来说，央视财经 50 指数是一个聪明的 50 指数，是价值投资的新坐标。

目前大多数 50 指数会设置单一风格范围进行投资。例如，上证红利指数反映为投资者提供大量股票分红的 50 只股票走势；上证 50 指数选择的是上海证券市场规模最大、流动性最好的 50 只股票；以单一风格进行投资的标的指数常常面临较大幅度的调整，非系统性风险较高；基本面 50 指数则挑选 A 股中营业收入、现金流、净资产、分红排名前 50 位的股票。央视财经 50 指数的五维投资涵盖 20 多个不同角度的基本面指标，每个维度初始权重均为 20%，保障了每个维度的平衡性；另外每个维度内个股初始权重最高为 30%，意味着个股最高权重不超过 6%，避免了一只股票权重过高对指数带来的负面影响。五维的选股方法和权重上限的设置有效降低了非系统风险。最后选择出的成分股呈现出风格和行业配置均较为分散的特征，行业分布更加均衡。

央视财经 50 指数整体盈利能力强，股息率较高，业绩增长稳定，长期来看其相对其他指数的超额收益明显，目前其估值水平也比较合理，因此更具备投资价值。

雪球：2019 年银行股的表现不尽如人意，银行股的市盈率、市净率都处于相对比较低的位置，您认为对于银行股而言，现在是合适的买入时机吗？

赵菲：2019 年银行股表现不佳的原因主要有两个：一是经济增速下行，开始影响银行基本面，并且投资者对后续经济增速的预期比较谨慎；二是中美贸易摩擦对市场的影响逐步钝化，在政策的支持下，市场风险偏好有所回升，银行跑不赢其他板块。

短期来看，银行基本面会继续走弱，这是因为：一方面，制造业贷款需求偏弱，房地产融资受限，货币环境相对宽松，而这会导致银行贷款的供给超过有效需求，贷款收益率逐步下降，同时负债端存款竞争依然激烈，负债成本下降，空间有限，净息差承压；另一方面，行业仍处于风险暴露阶段，信用卡和消费贷业务的不良交易量上升较快，资产质量仍未见底。虽然目前银行股估值较低，但是行业盈利能力在下降。综合来看，目前不是买入银行股的合适时机。

中央目前也开始推动一些刺激政策，如专项债提前下发和基建项目加速落地，后续举措有望改善市场对经济的预期，也为银行提供很好的资产投向。当市场预期开始扭转银行板块，后者就会迎来估值修复的机会。

雪球：最近科技股不断走强，白马蓝筹股对比过去两年不断上涨的行情，2019 年走势相对偏弱。您认为市场的风格是否发生了转变？您对科技股最近的行情怎么看？现在是否适合买入？

赵菲：过去两年白马蓝筹股上涨，是因为它们基本面好，行业集中度提高，龙头优势凸显，且之前估值较低。科技股表现不佳，是因为基本面不佳，且估值较高，需要消化。2019 年，银行、保险、白酒、医药、医疗器械等行业的龙头股或"核心资产"表现并不差。只是 2019 年 8 月以来，电子、通信、计算机等科技股的表现更加强势，这是因为它们的基本面在改善，预期 2020 年将持续这一优秀表现。因此，看起来是市场风格在变化，背后其实是基本面的变化。

我们认为，未来投资者将继续追捧金融、消费、医药生物行业中的"核心资产"，同时也会继续青睐基本面改善、成长持续、估值不高的科技股。两方面可以均衡配置。

雪球：您认为现在是投资中国的好时机吗？

赵菲：我们长期看好中国的未来，任何时候投资中国都不会错。一方面，随着经济发展和消费升级，消费、医药生物、金融行业龙头值得长期看好。另一方面，经济转型的成功将催生越来越多比肩腾讯、阿里巴巴、华为、小米的企业，它们将成为中国股票指数权重股的重要组成部分。这些合在一起，就构成中国的"核心资产"。

雪球：现在海外的指数，如明晟指数、富时指数等，都在提高 A 股的权重，您能否谈谈海外指数提高 A 股权重对中国资产的影响？

赵菲：从增量资金角度看，外资是过去几年 A 股市场最重要的边际增量，整体规模已接近公募。海外指数提高 A 股权重将导致外资在相当长的一段时间维持单向流入，其产生的边际影响远远超过公募的仓位腾挪。

外资的配置偏好具有非常强的持续性，其始终青睐传统优势行业和特色产业，再加上公募价值化趋势的延续，险资、养老、银行理财等增量资金逐步入市，对盈利确定性和低波动性的需求会逐步推高核心资产的估值。

雪球：达利欧和巴菲特都非常看好 A 股资产，非常看好中国目前的投资价值和投资机会，您对此怎么看？

赵菲：这说明他们很有眼光、很有远见。我们相信未来几十年是中国的大时代，中国转型一定能够成功，中国将逐渐替代美国成为全球最具创新能力、科技最发达的国家，没有理由不看好中国。

如何通过指数投资"核心资产"

罗国庆 | 广发基金指数投资部副总经理

经济学硕士，曾任深圳证券信息有限公司研究员、华富基金管理有限公司产品设计研究员、广发基金管理有限公司产品经理及量化研究员。现任广发基金管理有限公司指数投资部副总经理。

近两年来，"核心资产"这个词在资本市场上大受追捧，相关企业的股价也表现不俗。 在广发基金指数投资部副总经理罗国庆先生看来，所谓核心资产，就是那些能代表中国经济、净资产收益率（Return on Equity，简写为ROE）高、股息率高、在所属行业有核心竞争力的企业。

对于投资者关注的核心资产有没有被高估，罗国庆认为："当前核心资产估值仍处在深度回调至逐渐复苏的过程中，并没有被高估，长期投资的性价比仍然较高。"

关于投资中国，罗国庆这样看："投资中国，首选对核心资产进行价值投资。 核心资产的发展能代表中国的走势和未来，所以坚持投资中国，核心资产不应该被轻视。"

核心资产目前并没有被高估

雪球： 最近两年，"核心资产"这个词在资本市场上大受追捧，您认为成为核心资产需要具备哪些标准？

罗国庆： 对"核心资产"这个概念的解读见仁见智，有些人认为大市值的企业就是核心资产，也有些人认为具备一定"垄断特征"的企业就是核心资产，甚至还有一些人认为在股市中上涨得多的企业就是核心资产。

其实总的来说，各种观点虽然有出入，但都有一些基本共同点，即认为一个企业要成为中国核心资产，需要具备能代表中国经济、净资产收益率高、股息率高、在所属行业有核心竞争力等一系列特征。我认为中国平安、招商银行、贵州茅台、海康威视、格力电器、恒瑞医药等企业基本上可以被视为核心资产。

雪球： 您觉得目前的核心资产被高估了吗？

罗国庆： 我认为核心资产并没有被高估。对于这一点，我们可以从一些有关核心资产的指数的估值情况中看出。纵观 A 股市场上的指数，中证 100 指数（SH000903）包含沪深 300 指数成分股中规模最大的 100 只股票，可以综合反映中国 A 股市场中最具市场影响力的一批超大市值、高净资产收益率、高股息率的企业的股票价格表现，所以我认为中证 100 指数最适合被看作一个代表核心资产的指数。

我们就用中证 100 指数来示例。2019 年 9 月 20 日收盘数据显示，中证 100 指数市盈率 11.20 倍，市净率 1.41 倍，二者都处于历史（近 10 年来）中位水平，且市盈率还不到最高点的 1/4。可见当前估值仍处在深度回调至逐渐复苏的过程中，核心资产并没有被高估，长期投资的性价比仍然较高。

雪球：在目前的市场环境下，如果要在核心资产和科技股之间二选一，您会选哪一个？

罗国庆：我会选择核心资产。核心资产代表中国经济，多为各个行业的龙头企业，一般来说净资产收益率高，股息率高，盈利增长相对较高，股价表现相对稳定，特别是在市场下行时，其边际相对更安全，因此投资核心资产更偏向价值投资范畴，相对来说波动较小，长期来看收益相对较稳。

至于科技股，把时间尺度放长来看，科技股的确是未来的发展趋势，也是值得投资的领域。然而，科技股往往呈现出短期收益高、风险大的特征，特别是在目前的市场环境下，科技股的涨幅已经非常高了。对于投资风格偏保守的投资者来说，也许进行价值投资，配置中证 100 指数这一类核心资产是更好的选择。

做多中国，首选核心资产

雪球：您怎么看待投资中国？

罗国庆：投资中国实际上就是拥有民族自信，坚持看好中国未来发展，坚信牛市终会到来。从投资策略来看，投资中国首选对核心资产进行价值投资。核心资产的发展能代表中国的走势和未来，所以要坚持投资中国，核心资产不应该被轻视。

但想把市场上的核心资产一一揽进自己的口袋，对于普通投资者来说还是有一定难度的，并且投资个股相对来说风险会大一点。我推荐投资将核心资产一篮子囊括的指数基金，例如中证 100 指数，该指数涵盖了沪市龙头、深市蓝筹，被认为最适合代表中国核心资产的指数。

雪球： 如果要投资中国，您会选择哪一只指数基金？

罗国庆： 我会选择中证 100 指数，该指数是一只比沪深 300 指数更集中，比上证 50 指数更全面的核心蓝筹指数，涵盖沪深两市规模最大、流动性最好的 100 只股票，总市值在整个 A 股 3 000 多只股票中的占比超过 40%。其成分股既包含中国平安、招商银行等沪市龙头，也囊括了格力电器、美的集团等深市白马，是投资中国核心资产的理想标的。其涵盖的行业相对同为蓝筹股代表的上证 50 指数来说也更为均衡，金融行业占比更低，家电、通信等板块占比更大，从而使收益性和稳定性可以同时得到体现。

此外，中证 100 指数具有高净资产收益率、高股息率、盈利预测理想等特点。其当前市盈率不到历史高点的 1/4，市净率仅 1.41 倍，整体估值处于历史中位水平，未来很有可能继续回升。因此，我认为投资中国，可以选择中证 100 指数对应的指数基金。市场上目前已经有跟踪中证 100 指数的 ETF 及其联接基金，投资者可以根据自己的需求进行选择。

雪球： 从择时的角度看，您认为目前 3 000 点附近适合做多吗？

罗国庆： 我始终对中国经济及金融市场的未来发展抱有信心，我认为长期来看，继续做多是合适的，但是同时市场难免也会有震荡，甚至还可能出现短期利空下行的风险，因此我推荐投资者以定投的方式合理安排自己的投资计划。在震荡的市场上进行定投，市场下行时会摊薄成本，增加投资份额，牛市出现时能及时止盈，进行收割，这样会比一次性投资获得更高的收益率或更低的亏损率。

根据我们之前的测算，在 3 000 点上下开始定投，收益情况还是比较理想的。例如，我们统计了在 A 股 3 000 点以下任意时间点定投中证 500 指数的盈利概率，发现无论定投 1 年、3 年还是 5 年，盈利概率基本都在 70% 以上，其中定投 3 年的盈利概率达到 72%，最大收益率甚至高达 270%。所以，3 000 点的确是不错的定投时间窗，时长以 1 年、长期 3 年为合适。

中国一直保持着一个稳定的增长速度，同时在经济、科技、军事等各个领域逐步取得了世界性的成就和突破，成为世界民族之林中一颗璀璨的明珠。我坚定不移地投资中国，相信中国未来一定会有更好的发展！

指数基金非常适合普通投资者

雪球：您曾经说过，指数基金是非常适合普通投资者的投资工具，该怎么理解这一观点？

罗国庆：我认为指数基金主要有以下3点优势。

第一，指数基金可以分散投资风险。俗话说，"不要把鸡蛋放在同一个篮子里"，投资指数基金就是把资金分散到指数中不同的行业、不同的成分股里，有效避免投资个股的系统风险。

第二，指数基金投资费率较低。通常来说，普通主动股票基金的管理费为1.5%，而指数基金的管理费仅为0.5%，低了1%。假如一个投资者的本金是100万元，每年能节省1万元。

第三，在牛市中，指数基金收益表现优异。指数基金采用纪律化投资，能克服投资者情绪的影响，使仓位维持在90%以上，行情来了，收益自然突出。

大部分投资者会有一个误区，认为投资主动型基金一定比投资被动型指数基金更好。实际上，从国内数据来看，2006年之后的近10年时间，主动基金平均累计收益率为488%，而中证500指数的累计收益率为761%，相当于117只主动基金中的第15名。可见，长期来看，指数基金能够战胜大部分主动基金。

对于想进行指数投资的小白投资者，我有两点建议。

第一，如果对未来的股市或者某个行业比较看好，选择宽基指数或者行业指数买入并持有，获取股市上涨带来的收益。

第二，如果对未来的行情感到不确定或者悲观，可以考虑采取定投方法进行投资，定投能帮助在指数点位低时买到更多便宜筹码，这样市场出现行情时就会收益颇丰。

雪球：指数基金那么多，普通投资者选择时需要注意哪些要点？

罗国庆：选择基金要根据投资者的投资风格、风险偏好以及投资策略具体讨论。对于投资风格偏向价值投资，相对"求稳"的投资者来说，配置包含中国核心资产在内的中证100指数就是不错的选择。投资风格激进的投资者可以选择波动相对更大的指数产品，比如行业指数基金中的信息技术、传媒等。

投资者还可以将上述两种方式结合起来，即遵循"核心＋卫星"的策略，配置一部分中证100指数作为底仓"核心"，追求与大盘接近的收益；同时根据市场行情灵活配置一部分行业类指数产品，例如信息技术、传媒等，作为"卫星"资产，追求相对的超额收益。这样既能抓住市场上涨带来的收益，又能通过承受一定风险来追求一些超额收益。

雪球：关于指数基金定投，您有哪些经验可以和普通投资者分享？

罗国庆：我向来很推崇定投这一投资方式。定投的迷人之处在于，只要市场不是持续上涨、震荡，或处于下跌熊市，就一定能获得比一次性投资更高的收益。

定投需要做的第一件事情就是选好定投的品种。对于没有投资基础的小白投资者，我比较推荐高成长、高波动、高景气的指数基金。

定投需要做的第二件事情就是止盈。常用的定投止盈方法有目标收益率法、估值止盈法、市场情绪法以及最大回撤法等。

定投需要做的第三件事情就是一定要坚持。我认为，定投是一门需要信念与目标的艺术，一旦决定，就应该承受其中的短期波动。这一过程是孤独的，需要投入耐心。同时，在有所收获时，要摒弃贪婪的情绪，及时止盈。

我送给各位投资者一句定投要点：选好品种、学会止盈、贵在坚持。希望大家在定投过程中时刻铭记："定投开始要有信心，中途要有耐心，最后会开心"。

雪球：您对量化投资也有很深入的研究，在用量化模型选股时，您最看重的因子是什么？

罗国庆：长期来看，无论是海外市场还是国内市场，常见的有效因子都不算特别多，主要以股息率、低波动、基本面等大家都比较熟悉的因子为主。这些因子也并非在所有市场环境下都有效，不是所谓的"常胜将军"。总的来说，因子的风险溢价都有其对应的市场条件，但长期来看，有些因子的收益特征有一定的显著性。

对量化模型的研究，除了多因子选股（如 Smart Beta 策略指数）以外，还可以针对被动指数投资的自身特点，开发相应的情绪择时、仓位判断、轮动策略等量化策略。

广发基金对相关量化策略基本上实现了全覆盖。例如，对常规的大小盘轮动（即二八轮动）策略进行了改进，开发出了"加强版大小盘轮动策略"。常规大小盘轮动策略是根据沪深 300 指数和中证 500 指数的价格趋势来进行大小盘轮动的择时策略。其中"二"代表数量占比 20% 左右的大盘权重股（对应沪深 300 指数），"八"代表数量占比 80% 左右的中小盘股票（对应中证 500 指数）。我们用中证 100 指数和创业板替代沪深300 指数和中证 500 指数，构建新的二八轮动策略，得到的超额收益及胜率更高。

因此，我认为在用量化模型做决策时，无论是多因子选股还是用指数基金做配置，重要的是根据自身投资选择匹配的量化策略，也就是选择合适的策略。

投资的"神奇公式"

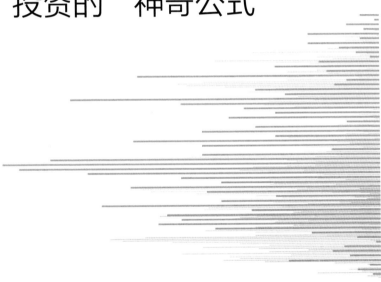

GARP策略：以合理价格买入成长型企业

洪流｜嘉实基金董事总经理

拥有20余年从业经验。上海财经大学金融学硕士。目前担任嘉实基金董事总经理、上海GARP投资策略组投资总监。在2017年、2018年4次荣获"金基金奖""明星基金奖"。擅长低位加仓，静待风起，在2016年的极端市场中，凭借低位加仓获得了当年同类业绩的冠军。

GARP 策略的投资核心是以合理的价格，买入某种程度上被市场低估的，且具有较持续、稳定增长潜力的股票。其选择的投资标的更看重企业质地是否优秀，能否保持长期、稳定的增长预期，以及股票估值是否合理。

GARP 策略的有效性已在海外市场得到充分验证：著名投资大师彼得·林奇就利用这个策略在 1977—1990 年的 13 年间创造出了属于他的业绩传奇。

那么，相比传统的主动投资，GARP 策略具有哪些优势？目前消费板块和科技板块是否符合 GARP 策略的投资标准？

GARP 策略

雪球：您是嘉实基金上海 GARP 投资策略组投资总监，GARP 这个概念对中国普通投资者而言比较陌生，您能否解释一下什么是 GARP 策略？

洪流：GARP 是 Growth at a Reasonable Price 的简写，其投资核心是"Reasonable Price"，即以合理的价格，买入某种程度上被市场低估的，且具有较持续、稳定增长潜力的股票。其选择的投资标的更看重企业质地是否优秀，能否保持长期、稳定的增长预期，以及股票估值是否合理。

GARP 策略是价值投资与成长投资的结合。从企业生命周期的维度来看，GARP 中的成长投资对应的是年轻的企业，价值投资对应的是年老的企业。GARP 策略的有效性已在海外市场得到充分验证：著名投资大师彼得·林奇就利用这个策略在 1977—1990 年的 13 年间创造出了属于他的业绩传奇。

雪球：相比传统的主动投资，GARP 策略具有哪些优势？您未来将如何传承并发扬这种优势？

洪流：GARP 策略的核心优势是"以合理价格买入成长性企业"，也就是国内投资者所说的"风险收益比"。嘉实基金上海 GARP 策略的优势体现在 3 个方面：第一，好行业，我们选择具有成长空间且被低估的行业；第二，好企业，我们选择好行业中具备竞争优势的龙头企业；第三，好价格，我们强调以好价格（合理价格）买入，这个价格是建立在严格的风险收益比较基础之上的。

好价格是基金管理企业的竞争策略的核心点。嘉实基金上海 GARP 策略投资建立在深度研究的基础上，以"自下而上"的深入研究为基础，深入比对各个好赛道的优秀企业，建立起一整套风险收益指标体系，综合打分，以确定投资组合构建排序；同时以"自上而下"的观察视角，确立风险预算参数，以提高 GARP 策略的投资锐度。

雪球：您于 2019 年加盟嘉实基金，加盟新东家之后，您对未来有哪些规划？您发行的基金产品"瑞虹"就是 GARP 策略产品，您后续会继续推出 GARP 产品吗？

洪流：我加盟嘉实基金后的规划有：第一，梳理上海 GARP 策略组的知识图谱，建立符合嘉实基金投资价值观的 GARP 策略图谱；第二，在 GARP 策略知识图谱背景下做好上海 GARP 策略投资团队建设；第三，面向零售客户（公募）和机构客户（社保、年金、QFII、机构委外等）推出基于 GARP 投资策略的产品线。

投资体系

雪球：您的投资经历丰富，价值投资、成长投资和周期投资均有涉及，您是怎么做到的呢？在 20 年的投研生涯中，您是如何一步步形成目前的投资方法体系的？

洪流：我 20 年的证券从业经历可以分为以下几个阶段。第一，1999—2004 年，我在新疆德隆工作，对管理、产业分析和经纪业务投资咨询管理进行研究，期间个人的产业分析能力、研究管理能力得到了较大的提升。第二，2004—2013 年，我在兴业证券工作，做了 3 年战略研究、3 年高净值客户资产配置管理、3 年资产管理和股票投资。这 9 年时间对我战略分析能力和投资研究框架的形成帮助很大，包括战略管理下资产配置理念的生成，以及这一理念落地到资产管理的股票投资工作。第三，2013—2019 年，我在圆信永丰基金负责投资管理工作，作为首席投资官，负责公募基金的投资、研究和交易，负责的产品线包括灵活配置型产品、股票型产品和二级债基。从相对收益产品到绝对收益型产品，我的总体认知有了进一步提高，在行业轮动和行业配置方面有了更深层次的理解。

我的投资方法体系包括以下几点：第一，政策分析框架，对资本市场的发展政策有深刻认识；第二，估值体系，对海内外重点市场的估值持续跟踪；第三，好行业，寻找具有较大成长空间和被低估的行业；第四，好企业，寻找细分行业的龙头企业和具有社会责任感的优秀企业家管理的企业；第五，以合理的价格买入有成长潜力的股票，即 GARP。

雪球：嘉实基金具有完备的投研体系和产品体系，而 GARP 策略的运行也要求建立在对行业及个股的充分研究上。您认为强投研能力是否会对 GARP 策略起到助力作用？

洪流：嘉实基金具有完备的投研体系和产品体系，投资工作建立在严格的投资研究体系基础之上。嘉实基金基于对中国资本市场的战略研判，强调以"主动管理"和"深度研究"作为两大核心支柱，强调基于投资思想的"Super Smart Beta"，代表着未来资产管理行业的发展趋势。同时，嘉实基金产品化体系完备，以公募基金为例，底层是 Beta 产品，其上是基于投资思想的 Super Smart Beta、行业基金、研究阿尔法股票、全市场旗舰基金等。金字塔式的产品体系和完备的投资体系是推动嘉实基金"全天候、多策略"运行的基本保证。

雪球：对于投资标的，您是如何进行评价和估值的，还有哪些选股标准？

洪流：我选股不太在意市值因子，比如，20 年前的贵州茅台也是一家小市值公司。我们的选股标准的重点在于历史平均净资产收益率水平，投资资本回报率和加权平均资本成本（Weighted Average Cost of Capital，简写为 WACC），企业真正的自由现金流，是否真正的成长性企业等。同时，我们关注国际通行的 ESG 标准，注重企业运行中的环境友好、社会责任和公司治理等。

雪球：在您的投资体系中，买入和卖出的节点是如何选择的？

洪流：买入节点主要基于组合的风险预算和风险收益比排序。卖出节点主要基于两点：第一，风险收益比大幅下降，有新的高风险收益比资产出现（止盈）；第二，上市公司基本面出现不可逆的变差，风险预算耗尽（止损）。

雪球：您在嘉实基金新发行的产品"瑞虹基金"是一个 3 年定期开放的产品，也就是有一定的封闭期，您的新基金为什么选择了这种形式？

洪流：产品业绩好 ≠ 客户赚钱多。自开放式基金成立以来，很多基金持有人面临"基金赚钱而自己不赚钱"的投资困境。嘉实基金有一只基金自 2003 年 7 月 9 日成立以来到 2019 年 6 月末，穿越多轮牛熊，在近 16 年的时间里，净值增长高达 1 439.13％，业绩位居同类基金榜首，而同期业绩基准仅上了涨 623.92％，超额回报明显。但客户分析数据显示，这只累计回报超 14 倍的基金仍有超过 30％的客户亏损，多数客户收益率低于 1 倍，收益率超 12 倍的客户占比只有 0.05％。

分析造成客户收益差别较大的原因，我们发现持有时间是一个关键因素。亏损客户中持有时间小于 1 年的，占比达到 50％；而收益率超过 12 倍的客户中，近 90％持有时间超过 15 年。

统计数据表明，嘉实基金在上证综指 3 000 点或 13 倍市盈率以下成立，目前运作满 3 年的主动偏股基金，从成立以来到 2019 年 6 月末，全部实现了正收益，其中最高回报已超 14 倍。可见持有时间对于获得收益的重要性。

当前市场

雪球：您主理的"瑞虹基金"产品于 2019 年 8 月首发，您为什么选择在这个时点发行新基金？您觉得现在市场整体估值如何？

洪流：我们认为当前是较好的投资时机，主要有以下 4 方面原因。

第一，回顾 2002 年至 2019 年 6 月近 17 年的历史，2019 年的市场估值处于历史低位，中长期配置价值突出。而且 13 倍的市盈率估值已明显低于 2005 年、2008 年和 2016 年 2 月，给了我们较好的机会。

第二，金融是一个国家重要的核心竞争力，在监管政策支持下，中国资本市场发展进入黄金期，长期投资价值向好。

第三，在金融供给侧改革背景下，刚性兑付被打破，固定收益品种收益率逐步下移，结合"房住不炒"定位，国内资产配置逐步向权益类资产转移的趋势基本确立。

第四，与全球相比，A 股仍是估值洼地。据万得数据（Wind）统计，截至 2019 年 7 月 12 日，上证综指、沪深 300 指数和上证 50 指数的市盈率估值分别为 13 倍、12 倍和 10 倍，在全球处于相对低位，配置价值突出。

雪球：2019 年的市场，虽然大盘整体在 3 000 点左右震荡，但是以贵州茅台和海天味业为代表的消费股的股价却屡创新高。您认为按照 GARP 策略的标准来看，现在消费板块还具备合理价格吗？还是一个好的投资时点吗？

洪流：GARP 策略的核心在于成长性（Growth）和合理价格（Reasonable Price）。中产群体的茁壮成长，叠加消费升级和消费品牌化的演进，推动消费品行业成为经济增长的重要增长来源。在经济总量结构调整的过程中，消费品行业内部发生了分化，行业龙头成为行业利润集中的主要受益者，贵州茅台和海天味业就是其所在细分行业的典型代表。从 GARP 策略的角度看，股价高低不是核心问题，我们关注的是股价的合理性，是基于行业成长前景和企业竞争力的企业盈利增长和成长性风险收益比。

从全球来看，消费品行业一直是长线资金配置的重要板块，因为消费品龙头企业往往具备高净资产收益率、强品牌力和持续的正自由现金流，体现在分红上，消费品企业的分红能力和分红率相对较高，资本支出较低，超越周期波动的能力强。从国内消费品行业来看，食品饮料行业和家电行业是过去 10 年几乎每年自由现金流都为正的行业，这从另一个侧面证明了消费品行业的长期配置价值突出。

现在的市场反映了中国资本市场国际化和投资者机构化的特征，机构投资者的投资周期长，收益预期合理，且偏好价值投资，这决定了它们对消费品行业的配置意愿较强。但投资的核心还是建立在合理的风险收益比基础之上。

雪球： 除了消费板块，科技板块最近也走出了一波行情，其背后有着芯片国产化、5G 发展等行业预期。您是否看好科技板块？科技板块现在是否符合 GARP 策略的投资标准？

洪流： 科技板块正在进入一个全新的成长周期，我们可以从 3 个维度理解：第一，中美贸易摩擦倒逼中国高科技企业在国内重新构建科技产业链条的微观经济基础，对国内"自主可控"和科技产业的"备胎"（产业链备份）提出了更高的要求；第二，科创板的正式开板为中国科技产业的崛起提供了资本市场助推器，注册制和退市机制的引入有利于国内中小科创型企业的孵化与培育；第三，中国人口结构逐步过渡到人才红利和工程师红利时代，每年大量的大学毕业生为中国科技产业的崛起提供了巨大的人才支持。

科技板块具有典型的 GARP 投资特征，从市盈率相对盈利增长比率指标看，一批细分科技行业的龙头企业成长性突出，市盈率定价合理，风险收益比突出。

坐在冷板凳上默默为股东赚钱的"神奇公式"

姚婷｜中邮创业基金权益投资部基金经理

管理学硕士，曾任中邮创业基金管理股份有限公司战略发展部职员、战略发展部总经理助理、创新业务部总经理助理、创新业务部副总经理。现任中邮中证价值回报量化策略指数型发起式证券投资基金基金经理。

价值投资的追随者人才济济，除了巴菲特以外，美国著名对冲基金公司哥谭资本（Gotham Capital）的创始人乔尔·格林布拉特（Joel Greenblatt）同是价值投资的衣钵传人。让格林布拉特风靡华尔街的是他创造的"神奇公式"——挖掘又好又便宜的股票，据此，他创下了"20 年间年均回报率达40％"的投资纪录。

　　随着价值投资理念被越来越多的国内投资者认可，"神奇公式"也渐渐获得了一些拥趸，并在国内基金圈被本土化调适。那么"神奇公式"到底神奇在哪里？它适合 A 股市场吗？什么样的投资者才能靠这个公式赚到钱？

　　中证价值回报量化策略指数基金是当前市场认可度最高的"神奇公式"指数基金之一，姚婷表示："神奇公式选出来的股票不性感、不妖娆，而是坐在冷板凳上默默为股东赚钱。"

雪球：据了解，中证价值回报量化策略指数基金是根据格林布拉特的"神奇公式"进行选股编制的，您能否详细解释一下"神奇公式"背后的投资理念和逻辑？

姚婷：神奇公式的核心思想就是"用便宜的价格买入优质企业的股票"，用股票收益率衡量是否便宜，用资本收益率衡量是否优质，结合两个指标选出质优价低的股票进行投资。资本收益率是企业盈利除以生产占用的必要资本，体现了做生意的本质。股票收益率是用企业盈利除以收购这家企业需要支付的总成本，这里的总成本不仅包括把股票全部买下（总市值）所需的资金，还包括帮企业偿还欠债（有息负债）所需的资金。两个指标互相制约，如果市场是有效的，大家公认的好企业估值必然不低，除非处在极特殊的整体悲观环境中，不然明星企业很难被"神奇公式"选出来。

通常，"神奇公式"选出来的股票不性感、不妖娆，而是坐在冷板凳上默默为股东赚钱。这个冷板凳要坐多久，没人知道。所以指望买入后立即上涨的投资者不要考虑"神奇公式"，买入后有所下跌是正常状态，它更适合定投和长期持有。

雪球："又好又便宜"的选股逻辑以及该逻辑下的指数其实很常见，但"神奇公式"选择跟踪的资本收益率和股票收益率两个指标并不常见，请您简单介绍一下这两个量化指标以及其优势。

姚婷："神奇公式"中的资本收益率 = 息税前利润/（净运营资本 + 固定资产）。它是从企业运营的角度评估企业的盈利能力和盈利质量的。一般企业（非金融企业）的经营周期可以划分成 4 个阶段：购买原材料、生产、销售、收款。其中企业和上游供应商、下游经销商、客户进行钱货结算的方式可以体现在资本收益率这个指标中，计算"净营运资本"需要用到的"无息流动负债"能综合反映企业的现金周转、应收账款周转和应付账款周转情况，"净营运资本"还能在"无息流动负债"的基础上叠加存货周转情况的信息。企业的竞争力体现在营运中：能赊购原材料、预收经销商/客户款项，表明企业在产业链中处于强势地位；企业的管理能力体现在存货周转速度中。可以说，计算资本收益率是直接从商业的本质出发，从财报中提取最关键信息进行处理运算，为投资者展现企业盈利能力和盈利质量的一种另类方法。

股票收益率＝息税前利润/企业价值，企业价值＝总市值＋带息债务＋其他权益工具＋少数股东权益。企业的盈利能力高，企业价值的长期增长就有保障。短期来看，股票价格围绕企业价值波动；长期来看，价格向价值回归；选取估值低的股票有利于规避市场波动，留足安全边际。"神奇公式"用股票收益率评估股票估值和企业价值，有助于综合考虑股权人和债权人的利益。

雪球：关于量化指标，您认为对于个人投资者来说，应当如何恰当运用上市企业的财务指标来选股？

姚婷：量化投资最大的优势是覆盖面广，运用财务指标选股可以提高选股效率。对于个人投资者来说，动手实践比投资思想更重要，只有实践才能发现问题，然后想办法解决问题，不断循环这个过程，从而逐步积累经验，形成自己的投资思想，而不是人云亦云。比如，今天了解到"神奇公式"，不妨去中证指数网站下载中证价值回报指数的编制方案，然后自己动手计算一下资本收益率和股票收益率，会发现很多有意思的事情。

雪球：在"神奇公式"投资策略的影响下，您为什么选择编制指数，而不是主动投资管理？对于这个策略来说，指数基金有哪些优势？

姚婷：因为价值投资知易行难，而指数基金最大的优点就是纪律严明，当价值投资遇上指数基金，就成了最守纪律的价值投资。"神奇公式"的发明者曾经说过，"神奇公式"可能会在很长一段时间内处于失效状态。如果不用被动化的方法限制投资，可能很难有人坚持下去。

雪球：结合您在国内资本市场的工作经验，以及神奇公式指数基金的规模变化，您认为目前市场投资者对"神奇公式"指数及价投理念的认可度和实践程度如何？

姚婷：我是 2007 年 7 月入行的，从中邮基金的实习生做起，至今已经 13 年了。经过这么多轮牛熊交替，权益类产品总是在市场底部时无人问津、非常难销，在市场顶点时大家趋之若鹜。过去十几年，一直在重复着相同的故事。

中邮基金是在 2018 年 10 月，上证综指 2 440 多点的时候开始大范围推广"神奇公式"和价值投资理念的。价值投资原理简单、容易理解，但很难坚持，投资者很可能获得一些收益就卖出，或者看到几条负面消息就把基金赎回了。"神奇公式"属于量化投资，比较复杂，我们一直在想办法制作高质量且通俗易懂的宣传材料帮助大家理解。它的最终目的是基金规模的高质量增长：把合适的产品卖给合适的投资者，引导投资者对风险进行正确的认识，对收益产生合理的预期，并且长期持有，最终赚取收益。

我们从来不把历史业绩作为卖点，虽然过去十几年指数回测数据非常好，但展示回测数据的时候，我们都会向大家强调历史不代表未来，还会告诉大家这是一只风险较高的产品，只有长期持有才能获得收益。听到可能会有 30% 以上的回撤，100 个人中至少有 50 个人会走掉；听到可能一两年都跑不赢指数，剩下的 50 个人中估计也有 49 个会走开。剩下的那个人就是我们的目标客户。虽然这样宣传，基金规模不容易迅速做大，但是在一个高波动的市场中，我们不希望投资者买入这只基金后，因为无法忍受回撤就割肉离开，把浮亏转为实亏。希望神奇公式指数基金的投资者都能够长期持有，最终大家都开开心心地赚到钱。

雪球：价值回报指数的成分股比较偏向估值便宜的中盘股，而这几年沪深300指数大幅跑赢中证500指数，中盘股的整体表现并不乐观，您怎么看中盘股的未来走势？

姚婷：过去几年，大盘指数明显跑赢，"神奇公式还神奇吗"也是我一直在思考的问题。万亿元外资持续流入助推了A股优势行业和大市值行业龙头的估值修复。但随着大市值股票估值修复的完成，资金必然会下沉到中市值价值股中，这也是目前正在发生的事情。明晟指数的A股纳入比例从5%提高到了20%，第三批纳入也已在2019年11月初宣布细节，于11月27日完成执行。相比2019年前两次提高纳入比例，这次更值得重视，原因在于：这次包括中盘股在内的纳入比例从0直接提高到了20%，相关的被动和主动资金量可能明显高于前两次。

雪球：根据回测数据，神奇公式指数基金的年度最大回撤并不比沪深300指数和中证500指数小，那么在具体的投资操作方面，有什么需要注意的风险以及投资建议？

姚婷：由于神奇公式指数成分股的市值明显小于沪深300指数和中证500指数，回撤能控制得和这两个指数在同一个数量级就是一个比较大的成功了。有些投资者认为自己能精准择时，底部买入，顶部卖出。但我的建议还是长期持有。长期来看，A股的波动一定会降低，盈利一定会改善。赚企业盈利的钱容易，赚市场博弈的钱难。还是建议大家正确认识风险，做好资产配置，长期持有。

雪球：中证价值回报指数基金是您管理的第一只也是目前唯一一只基金，是什么样的契机让您决定管理这样的基金呢？您认为对于指数基金来说，基金经理的关键作用是什么？普通个人投资者选择指数基金应该考虑哪些因素？

姚婷：2017年年初，中证价值回报指数编制完成后，公司开始寻找合适的人管理这只基金。我从事指数研究、基金研究和产品开发工作多年，对神奇公式指数最熟悉，也非常看好神奇公式指数基金的未来发展，于是毛遂自荐，得到了公司领导的认可。

指数基金是为了限制基金经理的权力而被设计出来的产品，指数基金经理就像流水线操作工人，未来会最早被人工智能替代。现阶段，指数基金经理在仅有的几个百分点的权限中可以通过卖苦力为大家赚点小钱，弥补基金费用，但作用很有限。

普通投资者选择指数基金，要先选指数。我们已经把费率降到同类最低水平了，但还是要提醒投资者，不要看费率选产品。不同的指数差异很大。而对于跟踪同一指数的不同指数基金，可以综合比较跟踪误差、超额收益、信息比率、基金费率等来进行选择。

雪球：对普通个人投资者来说，怎样才能避免被"割韭菜"？在投资工具和理念上，您有哪些投资建议？

姚婷：我们既要敬畏市场，又要勇敢学习投资，保卫自己的财产不被通胀侵袭。具体如何投资，需要结合自身情况做出合理的安排，比如计算自己的自由现金流，用每月收入减去必要开支；预估短期可能的大额支出，把这部分资产投资到低风险产品中，把长期不用的资金投入指数基金，并长期持有。另外，要学会逆向思维，在别人悲观的时候买入，牛市刚来时千万别轻易卖出。

雪球：达利欧和巴菲特都表示非常看好 A 股资产，A 股在多个国际指数中的比重也在逐渐提高，您对当前 A 股的资产价值怎么看？您更看好哪些细分行业的投资机会？

姚婷：欧洲央行最近一次降息宣告全球正式进入负利率时代。中国经济依然保持着6%左右的增长速度，10年期国债收益率还能维持在3%左右。而尽管 A 股整体估值非常低，A 股市场上依然能找到股息率6%、盈利增长9%的优质资产。只要流动性充足，股票肯定是有多少，就被买多少。当前，我看好盈利稳定、估值极有吸引力的周期股，包括上游资源型周期股和现金流好的下游周期股，这些股票在未来一段时间内都将受益于资金下沉带来的价值再发现和行业整合带来的市场占有率提升。

养老基金：年轻人如何为养老做准备

鲁炳良｜南方基金管理公司基金经理

经济学硕士，曾就职于建设银行、申银万国证券研究所、中国平安人寿保险投资管理中心，历任产品经理、基金产品分析师、投资经理等。2018年6月加入南方基金。

2018 年 8 月 6 日，首批养老目标基金正式获批，南方基金等 14 家基金管理企业收到证监会批文，正式拉开养老"第三支柱"的序幕。 至此，养老目标基金已运行了一年有余。 在这短短一年多的时间里，养老目标基金的规模和持有人数量已经颇有建树：截至 2019 年 9 月 27 日，公募基金市场上已成立的养老目标基金共有 53 只，合计规模达到 158.37 亿元，总持有人户数已经超过 150 万户。

养老是一项长期工作。 随着社会老龄化程度日渐加深，养老成为人人关心的大问题，个人需提前进行养老投资规划逐渐成为大众共识。 作为养老金投资领域的主力军，公募基金也开始大力发展个人养老投资业务。

雪球：国内首批养老目标基金获准设立已经一年多，一些养老目标基金也交出了不错的成绩单。南方养老目标日期2035基金作为首批获批的养老目标基金之一，自2018年11月成立以来获得了11.8%的绝对收益，请问您是怎么做到的？这款基金的投资理念是怎样的？

鲁炳良：我比较推崇耶鲁基金的投资模式，强调投资中的"守正出奇"。守正指资产配置需要符合投资者的投资目标，投资收益由资产配置和严格的再平衡策略驱动，避免对短期市场做出方向性判断。从2019年的形势来看，守正起到了非常重要的作用。经过2018年的下跌，2019年年初股票市场的估值处于非常低的水平，从资产配置的角度看，我们认为应该加大股票投资的比例。同时，我们致力于通过各种策略来增厚产品的收益率。

雪球：对于养老目标基金来说，如何有效控制波动，改善收益，让收益更好地达到收益率预期？为什么养老基金主要采用FOF的形式？

鲁炳良：养老目标基金的波动控制，本质上需要控制向下的波动率。结合产品特性，我们通常会通过以下几种方式尽量控制产品的向下波动。

第一，养老目标基金本身就是FOF产品，基金的申购赎回费用高于股票。在实际交易中，我们会控制产品的换手率，不做特别频繁和短期的交易。

第二，在子基金的选择上，我们会选择以基本面为研究出发点的基金，这类产品的长期收益更为稳健。我们会避免选择频繁追逐热点的短期产品，一旦基金经理的把握出现失误，会造成产品整体收益出现大幅度的向下波动。

第三，在极端高估的情形下，我们会通过仓位控制向下回撤的风险。这一情形短期内可能很少出现，但是从中国股市的历史数据看，未来还是有可能发生的。

从历史数据看，国内股票类基金相比市场指数，更容易获得长期超额收益。目前市场上的基金数量已经突破 5 000 只，普通投资者很难从中选择最为合适的产品。养老目标基金作为 FOF 产品，无论在定量还是定性分析上，都已经建立起了一套严谨、完整的研究体系，运行效果较好，有望贡献较为稳定的长期超额收益。

雪球：养老目标基金分为目标风险型基金（Target Risk Fund，简写为 TRF）和目标日期型基金（Target Date Fund，简写为 TDF），对于这两种 FOF 基金，我们应该如何选择？它们和普通的基金有怎样的区别？

鲁炳良：目标日期型基金预先设定目标日期，根据距离目标日期的时间长短调整资产配置比例。如果距离目标日期相对较远，权益类资产的配置比例会相对更高；如果临近目标日期，权益类资产的配置就会比较低，固定收益类资产的比例会相应提高。

年轻人通常现有资产较少，未来收入更多，而且具备较长的投资期限。所以如果现有资产可以承受较高的波动，从长期收益率的角度看，应该更多地配置高风险类资产。随着年龄的增长，现有资产与未来收入的比重会慢慢增加，可承受风险也会慢慢下降，所以高风险资产比重也应降低。

目标日期型基金具有以下几个优势。

第一，简单易投。目标日期型基金为投资者提供了一个简单易懂的投资选项，投资者只需要根据自己的退休日期选择相应的目标日期型基金即可，不必被纷繁复杂的投资品种和变化无常的资本市场所困扰。目标日期型基金会根据投资者的既定退休日期制订适应其生命周期的资产配置方案，以帮助投资者实现投资目标。

第二，克服投资者的惰性和非理性。目标日期型基金采用"一站式解决方案"，可以有效克服投资者的惰性和非理性投资。目标日期型基金出现以前，投资者往往容易忘记调整资产配置，投资也容易过于激进或保守，以致难以实现投资目标。而目标日期型基金通过既定的生命周期下滑轨道不断调整和优化投资组合，可以帮助投资者克服这一难题。

第三，适应生命周期。目标日期型基金的资产配置不同于单纯的资产配置，它会综合考虑人力资本和生命周期特征等因素，根据投资者在生命周期不同阶段的风险收益特征制订资产配置策略，如退休前往往会配置较高比例的高风险资产，而退休后则主要投资低风险资产，以匹配投资者在生命周期不同阶段的风险收益特征。

目标风险型基金的权益类和固定收益类资产的配置比例相对恒定，投资者可以根据自己的风险偏好进行投资。目标风险型基金会预先设定大致的风险层级，现有的 3 个层级分别是稳健、均衡、积极。基金经理根据产品风险特征要求和各类资产的风险收益特性，合理进行资产配置，使产品的实际风险特征与产品设计相符合。目标风险型基金的最大优势在于相对均衡的资产配置与投资者的风险偏好一致。

如果持有人有明确的投资期限，或者在为自己的退休和养老进行储备，他可以根据投资到期日选择相应的目标日期型基金，目标日期型基金下滑曲线的设计与他的投资收益风险特征会更为匹配。如果持有人对自己的风险偏好有清晰的认识，知道自己想要什么风险等级的产品（例如高风险或者低风险），那么目标风险型基金更合适一些。

养老目标基金与普通基金主要有两大区别：第一，养老目标基金是一种 FOF 产品，组合中包括一篮子的基金；第二，普通基金风险特征相对稳定，养老目标基金中目标日期型基金的风险会逐渐下滑。

雪球：养老目标基金多为 FOF 基金，请问您选择基金的流程是怎样的？基金组合又是怎样进行构建的？

鲁炳良：我选择基金的大致流程是：首先，确定资产配置比例；然后，在每个细分资产内，力争挑选最为合适的基金产品。在选择方法上，以股票型基金为例，我会采取定量和定性的研究分析。在定量层面，我会通过业绩、波动率、换手率等指标对基金产品进行初步筛选，再通过对基金经理的尽职调查，选择真正有优势、有能力圈的基金经理。

在构建基金组合的过程中，我们会注重各个基金产品间的风格搭配。不同基金经理擅长的领域和行业会有一些差别，有的擅长价值股，有的擅长成长股，有的擅长消费股。通过合理的配置，产品风格可以实现相对均衡化。

雪球：FOF 基金是否会带来费率的增加？您如何看待 FOF 基金费率和收益的关系？

鲁炳良：FOF 投资内部基金时不存在双重收费，只有在投资外部基金时需要双重收费。货币类、债券类产品大多更偏重内部基金，收益差异相对较小。而股票型产品，如国内股票型基金，其收益差异特别大，每年前 10% 和后 10% 的收益率通常会相差 20% 以上，有助于通过优选覆盖费率成本。

雪球：对比美国的 401K 退休计划，您认为中国在养老目标基金方面或养老方面，还有哪些需要改进的地方？

鲁炳良：401K 退休计划发起于 20 世纪 80 年代初，是一种由雇员和雇主共同缴费建立起来的养老保险制度。员工每个月拿出一定的收入存入养老账户，企业一般也按一定的比例存入相应的基金，然后企业会向员工提供几种不同的投资计划，由员工选择投资哪一种。员工退休时，可以根据自身的情况取出这笔钱进行使用。

相比之下，美国在养老目标基金方面走在了中国的前面，通过税优制度鼓励员工参与计划，保障老年收入。另外，美国股票市场属于长期慢牛行情，这也对制度推动起到了积极作用。从员工的角度看，的确能够通过 401K 计划享受到资本市场的收益。

希望中国能够尽快推动税优制度落地，这会对中国养老目标基金的初期发展起到很好的推动作用。从投资端角度看，我们则希望能把业绩做好，积累长期、稳定的收益。

雪球：我国人口正在老龄化，养老金体系的合理性和可持续性变得越来越重要，您认为养老目标基金对养老金体系的改进有怎样的帮助？

鲁炳良：我国养老体系是按照三个支柱体系进行建设的，第一个支柱是社会基本养老保险，第二个支柱是企业年金，第三个支柱是个人养老。从过去的情况看，第二个支柱覆盖的人数相对较少，大部分人主要靠基本养老保险。从目前的人口结构看，未来的养老压力会变得越来越大。

养老目标基金对现有的养老体系来说是非常好的补充。过去大家养老意识不强，通过公募基金行业的不断宣传，大家对个人养老计划产生了更加清晰的认识。同时，养老目标基金也向个人投资者提供了更多的产品选择。

雪球：现在的年轻人和中年人应该如何面对养老问题，或者应该做什么样的准备？

鲁炳良：首先，我建议年轻人和中年人对个人养老问题早做准备。养老问题在过去很长一段时间内并不特别突显，但随着老龄化加剧，养老的压力会日益突显，未来养老需要更多地依靠个人。

其次，至于具体的投资，如果投资期限足够长，建议关注权益市场的投资机会。短期来看，中国市场的波动较大，但是长期来看，股票型基金还是可以获得15%左右的回报的，远高于固定收益类产品的投资收益率。投资者要坚信，通过长期投资，最终能够获得比较好的回报。

雪球：随着中国经济的发展，中国资本市场和之前相比发生了非常巨大的变化，您对中国资本市场正在发生的一些变化以及现阶段的中国资本市场怎么看？

鲁炳良：中国资本市场发生的巨变具有以下3个特征：一是国际化，过去几年间，外资持续流入国内市场，包括股票和债券；二是机构化，未来机构投资者的话语权会越来越强，保险机构、公募基金以及大量银行理财子公司都会成为资本市场的中坚力量；三是规范化和法制化，国内监管机构对违法的处罚会持续保持强硬，市场会向着规范化和法制化不断推进。

这 3 个特征环环相扣：机构化会促进规范化和法制化，国际化会促进机构化，规范化和法制化最终又会吸引更多境外投资人大量布局国内市场。我认为这几个趋势都会长期持续。

雪球：当前投资者应该如何进行资产配置？

鲁炳良：投资期限比较长的投资者应该注重股票类产品的配置。从各类资产的长期投资回报来看，总体而言，股票回报是优于债券和货币的，相应地，股票的短期波动也会更大。从当前时点来看，股票具备较好的投资价值，估值相对历史中位数仍然偏低，中国经济有较强的韧性，上市企业盈利会逐渐改善。另外，无风险利率也处于历史偏低位置，能够支撑当前的估值水平。

雪球：能否分享一下您是如何一步步成为基金经理的？过去的工作经历对您的投资风格和投资理念有什么样的影响？

鲁炳良：和大部分基金经理类似，我也是从研究起步的。我刚开始在申万研究所从事基金研究的工作，之后又在平安人寿从事委托投资的工作。这两个机构都是行业内的龙头，研究体系都非常完整。尤其在平安人寿工作的经历培养了我以中长期视角进行投资研究的工作习惯。保险公司在进行资本市场投资、非标投资和股权投资时，由于投资期限相对较长，都非常注重基本面的研究，对于一些估值高估、脱离基本面的资产，往往会比较谨慎。所以我进行资产配置和子基金筛选时，都注重从基本面出发。

对于具体的投资风格，例如"大盘""小盘""成长""价值"，我没有明显的偏好。我认为市场的整体风格会出现均值回归，很难出现某一类风格长期一枝独秀的局面。

雪球：2019 年 A 股市场行情虽然有波动，但是整体行情不错，您认为现在是进入股市的合适时机吗？未来您更看好哪个行业的发展？

鲁炳良：目前来看，现在还是一个比较好的时点。我对中国的长期发展较为乐观，目前 A 股估值也处于比中位数偏低的位置，投资安全边际相对较高。

至于具体行业，我更看好高端制造行业、消费行业、科技行业。从消费行业的角度来说，中国居民生活日益改善，对高端消费的需求越来越旺盛，长期利好大消费中的食品饮料、医疗服务等行业。此外，未来中国在科技和高端制造业上的投入会持续增加，芯片、半导体、5G 等领域都会迎来快速发展。中国的科技驱动、创新驱动时代才刚刚开始，未来我们会坚持在这条道路上发展。

低风险策略：低风险如何获得高收益

徐大为 | 雪球ID"DAVID自由之路"，自由之路子基金基金经理

从事通信行业11年，后转行成为职业投资者，著有《低风险投资之路》和《低风险投资之路（第2版）》。擅长低风险投资，在封闭基金投资、股票投资和低风险套利等投资领域均有诸多成功投资案例。投资风格稳健，尤其擅长在震荡的市场中凭借低风险套利策略取得相对稳定的持续收益。现任雪球私募工场自由之路子基金基金经理。

"自由之路子基金"成立于 2016 年 3 月 3 日，迄今为止业绩较为稳健。该基金采用估值、套利、轮动的方法，不断寻找被低估且有确定回归日期的投资品种，主要收益来源包括：轮动带来的相对收益，主要基准是沪深 300 指数和中证 500 指数；仓位控制带来的波动收益，在市场高估时低仓位，市场低估时高仓位；各种套利机会带来的绝对收益。

雪球：您的低风险投资涉及各类投资工具和品种，但有些过去很好的投资品种和套利策略会随着交易拥挤或者规则调整变得不再有效，出现这种情况时，您是如何调整自己的投资思路和投资策略的？

徐大为：世界上没有赚钱的永动机，但是从来不缺机会，新的赚钱模型通常出现在以下3种情形中：市场低估的时候，因为恐慌和套牢盘，此时竞争对手较少，机会较多；市场高估的时候，因为老股民恐高，新股民傻大胆，此时机会也比较多；创新品种出现的时候，因为大家都不熟悉，容易找到机会。

雪球：过去几年，您完成了从个人投资者到私募基金经理的蜕变，您能否谈谈运营个人账户和管理基金的不同之处？能否分享一下这几年您管理私募基金的心路历程？

徐大为：私募基金的压力主要在于公开业绩，因为公开业绩必然引起比较。投资是一场长跑，外部环境在不断变化，谁都不可能永远领跑，谁都有跑得慢的时候。可是很多人会将短期业绩作为衡量基金经理能力的标准，这是基金经理和个人投资者最大的不同。

谈到这几年管理私募基金的心路历程，我想起《三体·黑暗森林》中的一句话："给岁月以文明，而不是给文明以岁月。"或许用一句古语表达更加直接："欲速则不达。"只要投资过程没有问题，即使短期结果不尽如人意，也不需要慌张，只要长期持有，正确的过程必然带来正确的结果。我的基金成立的第一年运气不错，但第二年，基金遭遇了各种不利因素，大幅跑输沪深300指数。我也想过修正投资方案，但最后还是坚持了下来。之后的一年半，基金又重新跑赢指数，并获得了不菲的正收益。

雪球：您的自由之路子基金成立 3 年多来取得了不错的成绩，既控制了回撤率，又超越了沪深 300 指数，为投资者赢得了 alpha 收益。您的低风险投资策略是如何兼顾低回撤和超额收益的？这个策略的 alpha 主要源自哪里？未来是否可持续？

徐大为：回撤小是自由之路子基金的一个特色，因为它持仓分散，成分股间相关性低，且股债均衡，还会定期进行动态再平衡。真正的难点是在控制回撤的基础上实现超额收益。我的主要策略是通过相对收益策略（折价套利）获得超额收益。未来的可持续性要看未来有没有相对收益机会。从中国股市过去 30 年的历史看，这种机会是一直存在的。

雪球：2019 年，可转债行情火爆，很多可转债都大幅上涨，有些品种甚至被"爆炒"。您怎么看当前的可转债行情？接下来它是否仍有投资机会？您会采取什么样的策略？

徐大为：可转债通常会周期性地出现好的投资机会。虽然 2019 年可转债涨幅很大，但并不狂热，尤其是转股溢价，依然处于历史上偏低的位置，所以仍然存在投资机会。

雪球：普通投资者对债券相对陌生，您能否结合自己的投资实践，谈谈在投资中国资产的组合中，债券这个品种的投资前景、投资策略、投资机会？

徐大为：目前信用债在中国遭遇了信用危机，由于金融去杠杆的大环境，以及这两年出现的多起债务违约事件，监管层为了避免个人投资者受损，不断提高个人投资者购债门槛，目前个人投资者只能购买 3A 级非 Q 债券，可选择的余地并不大。私募基金通常采用秃鹫策略，低价分散买入低评级高收益的信用债，但这要求管理者有能力评估发债企业的真实实力和偿债意愿。现在更关键的问题是，债券评级机构的公信力名存实亡，甚至财务报表的真实性也存在很大水分，所以债券市场需要一次浴血重生，才能走上正轨。

雪球：在中国的家庭资产配置中，房产配置远远高于金融资产配置。您经常说"买房不如租房""看多资本市场的投资机会"，认为未来中国金融资产的投资收益率会高于房产。您能否阐述一下中国金融资产相对房产的超额收益来源是什么？

徐大为：真正为社会创造财富的是企业，而股票代表企业的股权，所以在社会安定、通胀可控的环境下，股市的长期收益率会高于其他资产，包括房产。

房产的价值在于房租的现金流折现。当前中国房产的租售比低于2%，北上广约为1.2%，而发达国家通常在3%～5%之间。也就是说，从租售比看，中国楼市相比西方发达国家是高估的。

而中国股市整体的市盈率并不高，H股不到10倍，沪深300指数约为15倍，相比西方发达国家，中国股市整体是低估的。

综合来看，目前股市低估、房产高估，而中国家庭资产的配置恰恰相反，所以未来大部分中国家庭很可能难以受益于资产升值，甚至一些家庭的财务状况会因为高配房产而恶化。未来能受益于中国资产升值的会是小部分慧眼看好股市的群体。其实这一点在2019年就已经初见端倪，A股整体上涨30%，楼市却在不断冷却。

雪球：您看好哪些行业的投资机会？看好哪些领域的投资品种？

徐大为：具体到行业，目前确定性高的行业估值高，分歧大的行业估值低。我看好银行业，它估值很低，也许有一天会受益于估值修复。A股和H股的差价拉开了，现在H股有不错的机会。这是因为H股的投资者大多是海外投资者，由于贸易摩擦等因素，海外对中国的未来预期比较悲观，所以H股的估值很低。一旦这种悲观预期被证伪，这种预期差很可能会带来超额收益。

行业篇 拥抱核心资产

医药股投资实战

未来医药行业有大机会

黄建平 | 建平远航基金经理

拥有丰富的多市场投资经验，擅长权益类、债券类和套利类资产的估值和策略投资，有着优秀的长期投资业绩，著有《巴菲特投资案例集》，现任雪球私募工场建平远航基金基金经理。

雪球私募工场"建平远航基金"成立于 2017 年 8 月 7 日，迄今为止业绩一直十分出色。 黄建平认为，价值投资的核心在于前景的高确定性。 建平远航基金注重高确定性价值的挖掘，以公司盈利能力为内在价值的主要参考指标，深入研究公司和行业，自下而上挖掘前景确定性高且价值被严重低估的公司，构建上市公司投资组合。

具体落实到投资上，就是坚持保守思维：保守估计内在价值，使买入价格远低于保守估计的内在价值，同时做好风控，深入研究，把主要风险控制在买入前，在投资过程中进行动态评估。

雪球：您曾说过，价值投资的核心在于前景的高确定性。在您看来，什么是投资中的确定性？您是如何选股的？选股标准是什么？

黄建平：社会事件发生之前，几乎都只是一个概率事件。投资需要预测公司的前景，而公司的前景也是一个概率问题。选择高概率的一方，会增加预测成功的概率。高确定性是对数学期望最大化的描述，会涉及概率和赔率，但高概率最为核心。

我的选股标准难以一概而论，但是有几个重要原则，比如选择能看到前景的公司和价格不高的公司等，其中公司质量往往比价格更重要。

这几年我有一个很大的感触，就是不要轻易和三流公司"谈恋爱"。三流公司往往会以非常低的价格引诱你，持有其股票可能也不会亏损，但是会浪费你的青春。它们的缺陷太多，在行业竞争中处于劣势。优秀的公司会在变化的环境中不断改进，用创新去适应新环境；平庸的公司则只会原地踏步，和优秀公司的差距将越来越大。

雪球：投资最重要的事情之一是做好风控，您的投资风控体系是怎样的？

黄建平：我曾经分享过投资的三层防御体系：一是前景的高确定性，二是安全边际，三是弱相关性组合。

高确定性能大幅降低失误概率，提高投资成功的概率；安全边际本身既是投资的利润来源，又是风险控制措施；弱相关性组合可以有效规避行业的黑天鹅事件。

雪球：您目前比较关注医药领域，您为什么看好医药股？

黄建平：正如著名经济学家张五常所说，过去 70 年，世界经济的发展依赖两大领域的创新：一是半导体相关领域，比如计算机、电气、互联网、机器人等；二是生物医药领域。物理学和生物化学的突破，使科技和世界经济的发展突飞猛进。

中国生物医药公司的发展还处在"幼儿园"阶段，技术水平正在快速提高。随着人均收入增加，人们对生物医药的总需求将日益增大，这一点是具有高确定性的，而且中国大概率会诞生世界级的生物医药公司。

另外，对我来说，生物医药公司的前景相对容易判断。通过深入研究其研发管线，我可以预判其产品的市场潜力，这种可预测性符合我的投资偏好。

雪球：在中国医药行业里，您认为哪个细分领域投资机会大？

黄建平：中国医药行业有许多投资机会，比如，针对癌症、自身免疫疾病、糖尿病治疗的产品有着非常大的需求和市场。少数研发实力和销售实力强劲的公司，有做大做强、走向国际的希望，行业集中度也会相应提升。另外，大量海外生物医药公司的华人科学家在中国创业，一批新兴生物医药公司在资本的支持下快速发展起来，它们也具有很好的投资机会。

雪球：建平远航基金自2017年8月成立以来跑赢了大盘。在A股的动荡行情下，基金的超额收益主要产生自哪些地方？未来基金又将如何给投资者创造超额收益？

黄建平：目前，建平远航母基金已成立约2年，跑赢沪深300指数约50个点；建平远航2号基金已成立约1年，收益与指数相近。

短期的跑赢或跑输指数可能存在运气因素，目前还无法下结论。主要利润来自医疗、银行和保险行业。

跑赢指数并不是我的直接目标，而是正确投资的自然结果。我也有信心长期跑赢指数。我的信心来自持续的学习，每天进步一点点，日积月累。投资是一项比拼研究能力的事业，没有太多的技巧。懂得再多理论，如果没有建立起行业能力圈，也难以做好投资。

对于同一个社会事件，不同的人进行评估会得出不同的概率。这是因为各自的能力圈存在差异。就像同一道数学题,对有的人来说很简单,对有的人来说则很难。

雪球:除了医药股之外,您还看好哪些行业?

黄建平:根据我了解的信息,除了医药行业,银行、保险、医疗器械等行业也有不错的长期投资机会。

银行业的估值较低,资产规模会随着 GDP 的增长而增长,一些优秀公司还会持续增长。

保险公司受益于低渗透率,在保障险上大有可为,特别是人均年收入达到 1 万美元以后,健康险等保障险的需求开始快速增长,长期来看,中国保险公司将会达到非常大的规模。

雪球:目前来看,您认为港股市场有哪些投资机会?

黄建平:港股市场上,许多内地公司估值较低,具有深度挖掘的潜力,特别是大量生物医药公司和一些医疗器械公司。

医药创新会带来大量投资机会

张小丰 | 小丰基金基金经理

计算机专业学士，统计学硕士，后因兴趣使然，转行成为职业投资者，目前在雪球拥有超过10万粉丝。擅长从统计学和数理角度理解投资，将贝叶斯理论运用到了投资中。这一思路极好地诠释了其个股投资策略：评估股票价值，并当其低于内在价值时买入，持续跟踪基本面，动态调仓。

张小丰认为，无论在国内还是国外，医药行业最大的机会都在创新药领域；国内的带量采购政策经过一系列的调整，目前也在向积极的方向发展，正在重塑仿制药企业格局。

　　张小丰管理的雪球私募工场"小丰基金"成立于 2018 年 8 月 16 日，迄今为止业绩不俗，相对上证指数和恒生指数而言均有超额收益。该基金聚焦医药、保险、消费、科技等朝阳产业，定性分析企业，定量分析估值，并进行适度分散，提高组合的非相关性，以期达到"平均赢"的结果。

雪球：作为计算机专业学士，统计学硕士，您是怎样进入投资行业，从一个个人投资者成为雪球社区的人气用户，进而成为基金经理的？

张小丰：我最早接触投资是通过我的父母，当时他们是典型的个人投资者：看技术指标，听消息，跟"庄家"等。所以我对股票的第一印象就是赌博。学习统计专业后，我更加认为无法在这种赌博中占概率优势，自然不会碰股票。后来，机缘巧合下，我阅读了《公司金融》，系统学习了很多金融知识，包括读报表等。书中还介绍了如何用股息折现模型和现金流折现模型计算股价。这时，我才知道股价是可以估算的，股票投资有一定的科学性，并不是纯粹的赌博。我对此产生了极大的兴趣，开始阅读海量的投资类书籍。对我影响最大的书是《聪明的投资者》，它为我打开了投资世界的大门。经过长时间的阅读，我认为只要走正确稳健的路线，资产就可以保值升值，这在概率上有很大优势，只不过不同的人获得的收益会有所差异，不同的资产跑赢大盘的可能性也不相同。就这样，我开始了投资生涯。

真正接触投资以后，自然会有收集和交流信息的需求，我在雪球上写了很多文章来记录自己的投资历程。当时，我的想法很简单：我持续定投一定比例的工资进入股市，按照10%～12%的收益率计算，可以早10年退休。在持续分享交流的过程中，我慢慢成为雪球"人气用户"。之后，很多人对我的投资体系和研究能力表示了认同，雪球又提供了良好的基金平台。我抓住这个机遇，成了私募基金经理。做自己喜欢的事情是非常快乐的。

雪球：您曾借助百济神州的案例，十分精彩地阐述了贝叶斯理论在投资中的运用，即评估一家企业时，先对其形成先验判断，再密切跟踪外界信息来修正自己的模型，最后做出买卖决策。这与众多价值投资者提倡的买优质企业并长期持有的观点不同。您认为持有一家企业，短期和长期的买卖逻辑，哪个更重要？

张小丰：我并不认为买卖逻辑与价值投资理念有任何不同。买卖逻辑恰恰就是价值投资：持续评估价值，只根据价值做买卖决策。价值投资并不是投资企业后就不再关注企业经营，也不是不看估值，"闭着眼睛"投资企业。价值投资者都具备这样的思维模式，我只不过对它进行了提炼，得出了更具数学性的表述而已。人的思维模式，尤其是理性，其实是有数学理论基础的。

我不关注短期买卖逻辑，只判断企业的营收和利润能否长期增长。如果能，那么只要估值合理，就可以适当配置，耐心持有，不要被股价的短期涨跌影响了判断。企业发展得好，最终会反映在股价中。

雪球：投资最重要的事情之一是做好风控。您的投资风控体系是怎样的？

张小丰：我对投资的基本认知是，我完全无法判断中短期股价的涨跌。所以，我不会择时做风控。认为自己无法判断股价涨跌，却又择时来控制仓位的做法，是有内在逻辑矛盾的。

我的风控体系主要包含以下4个方面。

第一，定性判断企业，深入研究每个持仓。持续评估这些企业的经营状态，确保它们还在健康发展。

第二，定量分析估值，不要在估值过高时买入企业股票。

第三，适度分散。投资过程中难免出现判断错误。我需要保证当错误发生时，不会对我造成毁灭性打击。追求组合平均赢。

第四，提高组合的非相关性。这一做法可以在不减少收益的情况下减少很多波动，可能是投资中唯一的"免费的午餐"。具体方法是跨市场投资。

雪球：您认为目前全球范围内，医药领域最大的投资机会在哪里？中国医药公司存在哪些机会？

张小丰：我认为美国医药领域最大的机会一直以来都是创新。目前，中国的医药创新也在快速崛起，未来，这一领域的增量将非常大，会带来很多投资机会。中国患者对高端药品的需求非常旺盛，只不过这些需求被高昂的价格抑制了。现在，中国的医药创新大幅度拉低了高端药品的均价，释放了这些需求。医药创新利国利民，同时医药企业也能赚取利润，持续发展。

雪球：很多人认为投资医药股需要丰富的专业知识，而且很多医药行业的分析师和基金经理都曾是医药工作者或具备医药专业背景。作为一个没有医药专业背景的医药行业投资者，您是怎么看待这个问题的？

张小丰：投资医药股确实需要大量专业知识，好在人类的强项就是学习能力。人脑相当于存储器密度极高的计算机，现在热度很高的人工智能领域中的神经网络与深度学习也只能有限地模拟人脑。只要有旺盛的求知欲和好奇心，持续地学习，你自然会掌握这些知识。投资医药股的真正门槛其实是持续学习的能力。另外，投资医药股要求投资者具备较强的英语能力，因为大量相关资料是用英语写作的，不过英语也是可以学习的。归根结底，还是应了那句老话：功夫不负有心人。

雪球：有部分观点认为，由于"4＋7"带量采购政策①的影响，中国生物制药公司的附属公司生产的抗乙肝病毒药物恩替卡韦 2019 年二季度至少下滑了 16%。您认为该政策将如何影响中国制药企业的格局？

张小丰：起初，带量采购政策实行独家最低价中标，造成价格"自杀式"下跌，给行业带来了巨大的伤害。现在，政策改为 3 家中标，相对更加合

---

① 带量采购政策指的是在药品集中采购过程中开展招投标或谈判议价时，要明确采购数量，让企业针对具体的数量报价。"4＋7"指的是带量采购政策的试点城市，即北京、天津、上海、重庆和沈阳、大连、厦门、广州、深圳、成都、西安。——编者注

理。中国仿制药市场一直比较畸形，药品价格高昂，很多药品的销售模式也只是模仿创新药的模式。"4＋7"带量采购政策与一致性评价政策相配合，有望重塑生态，提高仿制药质量，降低仿制药价格。

整体来看，仿制药企业的发展已经不能依靠单品爆款，而需要大规模产出药品。单品爆款策略更适用于创新药企业。依靠单品爆款的仿制药企业中，研发能力弱的还在挣扎，研发能力强的已经进入了新的发展阶段。

雪球：您的私募基金在配置了部分仓位的再生元制药后，2019 年仍然跑赢了大盘，请问您是如何做到的？您为什么看好再生元制药？

张小丰：没有秘诀。A 股和港股都大幅度跑赢了大盘，而再生元制药严重拖了后腿。但我会保持适度分散，不会让一次误判带来毁灭性打击。另外，我目前不认为对再生元制药投资已经失败，这家公司的基本面还是很好的，只是一些不确定性因素导致估值大幅度下降。投资人都喜欢确定性，不喜欢不确定性，这在成熟市场表现得尤为明显。我认为未来再生元制药的长期营收和利润都会增长，股价最终也会反映其经营情况。

雪球：除了医药行业外，您还看好哪些行业？

张小丰：科技、消费、保险。这些行业都有较长的赛道和很多优秀企业，属于朝阳行业。

雪球：目前小丰基金持有很多港股仓位。目前来看，您认为港股市场有哪些投资机会？

张小丰：我大量投资港股的主要原因是，很多企业，尤其是医药企业，都是在港股上市的，所以要买入这些企业的股票，只能去港股市场。大部分医药领域的投资者都会配置一定的港股，我没有刻意控制配置港股的比例。另外，港股估值整体上低于 A 股，由于外部原因，港股最近也大幅度下跌，很多与香港无关的内地企业的股价也受到了波及。在这种情况下，我们更容易找到投资机会。

雪球：如果由您来配置一个"做多中国，荒岛 10 年"组合，哪些行业的企业能入选?

张小丰：2015 年 12 月，我在雪球建立过一个"荒岛 10 年"组合，到现在已经运行了几年。在"荒岛"这个思维游戏中，选择企业需要更加谨慎，因为你不能随时跟踪企业来更新投资组合。这些企业必须先是"剩者"，再来考虑能否成为"胜者"。这就需要选择那些护城河特别稳固，可持续发展特别强的企业。

消费股投资攻略

看好中国的消费行业

萧楠｜易方达消费行业股票型证券投资基金基金经理

经济学硕士，在管基金总规模超200亿元。2012年9月起任易方达消费行业股票型证券投资基金基金经理。

最近几年，易方达旗下的不少明星产品远远跑赢了相应的指数，比如指数增强型基金产品易方达上证50指数和主动型基金产品易方达消费行业等。上述产品的超额收益来自哪里？萧楠认为："投资者的收益来自其认知，超额收益来自超额认知，超额认知来自以深度研究为基础的价值发现，以及对公司盈利模式和可持续性的深入理解。"

雪球：2019 年，消费行业和消费股的涨幅都很大，截至 9 月 25 日，中证主要消费指数上涨 62%，中证白酒指数上涨 92%。面对这样的涨幅，您看好消费股的后市表现吗？

萧楠：我每年都会被问到这个问题：消费涨幅大，以后还能不能继续上涨。我认为，这个问题隐含着一种价格投机的思维——根据历史股价表现判断未来，比如，价格投机的典型表现就是高抛低吸和追涨杀跌。所以投资任何一种资产都可能遇到这个问题，比如房产、黄金、比特币、指数、石油、外汇等。

股票价格未来的表现和过去的表现没有因果关系，甚至连相关关系都没有，皓首穷经地研究各种市场曲线，实在是一项性价比很低的工作。长期来看，决定企业股价回报的是它的内在持续盈利。

此外，对于"以后还能不能继续上涨"的问题，还要考虑这里的"以后"代表着多长的时间间隔。如果你问的是明天、下周、下个月等短期内的股价表现，我的答案永远是"不知道"。引起短期股价波动的因素太多了，它是资金、情绪、事件、基本面等因素共振的结果。但如果你问的是股票在更长时间段内的表现，比如 3～5 年，我对选择的股票就会很有信心，相信组合能带来很好的收益。

雪球：来自蛋卷基金的数据显示，目前中证白酒的滚动市盈率是 33.7 倍，市盈率百分位高达 93%。您认为目前的白酒股是否被普遍高估了？

萧楠：在过去 10 年里，以市盈率通道为锚在白酒板块里高抛低吸做波段的收益率远小于买入并持有。还有一个常见的情况是，你手上早已没有一只股票，当你"下车"等待股价回落时，那辆"车"却向上高速地开走了。

除了白酒板块，还有大量行业也不能单看历史市盈率，历史市盈率区间只能作为参考。研究者应把研究的落脚点更多地放在这些行业的自由现金流上，而不是局限于利润表上的利润。自由现金流对股价有强烈的引力作用。

例如，A 企业新增了 10% 的资本开支，能够带来 20% 的收入增长、30% 的利润增长，以及 40% 的自由现金流增长。B 企业新增了 100% 的资本开支，只能带来 60% 的收入增长、30% 的利润增长，以及 30% 的自由现金流下滑。在静态视角下，二者的合理市盈率是怎样的？在长期视角下，哪家企业的市盈率能够扩张，哪家企业的市盈率将会收缩？市盈率是现金流折现模型的一种简化模式，很多情况下会严重扭曲企业的真实价值。

雪球：消费行业历来大牛股辈出，您认为投资消费行业买个股好还是买指数基金好？

萧楠：无论你看好消费板块，还是看好其他板块，做投资之前，你需要先审视自己有没有研究个股的精力和能力。如果没有，就买指数基金；如果认为自己有，就把这个问题认真严肃地再问自己 3 遍。

雪球：主动型基金对基金经理的依赖性比较大，仅就消费行业来说，您更看好指数基金还是主动型基金？

萧楠：我当然更看好自己的主动管理能力，我可以通过深度研究，选出优秀企业，经过长期持有，获得超越指数的超额收益。我的历史业绩也证明了这一点。

雪球：作为主动型基金的基金经理，您认为基金的超额收益主要来自哪里？

萧楠：投资者的收益来自其认知，超额收益来自超额认知，超额认知来自以深度研究为基础的价值发现，以及对公司盈利模式和可持续性的深入理解。

雪球：中国庞大的市场是消费板块牛股辈出的天然土壤，有人认为，投资中国就是要投资中国消费。但经历了这些年中国消费行业的高速增长以后，很多龙头企业的体量都已经非常大，您怎么看中国消费行业和龙头企业未来的增长动力？

萧楠：打个比方，有两个人同时追求你，一个是山东人，一个是广东人，你打算怎么选择？是的，根据出生地选择伴侣是不理智的。既然选择伴侣不能通过贴标签来实现，那么用自己的真金白银做投资又怎么能贴标签呢？"天然土壤""中国消费""龙头企业"就是一种标签。

"天然土壤"里也有做假账的骗子；中国消费品牌中每年都有一部分会被淘汰；龙头企业中有的强者恒强，有的则走向了没落。希望投资者尽可能地抛弃标签思维，回归事物本质。

就大方向而言，我非常看好中国的消费行业。从总量上来说，目前中国人均 GDP 约为 1 万美元，就已经拥有了一个体量巨大的消费市场。而消费行业中的很多企业，都具有高频、刚需、痛点等特征，内生增长动力强，受宏观和外部因素影响小。

当中国人的富裕程度达到美国人和日本人的一半时，消费增长情况将非常激动人心。而我确信，"一半富裕"只是一个小目标，中国经济增长的潜力很大，前景十分广阔。未来，消费行业的各个细分行业都会产生龙头企业，我们投资者将感到如鱼得水。

投资要找到景气的行业，价值投资是获得长期收益的必要条件

童驯 | 同犇投资创始人

被称为食品饮料行业的"老法师"，拥有12年卖方分析师从业经历，2008—2012年连续5年获得新财富食品饮料行业最佳分析师第一名，2011年更是获得了所有行业最佳分析师中的最高分。2014年年初，创办同犇投资。同犇投资的理念是：价值投资，消费为王，做时间的朋友。

价值投资已经用时间证明了自己的盈利持续性。无论市场行情好坏，价值投资都会为投资者带来不错的回报。

那么，中国股市哪个行业的历史表现最好？哪个行业最适合价值投资？

长期来看，消费类的食品饮料行业、白酒行业似乎表现不凡。据统计，2000年1月1日至2019年9月27日，申万一级行业中表现最好的行业是食品饮料行业，涨幅为14倍，而三级行业白酒行业的涨幅更是高达41倍。

当深入基本面研究的价值投资者碰上长期景气的食品饮料行业，二者会产生怎样的火花？

雪球：2019 年，同犇投资旗下的产品都跑赢了大盘，回撤控制方面也做得非常出色，请问是如何实现的？

童驯：2019 年元旦的时候，我们的仓位比较低，1 月 20 日以后，我们意识到情况与原来设想的不同，大盘的态势并没有我们预想的那么悲观。在和食品饮料经销商进行了一些沟通后，我们认为 1 月的终端动销明显超出预期，于是不断加仓，买回了去年卖出的消费品股票，然后一直持股不动。5 月之后，大盘有了一些调整，但消费股总体比较稳健，所以回撤规模不是很大。

雪球：作为同犇投资的创始人，您能否结合自己的个人经历，谈谈价值投资的基因是如何在同犇投资生根发芽的？

童驯：2002—2013 年，我在申银万国证券研究所工作，先后从事了金融工程研究、行业比较研究、化工行业研究、食品饮料行业研究。这 12 年正统的方法论训练对我的帮助很大。比如，我学到了如何深入研究一家上市公司，如何进行盈利预测，如何进行估值分析等。

2014 年年初创办同犇投资后，我们逐渐确立了公司的投资理念：基于深入基本面研究的价值投资；基于行业比较思维的大消费投资。公司的品牌定位是：偏好大消费，深耕大消费。我们认为，深入研究是价值投资的先决条件，没有深入研究，价值投资根本无从谈起。

从投资实践来看，2015 年，我们分享了 TMT 的泡沫。当时我们为何不买消费股，而买了 TMT？因为那时正是牛市，提倡大众创业、万众创新，收购兼并政策很宽松，高端消费受到限制"三公"消费的"八项规定"的影响，仍在调整。老话说"牛市重势，熊市重质"，所以那时我们分享了 TMT 的泡沫。严格来说，这次投资不是价值投资。

2016 年后，白酒等部分消费品迎来了新一轮的景气周期和新一轮的消费升级。这时，我们回归初心，主要配置大消费板块的股票。2018 年，我们逐渐减仓，这是因为一方面担心大盘的系统性风险，另一方面又担心消费行业景气下行。2019 年 1 月下旬，我们发现之前过于悲观了，于是又将它们买了回来。我们理解的价值投资并非一直持有，真正的价值投资者会在 2008 年一季度和 2012 年四季度卖掉白酒股。

雪球：国外有很多价值投资大师，如巴菲特、芒格、格雷厄姆等，哪一位给您的启发最大？您从他们那里获得的最大收获是什么？

童驯：我们的投资理念、偏好、想法和巴菲特、芒格很像。同犇投资的理念是"基于深入基本面研究的价值投资"，而巴菲特和芒格进行的也是价值投资。巴菲特非常偏好消费行业，我们更是聚焦大消费板块。

巴菲特和芒格给了我们很大启发，比如，踏踏实实进行价值投资；坚守能力圈，不强求其他领域的收益；强调安全边际、护城河；大机会来临并且很有把握时，敢于集中持股。

雪球：您是如何对价值投资方法进行完善和优化的？在过去十几年的投资中，您认为国内外的价值投资实践有什么不同？你们是如何完善和打造适合中国本土的价值投资体系的？

童驯：很多人对价值投资的认识存在误区，认为价值投资就是买入并长期持有，其实不然。我们理解的价值投资的核心是对企业当下内在价值及未来价值曲线走势进行研判。

真正的价值投资不是一直持股，在两种情况下，你需要卖出股票：第一，你认为你正面临着很大的系统性风险；第二，你认为这个行业的景气度正在下行。以白酒股为例，2008 年，白酒行业面临着很大的系统性风险，投资者应该卖掉持有的股票。2012 年四季度，限制"三公"消费的"八项规定"出台，这时投资者也应该卖出白酒股，因为当时政务消费占高端白酒消费的 30%，这 30% 的突然消失对白酒行业景气度的影响之大，可想而知。

国内外的价值投资实践存在一些差异。在国内，因为个人投资者比较多，除了价值投资外，其他方法也能帮助获得收益。当然，长期来看，价值投资是股票投资最有效的方法之一。随着外资的不断流入，价值投资会被越来越多的 A 股投资者认可。

不过，由于国内市场波动相对更大，价值投资有时会面临一定的挑战。在面临巨大的系统性风险的时候，还是要考虑撤退的。

另外，在国内，除了价值投资外，你最好能同时拥有绝对和相对两种思维。思考企业究竟拥有多少内在价值，这是一种绝对思维。而有时需要拥有相对思维，特别是在考虑存量资金的时候，因为不同板块股价的涨跌与资金的流动存在关联，有些时候思考问题不能过于僵化。

比如，一只股票原本估值 20 倍，后来上涨到 25 倍、30 倍，但这并不意味着从价值投资的角度看它就变贵了。2019 年的情况就是如此，部分行业的估值远高于 2018 年，但这是因为真正景气的行业太少。可见，在价值投资的过程中，思考问题不能太僵化，尤其是考虑估值的时候。

我在做卖方分析师时，曾提出一个观点："趋势比估值更重要"。这句话不是说估值不重要，而是基本面的变化趋势更重要。价值投资的框架需要我们不断地去丰富，并不是简单地买进一只低估值的股票，然后长期持有，就可以被称为价值投资。价值投资其实是一个复杂的体系。

雪球：您被称为消费行业的"老法师"，曾经连续 5 年获得新财富食品饮料行业最佳分析师第一名。您是如何对消费行业进行分析研究的？您更关注投资标的的哪些方面？或者说您是从哪些维度对企业进行分析的？

童驯：大家这样称呼我，是因为从 2007 年 1 月到 2014 年 1 月，我在申银万国证券研究所研究过 7 年食品饮料行业，2008—2012 年又连续获得新财富食品饮料行业最佳分析师第一名，而且 5 年得分平均比第二名高出 47.7%，2011 年得分是所有行业最佳分析师中的最高分。客观地说，当时我的知名度和影响力比现在大得多，所以有些人开玩笑说我是"老法师"。

从方法论的角度来说，消费品研究的核心是研究管理团队的 3 种能力：产品力、品牌力、渠道力，以及管理团队对这 3 种能力的把控能力和持续创新能力。

另外，消费品研究需要积累人脉。对消费品的研究不仅要自上而下地分析，还需要自下而上地分析。因为每个消费品企业都有所不同，有很多个性化的特点，所以只有拥有大量人脉，才能研究透彻，否则研究就只能浮于表面。

雪球：您刚才提到了自上而下的分析和自下而上的分析。您的团队在对企业进行调研时，会采用哪些具体的方法？

童驯：对于消费品研究，我们注重草根调研，也就是说，不仅要去企业进行调研，还要结识很多经销商，因为经销商的信息来自市场一线，他们对消息的感知最灵敏。比如，为什么 2019 年 1 月 20 日后我们买进了一些消费股？因为当时很多经销商告诉我们，2019 年 1 月的销售情况和他们原来设想的不同，他们原本很悲观，后来却发现 1 月的销售情况比预期好很多。这就是很重要的信号。

另外，具体的调研对象无非两个指标：一是看价，二是看量。以白酒为例，我们要关注一批价走势，并对其价、量进行思考，不仅要思考当下的情况，还要思考未来几年的可能情况。

雪球：您认为要投资好企业，是不需要考虑企业管理层和企业文化等因素？在您的投资研究过程中，如何对此进行评估？您更注重定性分析还是定量分析？如何确认好企业或好团队？

童驯：是不是好企业与企业管理层、企业文化都有关系：企业文化不好的企业不会是好企业，管理团队弱的企业也无法成为好企业。因此，较为优秀的管理团队和较好的企业文化都是好企业的必要条件，但不是充分条件。

好企业不仅需要较为优秀的管理团队、核心竞争力等因素，还有很重要的一点，就是盈利，比如盈利年增长 20% 以上。如果企业管理团队很优秀，企业文化很好，但业绩年增长很低，这个企业也不是真正的好企业。

对企业的评估要关注两个核心要素。一是必要条件，即管理团队的激励机制是否到位。消费品企业要实现长期增长，这个必要条件比较重要。对一些品牌力特别强的消费品企业而言，有无激励机制影响不大；但是对多数消费品企业来说，因为消费品经营并不容易，所以管理团队的激励机制很重要。

二是充分条件，即优秀的管理团队，其对产品力、品牌力、渠道力的把控能力必须非常强。

至于定性分析和定量分析，纯粹从管理团队评估的角度来说，我们会以定性分析为主，定量分析不是非常合适。但是企业层面的分析不能只依赖定性分析，一定要结合定量分析，比如落实到对盈利状况的评估，盈利是否达到了年增长 20% 以上。因此，我们应该把定性分析与定量分析相结合。

雪球：过去的这些年里，同犇投资取得了非常好的超额收益，您倾向于将 alpha 的来源更多地归为团队的研究能力和择股能力，还是对价值投资的笃信和知行合一？

童驯：价值投资是一个方法，而且它不表示一直持股，我们也曾在 2018 年卖出了很多股票，并在 2019 年又重新买入。

价值投资是获得良好长期收益的必要条件。我认为，实施股票多头策略，要想实现良好的长期业绩，必须坚持价值投资理念。投资如果不围绕企业的内在价值来进行，就是一种不靠谱的投机行为，很难持续实现良好业绩。

当然，只坚持价值投资理念是不够的，还必须进行深入的研究，找出预期差。要真正获得收益需要投资者对某个行业、某些企业进行深入的研究，比如对某企业的理解程度在市场中达到前 10% 或前 5%。

雪球：同犇投资一直将"价值投资，消费为王，做时间的朋友"作为自己的投资理念，为什么您认为消费领域最适合价值投资？当前，科技股迎来了一波上涨行情，很多人也在中长期层面看好科技股，您认为当下的科技股是否适合价值投资？

童驯：价值投资的核心是对企业当前内在价值和未来价值曲线走势的研判能力。价值投资需要清楚分析企业当前和未来的内在价值。

一个企业的内在价值是其未来现金流的贴现。周期性行业和科技行业等的未来发展难以预测，所以其当前内在价值不易估算。那么哪些行业的当前内在价值相对更易估算？那就是消费行业，尤其是品牌消费。所以从这个角度来说，消费行业最适合进行价值投资，其稳定性相对更高。

此外，消费行业的前景比较广阔。根据现金流折现模型，永续增长率对企业当前内在价值影响最大。消费行业的永续增长率较高，所以前景比较广阔。

从美国股市过去几十年的表现来看，两个领域表现得最好：消费（包括医药）和科技。但是与消费股不同，科技股对投资者的研究能力有着更高的要求。比如，2019 年科技股的上涨与 5G 的发展有很大关系。所以从某种程度上说，当前这波上涨可能是源于暂时的景气，但是这段时间以后情况会如何变化还是一个未知数。相比之下，消费股相对来说更稳定。

另外，从价值投资的角度看，科技股的难度很高。价值投资要求投资者清楚分析企业的内在价值，然而科技企业内在价值的波动强，未来的不可预测性高，对其进行研究，难度更大。

雪球：很多人认为目前已经出现了一些消费升级现象，比如豪车销量不断提高；也有人认为目前人们面临着消费降级，拼多多等应用程序的用户数不断增长就是明证。您如何看待消费升级和消费降级？这对您的投资理念是否有影响？

童驯：消费的总体趋势是消费升级。一般而言，只有发生大变故才会出现消费降级，比如突然破产。正常情况下，如果收入还在不断增长，就很难出现消费降级。人们往往都在追求美好生活，所以消费一旦升级了，就很难再下降。

很多人认为使用拼多多就是消费降级，我不认同这个观点。要知道，过去拼多多用户使用的可能是一些没有品牌的商品。现在有了拼多多，他们就可以购买一些非主流品牌的产品。这与其过去的消费情况相比，也是一种消费升级，而不是消费降级。如果一线城市的消费者过去都使用京东购物，现在却都改用拼多多了，这种情况则确实属于消费降级，但是相对来说比较少见。

雪球：目前，食品饮料指数和中证白酒指数估值偏高，市盈率百分位达到了91.62%和90.78%（数据取自2019年9月19日蛋卷基金估值中心），您对目前食品饮料股的估值怎么看？高估值是否意味着要卖出？

童驯：估值需要动态地看待。2013年、2014年白酒估值低是因为当时行业不景气，人们担心白酒企业的盈利会出现负增长。现在这个行业景气度比较高，与当年的情况不同。

目前，经济增速整体放缓，且经济正处于转型期，真正景气的行业比较少，所以景气的行业会产生确定性估值溢价，估值往往会更高。

此外，中国资本市场不断对外开放，外资将不断涌入，而外资最偏好的就是食品饮料等消费类企业。当然，外资也会买入一部分金融股，但总体来说，外资最倾向投资消费行业。在这种情况下，消费股的估值很难下降。

我们的观点是"趋势比估值更重要"。只要基本面依然是向上的，我们就不会轻易因为估值上升而卖出股票。

雪球：同犇投资一直认为食品饮料是好行业，白酒的行业属性和生意模式很好，好在哪里？

童驯：我们可以借助波特五力模型来衡量行业属性。根据波特五力模型，我们需要从以下 4 个方面进行考察。

第一，上游原材料。白酒的上游原材料是粮食，农民没有议价能力。

第二，消费者。消费者其实也没有议价能力，比如请客吃饭，表面上看是请客的人买单，但实际上买什么价位的酒是由客人决定的。

第三，替代品。红酒并不能替代白酒。

第四，进入壁垒。白酒行业的进入壁垒很高，护城河很宽。好酒与否与环境有关，也与品牌的历史底蕴有关。

我们还从其他角度总结了白酒行业的几个特点。

第一，白酒行业是典型的快速消费品行业。快速消费品行业比耐用消费品行业更适合投资，同时高端白酒又不是一般的快速消费品，它具有类奢侈品的属性。

第二，白酒行业非常受益于消费升级。白酒的产品价格带很宽，一瓶酒的价格从几元到上万元都有可能，所以消费升级的空间大。

第三，行业研发投入很少，是典型的轻资产、高现金流。

第四，产品没有保质期，放得越久质量越好。

第五，行业集中度非常低，经过多年发展，真正的高端白酒仍然只占比 0.7%。未来，这个数字有望达到 1.5%，甚至 3%，所以我们认为高端、次高端白酒还有较大的发展空间。

第六，白酒价格随居民可支配收入的增加而上涨，所以白酒行业的长逻辑依然是价量齐升。

雪球：当前中国经济处于转型期，您如何看待中国经济的产业结构变化和未来趋势？投资者应该如何更好地从这些变化中受益？

童驯：从某种意义上说，至少从消费和投资增速的角度看，中国经济的转折点是 2015 年。2015 年前，固定资产投资的增速一直快于社会消费品零售总额的增速；2015 年后，情况发生变化，社会消费品零售总额增速快于固定资产投资的增速。

所以未来投资很重要的一个方向就是消费行业。当然，科技行业也可能是一个方向，但是相比消费行业，科技行业的稳定性和确定性不足。

　　投资者需要深刻理解到，经济发展正在降速，中国经济正在转型。这种情况下，很多行业确实不太景气。所以投资者还是应该老老实实地去寻找那些景气的行业，以及这些行业中的优秀企业，不能抱持着原来的心态，比如股票被套住就一直持有不动。以前，各行各业都景气，所以会产生轮动效应。以后，市场将很难发生轮动。投资者一定要对行业、企业进行深入研究，如果不经研究就贸然买入，那么将很难持续地获得收益。

消费医药，好股平价，组合投资，
忽略大市，长期持有

陈子仪｜百创资本总经理，长牛分析一号基金经理

拥有近20年的证券投资经历：2001年从A股开始，开启了证券投资生涯；2009年转向港股、美股；2016年创立私募基金"百创资本"，专注于A股和港股市场。

百创资本成立以来，在私募基金行业得到了广泛的认可，曾荣获Wind最强私募基金（多策略）"2017年私募业绩排行榜"第三名和Wind"2019年上半年私募宏观策略基金业绩排行榜"第二名。陈子仪也获得了私募排排网"2018年度最具潜力私募基金管理人"提名奖。

陈子仪在近 20 年的投资生涯中对投资反复做了各种探索，对投资的理论和实践进行了系统的研究，一步步形成了目前的投资体系。

　　在对现在和未来的投资策略进行一番梳理后，陈子仪总结出一条"20 字策略"：消费医药，好股平价，组合投资，忽略大市，长期持有。

个人成长与投资

雪球：您曾说过，您觉得数学非常有趣，并且认为投资与数学有些类似。您能否谈谈数学和投资的相似之处，它们又有趣在哪里？

陈子仪：投资是根据现有信息，做出对未来的判断。而数学要求根据现有条件，推导出一些新的结论。二者都属于逻辑推理，对我来说都很有趣。

雪球：您于 2001 年投资 A 股市场开始了投资生涯，2009 年转向港股、美股，又于 2016 年创立私募基金"百创资本"，专注于 A 股和港股市场。您能否谈谈投资 A 股市场和港股市场有什么不同？

陈子仪：首先，二者存在流动性差异。一般而言，A 股的流动性较好，但是港股中只有大中型企业股票的流动性才比较好。对于有一定规模的基金而言，较好的流动性是一个重要的前提条件。

其次，A 股市场更容易出现同涨同跌的局面。但是，近年来 A 股市场和港股市场在这方面的差异其实已经很小了。如今，百创资本已经将 A 股和港股看作同一个市场，对于投资组合中的每只股票，无论它来自哪里，我们都会按照相同的标准来评价。

雪球：您曾说过，在多年的投资生涯里，您把投资当成研究对象，反复做了各种探索，对投资的理论和实践进行了系统的研究。您能否谈谈您的投资体系是什么，又是如何一步步形成了目前的投资体系的？

陈子仪：百创资本成立后，我们组织研究员对家电、汽车、食品饮料、运动服装、新能源、医药、软件、消费电子、建材、旅游、教育、互联网等行业及这些行业的龙头企业进行了系统研究。投资过周期性行业，也投资过非周期性行业；有过成功的经验，也得到过失败的教训。在这个过程中，我们逐渐聚焦于消费和医药行业。

最近，我对我们现在和未来的投资策略进行了梳理，总结出一条"20字策略"：消费医药，好股平价，组合投资，忽略大市，长期持有。

这个策略在某些方面和其他人提出的策略有相似之处，这很正常。但是，如果我们将其当作一个整体来理解，就能体会到它与其他大多数策略的差别。

1. 消费医药

国内外股市的历史和现实以及我们的投资实践都证明了一些行业天然有利于产生大牛股。比如，消费和医药行业就是牛股辈出。尤其在中美贸易摩擦长期化的大背景下，这些行业与宏观经济形势的相关性不强，与贸易摩擦也没有什么关系，它们受到的影响不会太大。这些行业的优秀企业也是最有可能穿越牛熊的。我们将重点投资这些行业。

另外，消费和医药行业其实包含着很多相关性不大的子行业，所以虽然我们聚焦于消费和医药，但我们的投资组合实际上很多元化。同时，我们只是重点投资消费和医药行业，并非完全不投资其他行业。如果其他行业有很好的投资机会，我们也会投资。

2. 好股平价

俗话说"好股好价"，意思是要用低估的价格买入优秀企业的股票。但是我们在投资实践中发现，通常情况下，优秀企业的估值都会高于普通企业，如果坚持要用低价买入，很可能买不到合适的股票，只能错失投资良机。

好股平价的意思是以公平的价格买入优秀企业的股票。这里的公平价格就是在普通企业估值的基础上加上溢价。好东西应该匹配好价格，这其实很合理。

好股平价还有另一层含义，就是评估一家企业，应该先看其质地，再考虑价格。如果这家企业并不是一家优秀企业，我们基本上不会考虑投资。

优秀企业会主动进化，通常会变得越来越好，它们的股东可以高枕无忧。而普通企业短期来看股价较低，但是不知道什么时候，它们就可能意外"爆雷"。

3. 组合投资

每个市场、每个行业、每个企业都可能出现黑天鹅，所以我们应适当地进行市场的分散、行业的分散、个股的分散。我们不会过分重仓持股某个子行业和企业；通常，我们持有一个相关性较强的子行业的总仓位不会超过 30%，单只股票的最大仓位是 20%。

4. 忽略大市

忽略大市有两层含义：一是忽略股市牛熊，二是不要择时。这是普通投资者最难做到的。

过去 3 年，国内外形势跌宕起伏，每个时期都可能发生令人忧虑的事情。如果过分担心外部环境和股市牛熊，可能根本无法做投资。

我多年的投资实践证明，股市短期的牛熊情况是无法预测的。因此，我们专注于研究企业，因为能深入理解的只有单个企业的情况。股市的牛熊对企业的短期股价有影响，但是长期来看，企业盈利才是推动股价变化的最重要的因素。

所谓择时，就是当你认为股市将会走牛时，你就买入股票；当你认为股市将会走熊时，你就卖出股票。不过，既然我们决定忽略股市牛熊，那么择时的依据就不存在。

我们专注于消费和医药行业的做法符合这条原则，因为消费和医药行业与宏观经济形势的相关性不强，受外部环境的影响很小。相应地，消费和医药行业的表现受股市牛熊的不利影响较小，熊市中，它们往往还会成为"避风港"。

5. 长期持有

优秀企业的成长需要时间，从"小树"成长为"参天大树"往往需要 5 ~ 10 年。

长期持有的意思是，找到优秀企业后，如果想获得理想的回报，就需要持有较长时间，而这往往意味着数年之久。

长期持有的另一层意思是，不要因为优秀企业的短期估值比较高而轻易卖出其股票。只要企业成长的天花板还很高，企业还在以较快的速度成长，就不要轻易卖出。

雪球：对于投资标的，您是如何进行评价和估值的？您有哪些选股标准？

陈子仪：首先，我们选择的企业要处于一个较好的行业中，行业增速比较理想，竞争格局比较合理。其次，它必须是细分行业中最好的企业，有明确、清晰且可持续的竞争优势，包括管理层、品牌、网络效应、技术壁垒等。估值比较复杂，需要根据企业增长速度、增长的确定性、增长的持续性以及行业属性等进行判断。

雪球：在您的投资体系中，买入和卖出的节点是如何选择的？

陈子仪：只要我们有现金，能找到符合我们标准的股票，我们就会建立一定的仓位。我们卖出股票的原因和大多数价值投资者类似：公司业务前景改变，估值偏高，有其他更好的选择等。

雪球：您的基金成立以来获得了大幅跑赢大盘的超额收益率。如果要对超额收益进行业绩归因，您主要将其归于哪些方面？

陈子仪：主要是选股体系。

雪球：百创资本聚焦消费和医药行业。近年来消费行业涨势喜人，您认为现在消费行业的估值如何？是高估还是低估？

陈子仪：消费行业的整体估值已经不低，但还是能找出不少估值合理的企业。

雪球：医药行业一直是牛股辈出的行业，您在投资医药行业的时候，比较重视企业的哪些指标？您认为怎样的医药企业值得投资？

陈子仪：这个企业必须是细分行业的龙头企业，而且所在行业本身增速较高，企业受政策影响较小，并且拥有强大的壁垒。这其实与其他行业的选股标准类似。

做多中国

雪球：您看好哪些行业的投资机会，哪些领域的投资品种？

陈子仪：我看好消费、医药、TMT、高端制造等行业的投资机会。

雪球：您拥有非常丰富的港股投资经验，您认为目前港股市场的估值如何？有哪些投资机会？

陈子仪：目前港股整体估值较低，尤其是周期性行业。很多投资品种受到目前局势的影响，比如港交所、地产、金融等。如果将来局势改善，这些品种的估值应该会上升。

至于我们最关注的消费和医药行业，一些小企业的估值比较低，但是它们有流动性风险，整体上与 A 股没有太大差异。

科技股掘金指南

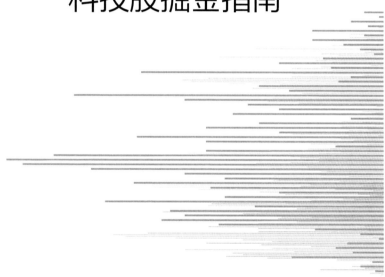

掘金中概股：又到了出海捞鱼的时间

方三文 ｜ 雪球网创始人

雪球ID"不明真相的群众"。1997年毕业于北京大学，先后在南方报业集团和网易公司工作，2010年创办投资网站雪球，2017年创立了雷石价值基金。入选《财富》中文版2012年"中国40位40岁以下的商界精英"。

在美国上市的中国企业的股票通常被称为中国概念股（简称中概股），是中国资产的"海外军团"。中概股现在处于什么状况呢？雪球创始人方三文认为，中概股是一类比较独特的资产，它正处于较有投资价值的状况。

说起投资中国，你会想到什么？A 股？港股？沪深 300 指数？

这些都没有错，但是你可能忘了一些东西。

在中国这个庞大的经济体中，企业的上市结构比较奇特，相当比例的企业并不是在境内资本市场上市，而是在境外上市的。

在美国上市的中国企业的股票，通常被称为"中国概念股"（简称"中概股"），是中国资产的"海外军团"。

那么中概股现在处于什么状况呢？我认为，简单地说，它正处于较有投资价值的状况。

2019 年 6 月，我在致雷石价值美元基金和雷石价值人民币子基金投资者的信中说，中概股是一类比较独特的资产，它具有以下 4 个特点。

第一，最便捷地分享全球技术进步和商业模式创新。通常来说，这些企业都能依靠商业模式的创新，处于行业领先甚至垄断地位。

第二，最便捷地对接全球金融市场。这些企业能通过与全球资本市场对接，实现低杠杆的经营环境，账上往往有大笔现金储备。因为必须对接全球资本市场的规则，这些企业能建立起相对公开透明的治理结构。

第三，最大限度地受惠于中国的市场规模。

第四，最大限度地受惠于中国的"工程师红利"。这些企业的管理团队通常比较年轻，且具有全球化的视野。

如果说这类资产有什么问题的话，其主要问题就是价格不低。

过去，很多投资者问我估值如何，大部分时候我都会回答：合理。

确实如此，连芒格都说，在 95% 的时间里，我们不知道市场究竟是低估还是高估，只有在 5% 的时间里，我们能做出判断。

目前，在中概股市场上，我们可以识别出一些被低估的资产。比如，多家营收还在持续增长的企业，即便不考虑现金、资产等因素，市盈率也跌到了 10 倍。当然，这里的 10 倍是由企业经营的波动和宏观市场环境的波动共同造成的。

对于企业的长期业绩，我大体能够判断；对于企业的短期业绩，我的判断不够精确；对于企业的短期股价，我无法判断；对于宏观经济环境，我也无法判断。如果由于这些原因，企业股价的短期波动与我们对其长期业绩的判断发生偏差，那么良好的买入机会也许会从中浮现。

现在，也许到了出海捞鱼的时间了。

2020年将是"大象跳舞"和"科技引领"之年

翟敬勇 | 榕树投资管理公司董事长兼首席执行官

1996年进入股市，拥有20多年大中华地区资本市场的投资经验。
自2003年以来坚持长期企业实地调研，深入走访调研了500多家上
市公司，著有《寻找伟大的企业》。

"3 000 点是牛市起点""2019 年是牛市元年",榕树投资董事长翟敬勇先生关于股市的观点历来旗帜鲜明。

翟敬勇认为,2018 年是系统性风险爆发年,2019 年是牛市元年,2020 年将是"大象跳舞"和"科技引领"之年。 2020 年他最看好的板块就包括半导体互联网。

翟敬勇表示:"国家新旧动能转换,随着各行各业集中度的提升,利润向龙头集中,半导体、5G 等新兴行业目前正在经历从 0 到 1 的过程,未来则会拥有从 1 到 N 的机会。"

3 000 点是牛市起点

雪球：这两年"核心资产"这个词比较火，您认为具备哪些标准才能被称作核心资产？

翟敬勇：符合产业发展规律，属于未来的主流行业，产品或渠道具有较高的护城河，在所在行业属于龙头资产，在全国乃至全球都具有核心竞争力。

雪球：您最近曾提到，目前的核心资产估值并不高，可否简单说明理由？

翟敬勇：中国的核心资产正处在行业发展稳定期，龙头企业蚕食同行的市场份额和利润，保持快速增长，也就是"大象跳舞"。这些企业都具有稀缺性，并且预期未来业绩稳定，市场会给出更高的溢价；同时经济不景气的时候，核心资产具有防御属性。

雪球：在 2019 年年初的一次演讲中，您曾经提到，现在我们需要将 3 000 点作为牛市的起点，您能否简单说明理由？

翟敬勇：3 000 点只是一个符号，更重要的是中国经济新旧动能转换的拐点。2019 年，以华为为代表的半导体产业链在互联网 3.0 时代的趋势推动下，全面取代了房地产行业，可谓牛市的起点。

雪球：你看好 2019 年四季度的 A 股行情吗？请简单说明理由。

翟敬勇：2019 年是优秀企业未来 5 ~ 10 年长期走牛的开端：（1）利率下行，权益上行；（2）房住不炒，大量资金流入股市；（3）宏观经济见底，企稳回升。

2019 年是牛市元年

雪球： 您怎么看待投资中国？

翟敬勇： 中国有稳定的经济环境，而且"工程师红利"真正的优势刚刚开始凸显。从体量与增速的角度看，中国经济正在稳健快速增长，相关行业及上市企业处于高速发展的赛道，外资持续净流入也证实了这一点。可见，投资中国是正确的。

雪球： 您曾提到过，2018 年是逃命行情，2019 年是股市大年，那么 2020 年会是什么行情？

翟敬勇： 2018 年是系统性风险爆发年，2019 年是牛市元年，而 2020 年将是"大象跳舞"和"科技引领"之年。国家新旧动能转换，随着各行各业集中度的提升，利润向龙头集中，半导体、5G 等新兴行业目前正在经历从 0 到 1 的过程，未来则会拥有从 1 到 N 的机会。

雪球： 您认为 2020 年投资者最应该关注的行业或板块是什么？

翟敬勇： 品牌消费品、非银金融、医疗健康、半导体互联网。

寻找伟大企业， 坚持好股好价

雪球： 作为私募管理机构的董事长，您认为为客户创造超额收益主要靠什么？

翟敬勇： 榕树投资的理念是寻找伟大企业，坚持好股好价。我也已经在价值投资这条路上坚守了 20 多年。我作为价值投资的践行者，榕树投资作为值得托付的私募管理机构，将帮助客户寻找价值远超价格的伟大企业，认真分析、研究、跟踪，深度挖掘价值，从而获得令人满意的收益。

雪球： 对于私募产品管理来说，控制回撤是一个比较重要的技能。您有哪些经验可以和大家分享？

翟敬勇： 首先，从基本面上对企业进行深度了解，对企业的内在价值和外在价值要有足够的把握，也就是我们常说的"安全边际"，安全边际足够高，回撤自然可以实现有效的控制。其次，要有完善的风控系统和风控制度，在事前、事中、事后严格遵守风控原则，从而达到产品回撤控制的目的。

雪球： 可否简单介绍一下您的交易体系，比如买入、持有、卖出的原则？

翟敬勇： 我的买入原则包括 3 个要点：（1）企业在所在行业排行前三，具有定价权，毛利率、净利率出现同时向上的共振点；（2）约 15 倍市盈率；（3）现金分红高于银行定期存款。

我的卖出原则也包括 3 个要点：（1）有系统性风险；（2）估值过高；（3）企业发生质变。伟大企业的股票值得长期持有，最好不要卖出。

当前时点：科技>消费>周期

杨玲｜星石投资首席执行官

读研究生的时候便在富国基金实习，毕业后先后供职于兴业基金、工银瑞信基金和诺安基金，从"老十家"到银行、券商系，职业生涯贯穿了基金行业的不同领域。

2007年，与江晖共同创办阳光私募，致力于做出追求绝对回报的产品。任职星石投资首席执行官的12年间，星石投资的管理规模从最初的1.5亿元迅速成长为百亿元的头部私募。

杨玲说："我们认为，经济结构和产业转型升级的趋势不会改变，未来中国的经济发展模式中，高科技产业、高端服务业等高附加值产业所占比重会越来越大。"

投资应该提高科学性， 降低艺术性

雪球：2007 年上证综指达到 5 000 点，星石投资发行了第一只产品，是国内最早成立的阳光私募基金管理公司之一。您作为创建人之一，由公募转向私募，经历了星石的整个成长过程。您能否结合自己的个人经历，谈谈"绝对回报"的投资理念是如何在星石投资起步的？

杨玲：2007 年，公募基金蓬勃发展，市场上大多数基金产品都只追求相对收益，绝对回报理念还未形成；但我们发现，对客户而言，比起相对于指数的收益，能获得多少绝对回报才是他们更关心的问题。我从业越久，绝对回报理念对我的影响就越强烈。

过去，我们追求短期的绝对回报，对回撤的容忍度很低，如果市场中的系统性机会有限，我们就会使现金比例更高一些，这种做法的结果是回撤很低，但收益也不高，与一些类固定收益类产品没有很大区别。

然而，客户投资权益类产品并不是为了获得和类固定收益类产品差不多的收益，一般来说，他们可以容忍短期的波动，进而获取中长期更高的绝对回报收益。

2019 年，随着市场产品策略的丰富，以及对投资方法不断优化，我们也赋予了"绝对回报"更符合权益类产品投资属性的意义。我们从追求短期绝对回报转向追求中长期绝对回报，即在一定周期内适当地增加回撤，从而努力获取中长期维度下更高的绝对回报。这套方法在牛市中能体现出更大的优势。

雪球：星石投资的投资体系和 2007 年相比，最大的变化是什么？未来会如何优化改良？

杨玲：俗话说，投资一半是科学，一半是艺术。为了实现长期稳定的收益，我们认为需要尽可能地降低投资的艺术性，建立一套科学、系统的方法，以及执行这套方法的投研体系，将投资中的科学成分提高到九成以上，使投资活动如同精密运行的大型机器，通过机械化生产保证产品可复制，质量可靠。

也正是基于这一认识，多年来，我们构建了"多层面驱动因素投资方法"，力图通过寻找中期及中长期驱动因素，将自上而下和自下而上这两种方法纳入统一的投资体系中。各投研环节严格按此方法工作，包括调研、撰写报告、构建组合等，从而逐步提高投资的科学性，降低个体判断的艺术性，减少人性波动。

同时，在团队培养方面，我们希望建立与投资方法适配的机制，形成投资合力。这一目标实现的关键是打造良好的内部竞争环境，建立能上能下的考核机制以及股权激励和合伙人机制。这些与生产力直接挂钩。

在当前的类别排序上，科技类别具有显著优势

雪球：您之前说过，"星石投资从 3 个维度出发选择企业：类别（科技、消费、周期）、行业、企业，以此实现超额收益"。投资类别的选取主要考虑哪些因素？

杨玲：我们把所有行业分为科技、消费、周期 3 个类别，这 3 类行业具有不同的周期属性和板块特征。

（1）对于科技股，主要研究其产业周期和技术创新周期，科技行业产品更新替代相对较快。相比其他两个类别，科技股爆发能力强，但是由于技术和产品更新快，行业稳定性较弱。

（2）对于消费股，一般主要研究产品周期。消费行业竞争格局相对比较清晰，比如，白色家电行业排名前五的企业的总营收占整个行业 A 股上市企业总营收的 80% 以上，龙头企业能持续胜出。

（3）对于周期股，主要关注供需周期。在中周期视角下，行业景气度呈现明显的周期性变化，并且与整个宏观经济运行的周期息息相关。

在投资的过程中，配置哪种类别、哪个行业、哪只个股，都需要根据驱动因素来判断，选出好股票后，再通过行业优化和类别优化，将投资组合适当地集中在一个较好的方向上。

根据研究结果，在当前的类别排序上，科技类别具有显著优势。从宏观角度看，中国经济正在向科技创新转型，宏观政策基调也正在从刺激需求向体制改革和减税降费等方面转变；从行业和产业的角度看，各行各业都在向高附加值转移。

当然，消费类行业的表现也不错，尤其是服务类消费，其成长性也很好。因此，我们在布局科技股的同时，也会布局服务类消费行业的股票。只不过从类别排序的角度看，科技最好，消费次之，最后是周期。

雪球： 在穿越多个牛熊后，您积累了哪些仓位策略？能否结合具体案例谈一谈其中的内在逻辑？

杨玲： 2014 年以前，我们的投资更倾向借助宏观判断，也就是先对市场行情做一个总体的判断，如果系统性机会不多，我们就使现金比例更高一些；如果存在较大的系统性机会，我们就会提升仓位。由于那个时期市场缺乏系统性机会，外界认为我们比较保守。

2014 年，在我们的方法相对成熟，人员配备更加齐全的情况下，我们启用了目前的这套方法——"多层面驱动因素投资方法"。方法改革以后，虽然近几年市场的系统性机会不多，但结构性机会和阶段性机会不断涌现，我们在价值选股的基础上，通过行业优化和类别优化，在科技、消费、周期类行业之间实现了合理切换。

因此，2014 年之后，星石投资在大部分时间里都保持着较高仓位，投资的行业类型从周期类到科技类，到消费类，再到科技类，表现出了较好的投资能力。

雪球：行业龙头股当属中国的核心资产，当前已有不少股票被高估，从成长性的角度看，它们中的一些或许并不如中小创企业的投资收益大。在白马龙头和中小创企业中，您会如何抉择？理由是什么？

杨玲：我们在投资过程中并不会给企业贴标签，无论什么类型的股票，我们都采用同样的方法进行选择、构建组合，这也是我们"价值选股＋行业优化＋类别优化"的多层面驱动因素投资方法的要求。

首先是价值选股。价值选股的关键是关注企业层面是否有明显强劲的驱动因素，这些驱动因素可能是技术或品牌带来的经营壁垒，可能是商业模式的优势，也可能是管理效率的提升和规模的快速扩张等，它们都能提高企业竞争力，改善企业基本面。找到企业的核心驱动因素，价值选股就能实现了。

其次是在价值选股的基础上进行行业优化。行业优化需要我们研究行业层面的驱动因素，也就是能够驱动行业基本面呈明确向上趋势的因素，比如产业升级、制度变革、竞争格局改善、集中度提高、供需关系改善等；然后对行业进行排序，使得所选股票适当集中在好的行业。

最后是类别优化。进行类别优化需要我们先研究宏观层面的驱动因素，包括宏观政策、宏观经济趋势等。我们会根据行业层面与宏观层面的驱动因素对投资类别（科技、消费、周期）进行排序，使得所选股票适当集中在好的类别。

实际上，通过这套方法选出的股票，包括中小板、创业板的标的，往往也是某些细分行业的龙头。

行业优化与类别优化可以提高组合胜率

雪球：如何理解星石投资的"绝对回报"投资理念？它与价值投资、成长股投资的理念有何不同？在实践中，您认为其最关键的因素是什么？

杨玲： 我们采用的多层面驱动因素投资方法是基于基本面研究的，但并不是简单的买入并持有，而是在价值选股的基础上，根据市场环境的变化和市场风格的演化，将组合适当集中在一个较好的方向上，也就是进行行业优化与类别优化，使得所选股票适当集中在好的行业与类别，从而提高组合在多种市场环境中的胜率。

具体来讲，就是通过深度的基本面研究，寻找企业、行业和宏观条件等多个层面的驱动因素，来进行"价值选股 + 行业优化 + 类别优化"。比如，2016 年，我们提出从成长投资转向价值投资，在底层价值选股的基础上，将股票所在的行业和类别适当集中在消费行业；现在，我们则看好科技类成长股，所以将股票所在的行业和类别适当集中在了科技行业。

雪球： 星石投资在买入持有后，会在什么情况下考虑卖出？比如行业出问题，宏观条件发生变化，公司基本面出现看不懂的变化？

杨玲： 无论是买入还是卖出，都要基于我们的多层面驱动因素投资方法来判断。我们买入驱动因素强劲的股票后，会持续跟踪和调研，密切关注驱动因素的变化和演进。当发现驱动因素发生弱化或其他变化时，就会做出反应。

驱动因素的变化可能是行业趋势恶化，行业竞争格局调整，企业管理发生问题，业务增长速度放慢，以及宏观经济趋势与政策发生变动等。当通过研究，判断这些驱动因素的变化可能会影响股价时，我们就会考虑卖出。

比如，我们曾经投资了一家电商企业，刚开始投资时企业的业务增长非常快，行业趋势也很好，股价也表现得很强劲。但是后来在跟踪的过程中，我们发现企业的一些指标开始下降，比如用户点击数、阅读人数、点击后的阅读量、网页浏览量等。我们推测，这家企业的某个驱动因素可能发生了变化。通过深入调研，我们发现它的行业驱动因素确实发生了变化，行业趋势开始走弱。所以，我们坚决地卖出了其股票。

资本市场是科技创新的重要摇篮

许之彦丨华安基金指数与量化投资事业部总经理

理学博士，2005年加入华安基金管理有限公司，历任研究发展部数量策略分析师、风险管理与金融工程部总经理，2013年6月起担任指数投资部高级总监。现任华安基金指数与量化投资事业总部总经理、基金经理。

当前，全球正兴起新一轮科技创新潮，中国经济正处在转型升级关键期，从公共部门到企业都希望能把握住这一机遇，资本市场也不例外。

资本市场正是科技创新的一个重要的摇篮。

和发达国家的资本市场相比，和中国的经济体量相比，和中国资本市场应该承担的职责相比，中国资本市场还有很大的进步空间。

中国的巨大经济体需要资本市场来支撑，需要创新发展，需要科技成长，所以科创板应运而生。

雪球：您是中国资本市场的"老兵"了，能否结合您这些年的亲身经历，谈谈您对中国资本市场重要时间节点上的成长、进步和改革的看法？

许之彦：过去二三十年 A 股的变化实际上体现了同时期中国的变化。

2002 年，我到广发证券就职，当时的资本市场还非常小。2005 年，中国资本市场进行了股权分置改革，当时很多股票在 2005 年之前是不具有流通性的，这次改革与中国股票市场希望改善国有股相关的一些企业的治理结构有关系。2005 年的股权分置改革提升了股票的流通性，在当时是一个非常重要的举措，迅速激发了 A 股市场一定的活力。

至此，经济增长过程中的一部分企业开始通过上市的形式参与资本市场，进而成就了一些伟大的企业。中国的发展在上市企业身上有充分的体现，实际上，中国的消费、医药、家电、房地产等企业都在 A 股市场取得过很大的成功。这是 A 股的一个成就。

中国资本市场的第二次重大改革是创业板。创业板是 2009 年推出的，至今已有七八百家企业。其核心目标也是扶持和发展创新型企业，其中当然包括中小板。

过去 10 年，这些资本市场促使了 1 500 家左右的中小板或创业板企业上市，这是中国资本市场一个非常重要的现象。尽管 2012—2015 年，这些企业上涨较快，个别企业由于采取外延式扩张策略，进行了大量的收购、并购，在某种程度上造成了 2015 年和 2016 年的 A 股泡沫，但这是两个方面的问题。这些企业以民营为主，以科技、创新、研发为动力，在创业板和中小板上市，整体来看对中国的新兴经济有所推动。可见，这样的资本市场非常重要。

中国资本市场的第三次重大改革就是当下的科创板改革。中国资本市场虽然取得了很多成就，但是也有很多地方需要改进，比如注册制和上市公司监管。实际上，和发达国家的资本市场相比，和中国的经济体量相比，和中国资本市场应该承担的职责相比，中国资本市场还有很大的进步空间。

这时就需要改革，需要更大的力量去推动企业上市，拓宽企业直接融资渠道，这在经济转型和高质量发展中起着非常重要的作用。所以这次的科创板改革是非常有意义的。

A 股市场成就了一批伟大的企业，包括保险、家电企业，以及诸多消费企业，如白酒。在不断发展变化的过程中，A 股市场增加了 1 000 多家以科技创新为主导的民营企业，这能对资本市场的转型起到很大作用。但是这些还远远不能满足我们的需求。

中国的巨大经济体需要资本市场来支撑，需要创新发展，需要科技成长，所以科创板应运而生。科创板在改革过程中起到了排头兵的作用，它可能会改变中国资本市场的结构和规则，以及资本市场的上市监管和信息披露等。

雪球：您能否从投资中国的角度谈一谈如何看待资本市场进行的这一系列改革？

许之彦：如果说过去 30 年，中国资本市场和中国经济之间存在一定偏差，那么在未来的 10 ~ 20 年，中国资本市场将伴随着中国新的经济转型，取得更大的成功。

一方面，中国资本市场将在这个过程中起到更多的作用。海外的成熟经济体发展到一定程度后，都需要科技创新和高质量的发展。当前，中国也处于这样的阶段，资本市场一定会发挥更大的作用。

另一方面，中国经济的增长潜力和韧性推动了一个巨大的消费群体的形成。再加上中国在全球化过程中扮演的角色，我认为，中国在中长期

（10～20年）内保持5%～6%较高增速的可能性还是非常高的。

中国资本市场本身也在进行改革。因此，从长周期的角度看，我认为中国A股已经迎来了一个更好的发展基础。

从投资中国的角度看，我认为，未来中国A股市场将很有可能开启一个长周期的行情，正如美国市场自20世纪90年代开始的整体大幅上涨，实际上就是一个长周期的行情。行情的背后将是中国的宏观经济转型，对资本市场的诉求，以及资本市场自身的变化。

由于中国能够保持经济实力在中长期内中速增长，投资中国A股市场在全球范围内都有很强的吸引力。可见，投资中国最强大的核心动力来自资本市场自身的改革和中国经济中长期的增长。

海外经验对我们来说只是一个有益的参考，核心发展还是取决于中国自身的改革和增长。

雪球： 中国的公募基金行业在过去一段时间里发展十分迅猛，从事公募基金行业超过15年，您如何看待公募基金行业的发展历程？当前中国公募基金行业的发展状况和您2004年加入华安基金时相比，最大的变化是什么？

许之彦： 我认为，过去21年里公募基金的发展是一个从无到有的过程。2004年我来到华安基金，当时基金产品很少，每家基金管理公司每年只能发行一两个产品，而且这些产品以复制海外成熟产品的模式为主。当然，我们也做了一些本土化的创新。

当时的公募基金处于初步发展阶段，初步发展阶段的特点是，人们对公募基金缺乏了解，市场空间也非常小。然而现在，我们的公募基金产品已经非常丰富多元，拥有各种各样的产品架构，在规模上也取得了较大成就。我们经历了从产品稀缺到产品丰富多元，从普通投资者不太了解公募基金，到公募基金已逐步成为投资者参与市场的主要工具之一的过程。从基金管理的角度看，以前公募基金的管理方式比较单一，现在则逐步进入了专业化管理阶段。

当然，在公募基金的发展过程中，我们也观察到了很多现象。

第一，产品结构存在较大改进空间。在当前的权益市场中，基金的占比非常低，远达不到海外水平。我国的股票型基金、偏股型混合基金，以及以投资权益类资产为主的基金的占比还非常低，大概只有超过2万亿元的规模。要改善这一情况，需要提高公募基金管理能力，并增加投资者的参与。

第二，公募基金的同质化竞争非常严重。尽管这是该行业发展的必然趋势，但是在行业发展的过程中，各公募基金管理公司还是应该形成自身的核心竞争力，包括服务客户的能力、投资管理能力、风险控制能力和投资特色。

第三，公募基金的发展伴随着中国经济结构的变化。比如，在消费、科技行业的大市值核心资产方面，公募基金有着非常强的优势。

从这3个方面来看，公募基金还有较大的提升空间。

综上所述，公募基金正在被越来越多的投资者所了解，而且也被时间证明是一个很好的投资工具。当然，公募基金也存在较大的提升空间。

雪球：过去几十年，投资中国资产能在全球范围内收获较高的alpha，请问您认为投资中国的alpha主要源自哪些地方？未来投资中国的alpha将主要由哪些因子推动？

许之彦：从过去20年的经验和数据来看，公募基金确实获得了比较高的alpha。当然，中国的股票波动比较大，投资者从中获得的alpha不是很高。

从公募基金的年化收益来看，过去20年，主动投资约为15%，这个水平在全球公募基金的范围内都是很高的；被动投资约为10%。

但是投资者确实没有获得这么好的收益，这个结果是由多个原因造成的。其中一个原因是，投资者往往追涨杀跌，还存在羊群效应，这些因素使得投资者无法获得更高的alpha。

过去这些年里，中国的alpha还是非常明显的，这主要有以下几个方面的原因。

第一，中国市场属于新兴市场，过去新兴市场的市场有效性不是很高，现在已经得到明显的提升。

第二，中国经济发展的结构性问题和发展机会都非常多，各行业间的差异很大，不同投资风格间的差异也很大。很多企业的个股增长得非常快，这些 alpha 来自一些企业在新产业的布局。有的企业确实发展迅猛，甚至超前，这也是过去几年中国资产的 alpha 的主要来源。

未来获取中国 alpha 的难度会增加。中国市场有效性的提升，机构投资者的参与，外资的进入，监管力度的加强，将增加投资者获得超额收益的难度。大量 alpha 其实来自中国经济的增长和资本市场的改革，这些 alpha 在全球范围内都有较大的竞争力。在这里，alpha 不再依靠选择个股，而在于大类资产配置。

雪球：当前全球正兴起新一轮科技创新潮，从公共部门到企业都希望能把握住这一机遇，资本市场也不例外，科技创新实际上也非常需要资本市场的支持。您如何看待资本市场和科技创新？资本市场如何助力科技创新，如何帮助科创企业发展？

许之彦：资本市场是科技创新的一个重要的摇篮。

举一个简单的例子，海外很多成功的大企业家都是白手起家，在创业的初期是不会有银行贷款给他们的。这个时候，为了将自己的科研成果转化为生产力，并成为推动科技创新的主力，他们非常需要资本市场的帮助。

一方面，资本市场的核心是满足企业的资本诉求，资本诉求的成长性很大程度上来自科技创新，而企业服务中最直接的服务之一就是科技创新。资本市场与科技创新简直是"天生一对"。银行会向大企业、国有企业等发放贷款，但对创新型企业无动于衷。所以从中长期来看，要大力发展科技创新，提高中国的增长质量和经济实力，一定要发展资本市场。推出科创板的立足点就在于让资本市场更好地服务科技创新企业。

另一方面,二级市场是一个价格发现,提供市场流动性和更好地完成市场融资的场所。所以公募基金加大二级市场对科技企业的投资,可以提升 A 股的估值和流动性。

对于一级市场,我认为应尽快将科创板的成功经验复制到创业板,全面实现首次公开募股(Initial Public Offering,简写为 IPO)的注册制,使更多企业能够在市场中崭露头角。

雪球: 您之前曾表示,非常看好国内指数基金和 ETF 的发展前景,要做指数投资和指数化投资的先行者,这些年来,国内指数基金和 ETF 也确实呈现出快速发展的态势,您能否谈谈对这二者的最新看法?为什么中国的指数基金近年才开始受到越来越多的投资者青睐?

许之彦: 到目前为止,中国指数基金的规模接近 7 000 亿元,而 2007 年,这个数字仅有七八百亿元。也就是说,这些年来,中国指数基金增长了近 10 倍。由此可见,这是一个朝阳行业,能在过去的 10 年里增长 10 倍的行业很少,增长 10 倍意味着巨大的潜力。

我曾发表过一个观点:未来 10 年,中国的 ETF 可能会再次实现接近 10 倍的增长。这个观点听起来有些夸张,但实际上一点儿都不夸张。

国内公募基金市场资金应占的市场份额应该远高于投资价值。现在的股票市值是 50 万亿元,10 年以后将可能接近 80 万亿元。以美国为例,公募基金占据美国 20% ~ 30% 的市场,而 20% 的市场对 10 年后的中国市场而言就是 16 万亿元的规模。到目前为止,美国市场已经有一半的规模由指数基金管理。所以,假设 10 年以后 A 股 80 万亿元市值中的 20% 交给公募基金管理(根据公募基金当前的投资能力和市场影响,这个数字是能够达到的),20% 就是 16 万亿元,15% 就是 12 万亿元,后者的 50%,也就是接近 6 万亿元的规模将由被动基金管理,而 ETF 是其主力。所以,未来 10 年实现接近 10 倍增长的观点并不夸张,而且确实有可能发生。

为什么它可能发生?原因是,第一,中国经济在中长期内以中速以上的速度增长;第二,中国资本市场的改革。

微观层面上最大的变化是中国市场有效性的提升。市场有效性的提升使绝大多数人在中长期很难战胜指数基金。机构投资者的专业程度和个人投资者对指数基金的偏好的提高，也会使指数基金的份额快速提升。

为什么指数基金近年才被投资者青睐？实际上，股灾和熔断之后，包括资本市场的监管和近期的科创板改革在内的一些因素，使我国市场的有效性在微观层面得到了大幅提升，这是一个重要的拐点。而之前，人们对指数基金存在很多的质疑。

我认为，现在对指数基金的顾虑已经完全没有必要了。特别是从数据上看，在过去的 1 年、3 年、5 年，平均只有 20% 的投资者战胜了沪深 300 全收益指数，这 20% 投资者投资的是股票型基金和偏股型基金。

所以，指数基金之所以受欢迎，我认为最大的原因是中国资本市场的改革和中国市场结构的变化。

雪球：雪球上的主被动基金之争非常激烈，有人认为主动型基金更可靠，有人认为被动型指数基金才是资产配置的最优选择。您能否从专业指数基金的产品和机制设计的角度谈谈，以指数基金为代表的被动基金相对于主动基金有何优势？您如何看待主被动基金之争？

许之彦：我认为，优秀的主动投资和典型的专业化指数投资，对投资者而言都是较好的选择。二者竞争的焦点实际上是投资者对主动投资和被动投资的看法——哪种投资能更好地服务客户。

指数基金最大的优势是其成本。在市场有效性提升的过程中，指数基金的低成本优势会慢慢放大。指数基金每年能为投资者节约 2～3 个百分点的综合成本。

个人投资每年要多战胜市场 2～3 个点，才能达到指数基金的业绩水平，对主动投资而言，这并不是那么容易实现。

主动基金的持续性和有效性不够稳定，人员变化和各种考核机制等因素的存在，决定了主动基金的业绩往往呈现为一个一个不同的阶段。

指数化投资的核心特点是业绩持续，低成本，可复制，可预期。主动投资要和被动投资竞争，一定要拥有自己的风格特点，比如中长期的超额收益，稳定的人员，健全的投研平台等。

我一般会将二者的竞争放到一边。只有相互学习、相互促进，主动基金和被动基金才能更好地服务客户。

雪球： 中国经济发展步入新时代，各行各业也迎来了新的发展阶段。您负责管理华安沪深 300、创业板 50、中证银行、上证龙头、上证 180、中证高分红等多只指数基金，其中既有宽基指数基金，也有行业指数基金，您认为投资者应该如何识别好基金？又应该如何做好基金投资配置？

许之彦： 中长期投资可以投资两类指数基金。一类是表征指数基金，表征指数可以表征整个市场，且具有投资性，比如沪深 300 指数、上证 180 指数、创业板 50 指数。沪深 300 指数可以表征沪深两市，上证 180 指数可以表征上海市场，创业板 50 指数则可以表征创业板上最核心的资产。从表征指数来看，我认为中长期投资没有问题。

另一类是行业指数基金。在不同的市场阶段，行业的表现是有差异的。比如，在宏观经济相对弱势的时候，银行、消费类行业还能取得比较好的成绩；在市场比较活跃的阶段，科技行业会表现出不同的特征。

因此，识别好基金需要关注两个层面：第一个层面是，投资者要选择表征指数来投资；第二个层面是，要考虑如何选择更具有风格特征的行业指数或风格指数。

我们每个月都会发布非常明确的资产配置观点，从客户的角度出发，对当前管理的资产提出配置建议。我们的实践也取得了不错的效果。因为绝大多数投资者不具备这样的配置能力，也不应该听从一些所谓"股评家"的建议进行盲目投资，所以我们既提供标准化的产品，又推出了资产配置服务，试图从这个角度更好地解决问题。

雪球： 现在，一些海外指数基金，如明晟指数、富时指数等，都在提高 A 股的权重。您能否谈谈海外指数提高 A 股权重对中国资产、中国资本市场的影响？

许之彦：从纳入明晟指数、富时指数至今，外资持有 A 股约 1.6 万亿～
1.7 万亿元资产，占 A 股总资产不到 3%，整体持仓量不高。而美国股市
外资占比达 16%，日本约 30%，英国约 20%。我认为，中国股市的外资
占比还有很大的提升空间。

另外，海外指数基金的管理理念对上市企业成长性和管理能力要求，
以及完善国内上市企业经营等方面，是一种非常有力的推动力。

外资配置中国资本市场，表明中国资本市场的吸引力在增加，也对中
国资本市场的健康发展有积极的促进作用。此外，中国资本市场的外资占
比还存在较大的提升空间，这会推动中国市场有效性、透明度等各个方面
的进一步改善。

雪球：最近股市非常流行"核心资产"这一概念，您认为中国的核心资
产是什么？投资哪类中国核心资产有可能获得长期超额收益？

许之彦：我认为中国的核心资产大概可以分为两类。

一类是可以表征中国资产市场特征的表征指数基金，如沪深 300 指
数、上证 180 指数、创业板 50 指数等。它们的估值、流动性以及各方面
特征在全球范围内都具有比较好的潜力。

另一类核心资产是由中国差异化的行业结构和特征，以及中国的特定
发展阶段决定的。当前阶段，中国正在尝试进行高质量的转型，未来消
费、医疗健康、科技等行业将拥有巨大的发展空间，可以说是中国的核心
资产。

投资者想获得核心资产的收益，有两种投资方式：一是抓住表征指
数，二是在行业的选择上具有一些倾向性。两种核心资产都非常重要，投
资成长性强，而且能满足中国未来的经济转型和消费升级。另外，我认
为，其中的科技类核心资产能够获得更好的收益。

雪球：您如何看待黄金近期的行情？您认为有哪些比较好的黄金投资
方式？

许之彦：目前，趋势行情还远不会结束，因为世界格局在发生一些重大

变化。

从全球央行的货币政策来看，降息的趋势依然非常明显。美联储会继续沿着它的降息之路降息。金融危机之后，主要经济增长模式的空间已经用尽，中美贸易冲突也使得经济前景更加令人担忧。全球央行都在增持黄金，利率还有进一步下降的空间，而欧洲又启动了新的量化宽松政策（Quantitative Easing，简写为 QE）。我认为，未来 2～3 年，全球经济可能还会处在相对低迷的状态，货币相对宽松，利率下降。

所以，我认为黄金投资还存在很好的机会。对基金投资者来说，黄金投资最核心的方式就是投资黄金 ETF。华安基金的黄金 ETF 具有垄断性优势，现有黄金 26 吨左右，接近 90 亿元规模，可以说是亚洲最大的黄金 ETF。2019 年 6 月至 9 月，份额也提高了 30% 以上。

市场对黄金的预期还是非常明确的。在黄金领域，华安基金既是创新者，也是领导人，市场占比超过 60%。黄金 ETF 是非常好的黄金投资方式。

雪球： 您对年轻的投资者有什么建议？

许之彦： 未来肯定是年轻人的世界。希望年轻的投资者知道，投资的核心目标是战胜通胀，获得较高的稳健收益。年轻人应该更多地关注新兴产业的发展，以及世界运行的格局性变化，做好这方面的配置。

雪球： 关于投资中国，您还有什么想对广大投资者说的？

许之彦： 在指数化发展的大背景下，大家要坚定指数投资理念。投资指数是一个大道至简的方法，能使投资者在中长期获得较好的收益。我认为，投资中国的核心就是投资指数，投资中国核心资产的指数。

财富故事篇　投资实现价值

工薪阶层财富增长之路：
30年老散户上海滩炒股记

Ricky｜独立投资人

雪球大V，独立投资人。

这是个 30 年老散户的上海滩炒股故事。 故事的主人公既不像大名鼎鼎的杨百万、林园、但斌那样能够引起轰动，也不像格雷厄姆、巴菲特、彼得·林奇那样能提出经典投资理念，既没有买到贵州茅台、格力电器、万科那样的十年百倍股，也没有忍辱负重成功逆袭的励志故事。 他的故事看起来很平淡，但很真实。 他炒股 30 年如一日，选股凭常识，买卖靠感觉，有些交易行为可能会被看作"韭菜"，但如果他真的是韭菜，也是镰刀割不动的老韭菜。 他有自己的投资纪律：规避老千股，不追涨，不杀跌，不轻易跟风，不随意"割肉"，不上杠杆，获利后适时了结……更重要的是，他有自己笃定的投资信仰。 作为工薪阶层，30 年炒股生涯让他很好地分享到了中国股市带来的资产性收益，让自己的财富实现了复利增长。

"老八股" 和老舅公

年轻的股民可能很少听人提起"老八股"这个说法。"老八股"指20世纪90年代初最早在上海证券交易所上市的8只股票，是非常具有象征意义的A股历史产物。当我还住在老家的小县城，尚不知道股市为何物的时候，我就从同样不知道股市为何物的爸妈口中听到过这个词，因为我爸爸的舅舅，也就是我的舅公，是炒过"老八股"的第一代上海滩老股民。我爸妈时常提起舅公有多么擅长炒股，有时说到激动处，就会讨论起"老八股"，仿佛他们也炒过"老八股"一样。

舅公是我们家族的骄傲。20世纪60年代，他从一个贫穷的山村考入上海的名牌大学，并在毕业后进入上海某权威媒体从事记者工作，这在我的家乡是非常罕见的。我奶奶还健在的时候，经常念叨我舅公，讲她这个弟弟是如何刻苦学习，考上名牌大学的，家里长辈也时常以舅公作为我们后辈的榜样，鞭策我们努力学习，考上好大学，走出小县城。

舅公在上海成家立业，隔许多年才会回一趟老家。在我记忆里，他回过两次老家，每次都给小时候的我留下了深刻的记忆。一次是20世纪90年代的某年春节，舅公给我们讲了他年轻时做过的一次轰动上海并引发了全国大讨论的报道。那是改革开放初期，上海某国企工程师利用星期日给乡镇企业提供技术指导，却遭到了打击。舅公顶住各种压力报道了此事，引发了全国范围内对此类事件的大讨论，解救了那名工程师以及其他同性质案件的当事人，并推进了相关改革。舅公因此一举成名。这个事件还被写成了书，舅公回老家给我们带了几本。这次经历是舅公一辈子的光荣。

还有一年春节，舅公回老家。那年，他的一个孙子刚刚出生，吃完年夜饭后，大家庭的成员聚在一起聊天，舅公说他买了 1 万股 ×× 股票给这个孙子，还说这是最好的礼物。虽然那时候的我完全听不懂他在说什么，但是他的话勾起了我对股票的好奇心。

舅公对我们一家人的影响都很大。一是对我爸的影响。我爸退伍后，先是在我们当地县城国企的工厂工作了多年，我就是在那家工厂里长大的。20 世纪 90 年代末，国企改革，我爸妈成了下岗工人，生活所迫，我爸就把我妈和我留在老家，独自去上海赚钱养家。到了上海，我爸先是打工，后来又做了一些小生意。我到北京上大学以后，他把我妈也接去了上海。无论我爸是打工还是做生意，舅公都提供了不少帮助，我爸到上海以后最感激的人应该就是他了。

二是对我的影响。舅公对我的影响更像是隔山打牛。舅公是一名新闻工作者，工资基本上是他主要的收入来源，但是他完全凭借自己的财力先后在上海买了两套房子，前些年还帮助回国的儿子在北京付首付买了套房。舅公把自己的财富归结于炒股，这对我妈的影响很大，尤其是我妈去了上海后，经常给舅公做他喜欢的家乡菜，饭后舅公关于股票的只言片语对我妈产生了根深蒂固的影响。所以我上大学的时候，我妈就鼓励我学习炒股，她考虑得很远，总是担心我性格过于耿直，当不了公务员，在职场里也混不开，万一我找不到工作或者失业了，学好了炒股技能还可以养活自己。知子莫若母，我妈确实眼光敏锐。

大学毕业后，我误打误撞地踏入了证券相关行业，工作慢慢走上轨道。我去上海看望爸妈，我爸也把舅公接过来聚餐，舅公得知我从事证券行业，非常高兴，时常鼓励我。我好几次看到他在用手机玩炒股软件，对盘面和行情的关注度比我还高。他对我说起他的退休生活：炒股仍然乐在其中，每天看看盘，打发两三个小时，然后去散散步、唱唱歌、跳跳舞，也会携舅婆一起参团，到海外旅游。

工作以后，我曾和舅公进行过几次关于股票的碎片化交流，但基本上没有深入探讨，或者说没有找到很好的切入点。我自接触投资以来就深受雪球的影响，总是端着价值投资派的架子，谈论股票不离行业发展、商业模式、竞争优势、企业管理层、企业估值等，而舅公似乎更关注大盘、政策、热点。舅公曾经问过我几只股票，比如，他年初问我看好哪只 5G 概念股，但是我也不理解，所以很难接话。

我一直想详细地了解舅公这 30 多年来的炒股历程，想知道他是如何在 A 股赚到钱的，有什么经验和教训，以及他的投资理念、投资策略和实践案例，于是决定带着多年来的好奇去看望他。

到杭州高端养老社区看望舅公

2017 年年底，舅公从上海搬到了位于杭州的一个高端养老社区。该社区是知名房地产企业开发的医养结合全国标杆项目，居民们花费约 100 万元在这里租住 15 年。当年舅公做这个决定时，遭到了晚辈的反对，一是因为舅公要从上海搬到杭州，晚辈照顾不便，二是他们对这种付费养老模式不放心。但是舅公对自己的决定充满了信心，他觉得这个养老社区的环境非常适合养老，而且这种养老方式更自由、更舒服，也不会给子女添乱。尽管晚辈没有投赞成票，舅公还是自行迅速地搬了过来。而租住公寓花费的这 100 万元也是 2017 年 11 月舅公当机立断卖出股票变现而来的。

这个养老社区确实非常好，茶馆、咖啡吧、电影厅、棋牌室、舞蹈厅、健康管理中心、餐厅等设施非常齐全，而且空气清新，环境幽美，社区里的老人们脸上都洋溢着幸福感。舅公见我来看望他，非常高兴，交谈中，他先是"嘚瑟"了一番自己租住在这里的英明决定，因为现在要想租住相同条件的户型，价格已经上涨了 50% 以上，而 A 股在 2018 年遭遇重挫，他及时卖出股票，完美地躲过了下跌。由此，舅公提到股市要见好就收，及时享受，比如，1998 年和 2007 年，虽然股市行情很好，但他依然从账户里提了款，用于买房，改善生活质量，现在到了老年，股市里的资金更应该被用于享受生活。现在，他的股票账号里还有些市值，即使发生波动也不会伤筋动骨。他每天都要看看行情，如有机会就炒一把，找找乐子。

舅公知道我的来意，很快就进入了状态，开始谈他为什么 30 年如一日地喜欢炒股：第一，他认为自己对新鲜事物总是充满好奇，记者职业的训练也让他对新鲜事很敏感，他喜欢挑战和尝试；第二，他认为自己有做生意、赚差价的天赋，他父亲曾在商品经济很不发达的时候，边种地边做牛贩子，他母亲则把自种的甘蔗扛到集市上卖，这使他从小就深受商业理念的影响；第三，他认为炒股是最适合普通人做的生意，买股票就相当于开公司，股东即老板，但是又不需要管理公司、寻找资源、经营关系、培训会计等，只要做好低买高卖赚差价的"小买卖"即可；第四，舅公炒股的一个更朴素的动力是，他不安于现状，想通过炒股赚钱，改善生活质量。

1987 年开始的上海滩老股民记忆

舅公的股龄严格来说比 1990 年成立的上海证券交易所还长。他第一次知道股票是在茅盾的小说《子夜》中，第一次买股票是在 1987 年，当时，中国开始实行股份制改革，第一批股票主要来自集体所有制企业，因为有别于国企，它们贷不到、融不来发展所需的资金，迫不得已，才通过股份制改革向社会公开发行股票。这种形式在那个年代前所未有，轰动一时。当舅公听说有家叫"电真空"的企业要公开发行股票，每人可以认购 100 股，10 元钱一股，就想办法认购了 100 股。后来，电真空的股票成为 1990 年在上海证券交易所上市的"老八股"之一，上市后，这 8 只股票都大幅上涨，舅公的 1 000 元变成了 1 万多元，这在当时算是一个不小的数目。舅公的第一笔股票投资赚了约 1 万元，相当于本金的 10 倍。之后，"老八股"继续被爆炒，又上涨了很多，但是舅公的心态很好，一点儿也不后悔卖出了股票，他认为赚到自己该赚的钱就好，既然已经卖出，就和自己没有关系了。这种心态也在他之后的 30 年炒股过程中一直得以保持。

舅公对中国股市从"老八股"时代的只有 8 只股票，到现在的 3 000 多只股票的发展历程非常感慨，他认为这是短短几十年里中国经济飞速发展的缩影。从股份制改革开始，到上海证券交易所成立和"老八股"上市，他能感受到在当时的环境下，这一过程遇到的艰难和挑战。当时，邓小平以"开得成开下去，开不成就关门"的魄力堵住了那些攻击股市的人的嘴巴，推进了中国资本市场的建设，而一旦开闸，发展势头就不可阻挡了。

"老八股"的高收益让更多人蜂拥而至，曾有一只甚至被炒到了上万元一股。当时人们下单需要在柜台填写纸质委托单，工作人员则要用麻袋装运凭据发票，不像现在，可以直接用电脑或手机下单。随着股票发行量和投资者的增多，柜台前总是非常拥挤，人们甚至连站脚的地方都没有，正像 20 世纪 90 年代的电影《股疯》中描述的那样。由于投资者众多，很多柜台改设在了上海文化广场，那时候，文化广场每天都人山人海，上万人聚集的文化广场就像一个大型集贸市场，直到后来各券商纷纷各自开设营业部，人们才得以分流。

舅公对股市早期的上证指数点位走势记忆犹新，上证指数从 100 点开始上涨，由于供需失衡，股票少，股民多，短短几年时间里被疯炒至 1 500 多点。后来，监管机构连发 12 道金牌，《人民日报》也在头版头条上发表社论，对股市爆炒进行抨击，于是上证指数开始暴跌，最低曾跌到 325 点，那时候很多股民亏得叫天天不应，叫地地不灵。随后，上证指数又开始快速上涨，2 000 年，随着美国互联网泡沫的发生，上证指数一度上涨到 2000 多点，但后来泡沫破灭，上证指数阴跌了好几年，股市一度无人问津。

舅公还给我讲了不少 20 世纪 90 年代 A 股的趣事，比如 90 年代初，A 股实行了一个很特殊的打新制度——新股认购证，要求股民花费 30 元购买一张新股认购证，只要不中签就不退款，而这里收取的费用将被用于慈善福利，就像花费30元钱买彩票一样。另外，即便中签了，也不能确保就能赚钱，加上监管和媒体一直在提示可能的风险，所以很多人不敢买。而上海一批胆大的股民购买了大量新股认购证，由于中签率高，新股上市后又得到爆炒，这批股民通过新股认购证发了财。舅公当时并没有购买很多新股认购证，所以中签少，获得的收益不多。但是他的一个股友借钱买了很多新股认购证，很快就赚到了100多万元。迅速暴富的经历使这位股友对股市更加雄心勃勃，那时候券商配资很容易，他加杠杆200多万元入市炒股，由于当时实行的是 T + 0 交易制度，又没有涨跌板限制，遇到行情波动后，很快就爆仓了，百万财富瞬间归零。后来舅公再也没见他来过营业厅。

20 世纪 90 年代中期出现过独特的转配股制度，即上市企业需要配股融资，但是有些上市国企的控股股东拿不出钱来认购配股，就会将这部分配股进行转让。由于那时国有股在二级市场上没有流通权，国企对应的配股也就没有流通权，这部分转配股相对于流通股配有一定折价，但当时愿意买没有流通性配售股的股民不多，不过随着之后的政策改革，这部分配售股也获得了流通权，那些当时买了配售股的人又大赚了一笔。舅公当时买过"东方明珠"和"原水股份"的转配股，人弃我取，眼光超前，这是他炒股成功的一个重要因素。

由于国有股和法人股在很长时间内没有流通性，大股东和公众股东的利益机制相互背离，上市企业在股份全流通以前经常沦为控股股东坑股民的利益输送工具。控股股东和股民持有的股票理论是"同股不同权"，这种制度下，股民通过分享上市企业的成长来获利基本上是空谈，而 2005 年开始的股权分置改革是想从根源上解决这个制度问题。虽然后者的出发点是好的，但是当时股民是很恐慌的，反对的声音很多，因为股民把全流通理解为了扩容。股市在阴跌多年以后继续下跌，2005 年 6 月，上证指数竟然跌破 1 000 点，到达 998 点。后来随着一系列利好政策的强力推出，再加上股权分置改革中，国有股、法人股均为了获得流通性，对公众流通股东进行各种补偿和让利，流通股民在尝到甜头以后，由谈"股改"色变转为押注"股改"对价方案，"股改"后复牌暴涨的财富故事不断上演，而这更刺激了更多人涌入股市，A 股从而迎来了 2006—2007 年最壮观的超级大牛市，创下了 6 124 的历史最高点数。

舅公认为股权分置改革是 A 股非常重要的制度改革，对其评价很高，而改革的成功与其推行时的上证点位有很大关系。那时正是阴跌多年的大熊市，上证指数跌到 1 100 点，已经非常低了，很多股票都跌无可跌，再差也不过如此，不改革还能怎么样呢？

亲历了中国股市从零开始一步步发展，舅公把中国股市比作新生儿，新生儿容易生病，而且总是哭哭啼啼，正如所有新生事物刚开始总会出现种种问题，但也会不断得到纠错，这是很正常的事情。早期的中国股市确实像一个赌场，而且是庄家横行的不公平赌场，但是这些年，中国股市正在从不断的试错中逐渐进步完善，即使它现在仍然存在各种问题，但是国外那些已有上百年历史的成熟股市也会出现问题，中国股市在短短 30 年内就实现了如此发展已经不易，我们要给它留出一定的容错空间。

30 年小散户的炒股心得

听了舅公对 30 年来亲历中国股市大事件的回忆后，我更想知道他对自己炒股的经历会如何总结，以及作为上海滩第一代老股民，30 多年来他有什么炒股心得和投资理念。

舅公一直强调自己是小散户，没有什么理论化的投资体系，作为散户，他最重要的炒股心得有：不要追涨杀跌，不以涨喜，不以跌悲；股票是有脾气的，炒股要摸清楚股票的脾气，炒自己熟悉的股票；不能抱着暴富的心态炒股，把握好获利了结的时机，装到口袋里的才是利润；千万不能借贷或融资炒股。

我尝试用碎片化的语句来呈现这些朴实无华、不成体系但无比真实的炒股心得。

1. 如何选股

- 最重要的一点是要回避有造假和欺诈嫌疑的老千股和看不懂的妖股。
- 国有背景的股票更令人放心，因为更不容易造假，也不容易退市。
- 买入行业和业务方向有发展前景的股票，持续关注，长期跟踪。
- 不要购买没有人气的冷门股，股价长期不动，很难获得收益。
- 搞不懂财务，不必做财务分析，应在生活和工作接触中判断公司的质地。
- 有长期观察的股票池，熟悉股票的脾气，不熟悉就不做。

2. 如何买入

- 短期涨幅过大的股票不买，从不追涨，总会等到回调再买入。
- 没有所谓的估值体系，主要根据日线、月线、年线的趋势买入。
- 如果好企业连续下跌，在低位缩量，那么这会是一个好的买入点。
- 分批买入，不要一次性建仓完毕，下跌时要有子弹补仓。
- 总结了一套散户全年买卖交易周期规律，比如：春节前买股票，因为那时候基金管理机构等要分红、发奖金，会卖出股票，使得股票比较便宜，春节后又会做新的投资计划，重新建仓；"两会"前一般会有一波行情；五六月最好减少仓位；国庆前一般会有一波行情；中国股市的行情规律很奇怪，散户一年做两三次，收益就大概率能跑赢银行理财。

3. 如何持有

- 一般持有几个月，如果被套牢，持有时间会更长一些，最长曾达到两年（舅公认为和普通股民相比，自己属于中长期投资）。

- 看趋势线，买入后如果股价走势很好，保持向上趋势，就会继续持有。

- 如果股价小幅上涨，心里会比较踏实，如果股价快速上涨，反而会睡不着觉。

- 一般同时持有五六只股票，如果某只股票上涨幅度大，就将这只股票卖出，调整仓位给没有上涨的股票。

4. 如何卖出

- 看大势，大势不好，则尽快卖出。

- 短期上涨速度太快，出现回调，或者看起来不再有上涨空间了，尽快卖出。

- 不要过度贪婪，获得一定收益后就卖出，卖出后无论再上涨多少都与自己没有关系了，不必为此懊恼，正如吃鱼不需要从头吃到尾，吃中段最好（我推测，舅公一般会在收益率为 20% ～ 30% 时考虑卖出）。

- 股票被套是难免的，但被套了也不会轻易割肉，因为股市毕竟不是赌场，总体趋势是上涨的，下跌到一定程度会有所回弹。

5. 最漂亮的交易

2000 年股市热炒互联网的时候，当时的概念股上海梅林被庄家洗盘，舅公以每股 9 元买入后，股价被打压到每股 6 元，很多股友都被洗盘出去，但是舅公坚定持有，后来很快迎来了连续 6 个涨停板。到达 16 元时，涨停板打开，当时很多股友说这只股票还会继续上涨，但舅公在涨停板打开以后就卖出了。短时间内赚取了超过 70% 的收益，这样的回报率令舅公非常满意。虽然后来上海梅林最高涨到了每股 30 多元，但是他认为既然已经卖出，就与自己无关了。互联网泡沫破灭后，上海梅林重新跌回 6

元。舅公认为，自己不追涨杀跌，不过度贪婪，及时获利了结，是非常明智的选择。

6. 最恐惧的交易

20世纪90年代初很流行融资炒股，并且实行 T + 0 结算制度，市场上流传着不少融资炒股暴富的故事。舅公曾经被证券经理蛊惑，以1∶3 的杠杆融资炒股，差点爆仓，亏掉所有资金。当时他非常恐惧，自那以后就立下了"炒股不用杠杆"的铁律，后来听说了更多融资炒股爆仓的案例，进一步强化了这条纪律。股市是长期向上的，坚持持有，大概率都会上涨，但是如果动用杠杆，很可能扛不到回本的那一天。

7. 赚钱最多的交易

2006—2007年的大牛市，舅公买入了张江高科和南京高科。买入张江高科是因为舅公在工作中了解和接触到了张江高科技园区的很多科技企业，觉得这只股票很有前途；买入南京高科是因为它有国资委背景，并且自己跟踪了很长时间，认为这只股票还是比较可靠的。这两只股票都赚了三四倍，在大牛市行情下，它们的走势都非常强劲，昨天的新高就是今天的新低，舅公一直持有到大盘涨到5 000多点才卖出了这两只股票。当然，在那波大牛市中，他的其他股票也有不少收获。

8. 亏钱最多的交易

舅公在他的炒股生涯中经常"坐电梯"，几次浮亏超过50%，但都扛过去了。实亏较大的一笔交易是2008年的中国石油。当时，中国石油首次公开募股的开盘价最高达到每股48元，被誉为"最赚钱的公司"，很多人预测其至少会涨到100元。舅公以43元买入，后来又以30元"割肉"卖出。他用这个案例说明，他也并不是每次都死扛着不"割肉"，这次"割肉"的原因，一是意识到中国石油盘子太大，涨回原来的水平太难，二是熊市开始，大势不好。

9. 最后悔的交易

在大部分牛市中，舅公都能做到获利了结，尤其是 2007 年，但是他没能逃过 2015 年的重仓位大回调。这主要是因为舅公炒股具有很强的政策观念，受到了媒体"4 000 点是牛市起点"的影响。但他心态很好，没有特别强烈的后悔情绪，因为这些资金本来就是从股市里赚来的，出现亏损他也不会太过难受。2015 年，舅公的一位年轻股友配资炒股获得了几千万元收益，雄心勃勃地想在陆家嘴成立私募基金，舅公劝他及早获利了结，在上海买房，但他没听。最后这位股友爆仓了，只得四处借钱生活。

10. 最近做的交易

舅公最近做的交易是东宝生物，他跟踪了一年多，认为这只股票走势平稳，没有被恶炒过，还被称为"人造肉"概念股，而且生物科技股有前途，盘子不大，价位也不高，所以产生了兴趣。2019 年年初，他以约3.9 元买入，5 元以上时开始派发，直到以 5.5 元全部卖出，等跌回约 4.5元时又开始逐档买回（注：该案例不构成任何投资建议）。

11. 年平均收益率

舅公从来不计算年收益率，认为算得太清楚会影响心态。他一般发了工资就会抽出部分投入股市，最后核算总账。他对回报率的预期不高，认为跑赢银行理财就已经很好。总体上看，舅公应该从股市中赚得了几倍收益，因为作为没有其他收入来源的工薪阶层，舅公很早就在上海买了房，并且能对下一代提供帮助，晚年还能自己支付 100万元现金租住养老公寓，股票账户里也还剩一些资金可以用来炒股。

虽然没有变得大富大贵，但也算过上了小康生活，因此，舅公对自己的炒股收益很满意。

12. 股市的意义

舅婆曾开玩笑说舅公爱股票超过爱她。炒股确实是舅公莫大的乐趣，30 年来，他几乎每天都会花时间看股市。股市是充满魅力的，影响股价的不确定因素很多，你永远不知道你手上的股票明天会涨还是会跌，这是很好玩的。当然，炒股也的确改变了舅公的生活，股票的复利增长给舅公带来了财富的增长。

最后，舅公即兴作了一首打油诗作为他的炒股箴言：

> 股海茫茫难觅边，
> 变幻莫测咋赚钱。
> 理念心态皆端正，
> 风波浪里尽欢颜。

30 年老散户上海滩炒股记访谈体会

这就是 30 年老股民上海滩炒股的故事，他既不像大名鼎鼎的杨百万、林园、但斌那样能够引起轰动，也不像格雷厄姆、巴菲特、彼得·林奇那样能提出经典投资理念，既没有买到贵州茅台、格力电器、万科那样的十年百倍股，也没有忍辱负重成功逆袭的励志故事。他的故事看起来很平淡，但很真实。他炒股 30 年如一日，选股凭常识，买卖靠感觉，有些交易行为可能会被看作"韭菜"，但如果他真的是韭菜，也是镰刀割不动的老韭菜。他有自己的投资纪律：规避老千股，不追涨，不杀跌，不轻易跟风，不随意"割肉"，不上杠杆，获利后适时了结……更重要的是，他有自己的投资信仰：股市长期来看是上涨的，中国经济长期来看是向上的。作为工薪阶层，他以乐观的心态，源源不断地用结余的工资收入逢低买入，投入中国股市，日积月累，很好地分享到了这个向上的市场带来的资产性收益，让自己的财富实现了复利增长。

向 30 年波澜壮阔的中国股市致敬，向和我舅公一样坚信价值、投资中国的千万股民致敬。

央企高管转型价值投资的心路历程

马喆 | 独立投资人

雪球大V，独立投资人。

2004 年，我没有被要求参加公司在北京郊外举办的春节年会，几个工作日都一个人孤独地守在空荡荡的办公室里。 我的辞职报告刚刚获得公司领导的批准，我就要离开这家服务了 12 年的央企了。 若干年后，我依然经常梦到无法参加那次年会的遗憾和当时的寂寞。 我搞不清楚，是同事们离开了我，还是我抛弃了他们？ 应该说，这家公司没有任何对不起我的地方，它培养了我，给了我职务和住房，让我过上了有尊严的生活。 但我还是选择了离开。这可能源于一个 35 岁年轻人的一颗躁动不安的心。 我的故事也从此开始。

企业家情怀

　　我的内心一直有一种企业家情怀。我尊敬那些辛勤工作的私营企业家。在这种情怀的鼓舞下，我创办了自己的手机代理公司。诸多工作均需我和同事们一步步完成：招聘员工并培训团队，建立稳定可靠的手机供应商渠道和完善的销售网络，制定内部行之有效的管理制度……而在这个过程中，唯一不能逃避任何责任的就是我，因为我是公司的老板和出资人，我要为这家公司的最终损益表负责，为这家公司的生死负责，为几十名员工的工作负责，更要为自己的家庭负责。我深知自己肩上的责任之重。但那是我应该承担的，也是任何一名企业家必须承担的。

　　这家公司运营了整整 7 年，公司财务非常健康，我们退出市场时，结清了所有供应商的货款和全省经销商的渠道价保款，更没有拖欠一名员工一分钱工资。至今令我自豪的是，我们建立的团队非常优秀。那些在公司工作了 7 年的年轻人，刚刚加入公司时只有 20 岁出头，他们曾和我一起憧憬美好的未来，但我们却经受了更多市场的磨炼。到我决定关闭这家公司时，这些曾经稚嫩的孩子也都已步入而立之年。他们为这家公司工作，仅仅得到了承诺的薪金。他们是无可挑剔的，是我人生路上一段美好的回忆。我很遗憾没能带领这些年轻人走得更远。这源于手机生意的艰难，那份不易是我担任央企副总经理时无法想象的。查理·芒格曾经说："每一个在自由市场经济中存活的企业家都非等闲之辈，他们不得不防止企业出现任何浪费行为，因为这是生死攸关的事情，毕竟每一家企业都要靠竞争性价格和总成本的差价来维持生存。"7 年私营企业家的经历让我深深地体会到了千千万万企业家的不易。我至今都记得，当年站在深圳华强北商业区的主楼前，看着人们一个个忙忙碌碌进出大楼，我想，这些人中一定有不少是到深圳"淘金"的年轻企业家。他们来自不同的城市，背景不同，生活经历不同，受教育程度不同，但他们都心怀理想面对着这个世界，他们是乐观向上的生意人！

央企领导岗位多年的锤炼让我运营起一家规模更小的私营企业时感到游刃有余。但公司依然无法摆脱手机行业整体毛利率低下的困境。我慢慢理解到，个人的力量在商业模式面前确实不值一提。无论我们的团队有多么优秀，公司依然很难获得超额收益。7 年来，公司的年平均收益率约为 10%，每一分钱都来之不易。

然而，那 7 年也是北京房价直线飙升的时间段。我们的手机生意只能用 1 元钱本金赚得 1 元钱利润，而选择在北京买房，1 元钱将变成六七元钱。如果使用财务杠杆，收益率还会更高。我曾经和朋友们开玩笑："你见过身边的人中大彩票吗？妒忌可能会让人发狂。而我看见的是，身边所有人都中了大彩票，唯独没有我。"回忆起当年的窘迫，我竟然顾不上妒忌了，这并不是因为我有多高尚，而是巨大的落差让我暂时忘记了普通人应有的妒忌。没有人会在意我这样一个"中年失败者"的失落。亲戚朋友们会用同情但不信任的眼光看着我。他们心里可能会说："这个开公司的人怎么混成了这样？"我不再是母亲心中的骄傲，老人家会一遍一遍地叨唠："看看，我不让你辞职，你还是辞了；不让你卖房，你还是卖了；我让你再买一套房子，你却不听，你太不听话了。"那时的我被这个世界搞蒙了，我感觉自己有些读不懂这个世界。我一遍遍地回忆我辞职开公司的经历，想知道自己到底错在了哪里？冷静下来后，我意识到自己并没有做错什么。而且我必须接受所有的结果，因为那是我为选择创业不得不付出的代价。

其实，我根本没有太多时间去羡慕那些在北京拥有多套住房的人们。我还有更多的烦恼，那些烦恼也是我逃不掉的责任。2008 年，我常常失眠，独自在静静的深夜里想："我那家公司还能坚持多久？我靠什么供养熟睡中的妻儿？"就在我似乎不再可能找到生活的方向时，就在我似乎对这个世界开始绝望时，来自奥马哈的那个可爱的老头儿点亮了我的眼睛。沃伦·巴菲特的故事深深地吸引了我，我突然发现还有一种完全不同的赚钱方法：我可以将投入手机生意的资金收回来，并把它们投入收益更高的生意里。

投资的本质也是生意。股票不是一张张被炒来炒去的纸片，它代表着你对某项生意的一部分的权益。不管是独立运营自己的公司，还是将资金投入资本市场，我都是一个和这个国家的命运息息相关的生意人，和那些只关注买三居室的人有着本质的区别。我不仅可以通过投资优秀的生意继续赚钱养家，还能创造更大的社会财富。我从不相信那些囤房者能真正给这个国家带来什么，而生意人却能向国家缴纳税收，为社会解决就业，自己却需要承担很大风险。千千万万的企业家默默地工作着，我们对这个国家的爱是安静而又深沉的。和因为经营不善破产甚至走上了绝路的企业家相比，我那几年的失落真的算不了什么。巴菲特先生的价值投资思想带给了我新的力量，让已然步入中年的我重新焕发出青春。我在短短的几分钟里就接受了价值投资的思想。我感觉，之前近 20 年的工作经历竟然似乎是在为我人生最终的职业做准备。

2010 年年初，我正式开始了投资生涯，从一个私营企业家转变为一个职业投资人。很多不看好我的亲朋好友认为这次我犯了更严重的错误，他们好心地劝我回头："你早晚会毁在股票里。"而我知道，我从来就没有回过头。因为企业家情怀已经根植在我心中，我和其他企业家一直在推动着整个社会的繁荣和进步，我一直在从事着最有意义的工作。

10 年的投资生涯

至 2019 年年底，我已经度过了 10 年的投资生涯。整个投资过程的艰辛远远超出正常人的想象。我在 2014 年的年报中写过这么一段话：

> 唉！给你讲个农夫的故事吧。一个农夫相信自己有能力让土地长出庄稼来，于是起早贪黑，辛勤劳作，不管风吹、雨打、日晒。他所做的一切都是为了掌握自己的命运。第三年，地里终于长出了一棵棵幼苗，它们虽然远没有农夫希望的那样翠绿和粗壮，但他还是非常满足。但灾难在第四年发生了，冰雹摧毁了一切。看着那片自己已耕耘了 4 年的土地，农夫的心里只剩下一样东西——苦涩的坚持。我就是那个农夫。

2013 年，市场疯炒题材股，创业板暴涨 82.8%，我持有的万科 A 股和贵州茅台股票连续下跌了 13 个月。我记得那时我常常在深夜 2 点多被憋醒，仿佛有一块巨石压在胸口，让我因窒息感而无法再次入睡。我投资了中国最好的公司，而市场竟残忍地让我在 4 年多的时间里颗粒无收。我已经没有心情讨论优秀企业的股价下跌是不是最好的投资机会了（事实证明，那的确是最完美的击球点）。有时我会看着小区门口回收废品的兄弟发呆："瞧，我还不如他呢，他好歹每天还能赚点钱。"看看，市场把这个活得本就不容易的中年男人折磨成什么样子了！

但即使在最艰难的岁月，我也从未想过放弃，更没有想过回头。我知道，我已经没有退路了。7 年手机生意的低回报和 4 年投资的低收益，已然让我身心疲惫。但内心深处始终有一种信念支撑着我，那就是我对家庭的责任感和对国家的信心。我想，如果一个国家始终以这种残忍的方式回报心怀理想的企业家，那么这个国家是没有前途和希望的。我相信中国是伟大的。我知道，我的家人不能没有我的肩膀，我的国家也不可能抛弃我。当然，我也知道自己绝对不能犯任何错误。只要我卖出万科和茅台的股票，我的一生就彻底完了。那绝不是我的风格。我曾经坚持长跑730天，也彻底戒掉了十几年的烟瘾，没有什么可以真正战胜我。我唯一要做的，就是耐心地等待。

当然，我不会幼稚到只用理想给自己鼓劲，我是一个实实在在的生意人。我知道万科和茅台做的是什么生意，那是远比我的手机生意棒得多的生意，这两家公司强劲的财务数据让我从不相信自己会成为失败者。

这10年间，我重仓打卡了万科、茅台、五粮液3家公司。虽然投资的艰辛远超想象，但投资结果同样让人鼓舞，甚至令我难以相信。在2010年年初，我决定开始投资生涯时，曾将在10年内赚取4倍收益作为自己追求的目标，而这相当于年复利回报率15%或年单利收益率20%，这是优秀基金经理的收益率标准。7年低收益的手机生意早已使我放弃不切实际的暴富幻想，我知道，日子要一天一天地过，钱要一点一点地赚。虽然谁也无法避免犯错误，但我们可以尽量在投资之前考虑到更多的风险，用相对保守的眼光评估投资决策。应该说，我们这10年干得非常好，这个国家也在我们经历了足够的磨难之后奖励了我们。如果不出意外，我们将收获超过10倍的收益。

价值投资者的人生价值

投资真是一件美妙无比的事情。我这样说，不光是因为喜欢投资，也因为投资确实可以给我带来很多收益。我们这个年纪的生意人早已习惯了节俭的生活，不会因为虚荣心而选择奢华的生活方式。但金钱对于我们的意义却是实实在在的：它使家庭财务状况得以改善，家庭抗风险能力增强，陪伴我们的家人可以过上相对舒适的生活；足够的金钱还可以使我们自由地选择生活方式，不用朝九晚五地打卡上下班，累了就休息一会儿，读书、看报表、散步、旅游、看风景，做喜欢做的事情，和喜欢的人在一起，不依附任何机构，也不用讨好任何人。这不是每个人都能拥有的幸运，而是我们用自己的投资能力换来的。

价值投资者与股票投机者有着本质的不同。价值投资者从做生意的角度来思考投资。但我40岁才理解了这一看似简单的道理。价值投资赋予了我无尽的力量，我将受益终生。我所有的智慧都来源于伟大的沃伦·巴菲特和查理·芒格，他们是我人生的灯塔，我未曾谋面的导师，指引着我的方向。他们彻彻底底地改变了我的生活，让我知道了自己的人生价值所在。

曾经有朋友问我："马总，您天天在家鼓弄那些股票，真的很有意思吗？"是的，我们通过查看电脑里的大量财务数字来寻找财富，找出商业模式最好的生意，而后重仓买入并长期持有那些生意，这个过程充满乐趣。是奥马哈的两位"先知"告诉了我们赚钱的秘密，我也很愿意将学到的知识分享给朋友们。我并不想成为什么名人，也会在镁光灯下感到局促不安，但我想通过我们的故事告诉更多的年轻朋友，还有另一种干干净净的赚钱方法，还有另一种安安静静的生活方式。

我更愿意把我们对企业家精神的理解分享给朋友们。一个国家的伟大离不开商业的繁荣，而中国的美好未来需要依靠千千万万私营企业家和股票投资者的企业家精神来推动。

中华民族是一个拥有几千年历史的伟大民族，曾在巨大压力下展现出超乎寻常的忍耐力。每每想起那张徐州会战的老照片，我就会不禁热泪盈眶：一名年轻的中国士兵平静地看着战友在自己的身上捆绑着手榴弹，他稚嫩的脸上没有一丝恐惧，甚至没有即将赴死的激昂，他是那样坦然地选择了死亡。我想，当时这位年轻的军人可能什么都没有想，他只是想尽快炸掉对面的那辆日军坦克。他不能再让那辆坦克射杀自己的战友，他要用自己的生命换下那辆坦克！我知道，未来的投资旅程也不可能一帆风顺，但我们面对的狂风暴雨、礁石巨浪，和那位年轻军人比起来真的算不了什么。没有任何困难能够阻挡我们，每一次磨炼都只会让我们更加强大。我们爱中国，我们会将自己所有的财富都用于投资中国，用我们的行动投资中国。

我家的财富故事：投资中国，实现慢慢变富

张居营 | 雪球大V

雪球ID"闲来一坐s话投资"。2000年5月31日入市，其间走过不少弯路，曾痴迷技术研究8年之久而不得要领，2008年7月转型进行价值投资、长期投资，取得了较好的投资回报。多年来，借助网络平台，热衷投资分享，在博客、雪球上分享400余篇投资文章、200余篇企业分析资料帖子，影响了很多投资者，被人们亲切地称为"闲大"。他的很多文章被雪球的《今日话题》推荐，在网络上广泛流传，并被国内多家网络媒体、网络论坛、报刊转载。著有《慢慢变富》。

中国 A 股至今已经走过了近 30 个春秋，相较于西方发达国家成熟的资本市场，中国 A 股有限的历史可以证明两个观点：一是长期来看，股权资产是个人及家庭最值得配置的金融资产，因为优秀的股权资产长期可以完胜其他金融资产；二是尽管中国股市仍然存在着各种各样的体制性缺陷，然而长期来看，它从来没有" 亏待" 过任何一家真正优秀的企业，一家企业的长期投资回报总与其长期业绩成正相关。 正是秉持着这样的观点，10 多年来，我本着买入优秀企业股权资产，分享优秀企业累积式、复利式增长的态度，以年为时间单位，通过先后成功持有格力电器、贵州茅台、云南白药等少数优秀股票，实现了个人财富的成功" 逆袭"，获得了令自己满意的投资回报。

投资要有国情观

今年中秋节，我回农村老家参加了侄子的婚礼，感慨良多。我在三兄弟中排行老大。我和老三通过高考来到了城市，并最终留在了城市，用老家人的话说，就是在外面"混事儿"。唯独老二生活在农村，一直没有离开庄稼地，我这个结婚的侄子就是老二的儿子。

很多人可能会认为，没有离开庄稼地的老二家庭经济状况应该一般，然而事实上恰恰相反，老二不仅在我们三兄弟中经济实力最强（若干年前我与老三在城市买房，都曾向老二借了一大笔钱），而且在当地也算得上是有些名气的有钱人。当年，我们三兄弟中唯独老二不喜欢上学，所以中学毕业以后，他就做起了生意。刚开始卖冰棍，后来还倒卖过农药、化肥，得到的第一桶金则来自废旧电线电缆回收。当时老家的乡镇企业比较发达，成立了好几家电线电缆厂，老二通过废品回收赚了个盆满钵满。后来他自己开办了一个小工厂，近几年还承租了两千亩左右的土地，办起了农场。不过，虽然老二的经济实力不差，但他并不是什么农民企业家，在我眼里，充其量只是个"土豪"而已。

然而，既然称得上"土豪"，孩子的婚礼自然不同于普通人家。而且，老二的性格豪爽，喜爱交友，所以婚礼的排场很大也在我的预料之中。然而，侄子婚礼的规模还是大到令我不禁咋舌！单是大宴宾客就持续了好几天，而且大半个村家家有人来赴宴（村子不大，是个典型的中国北方平原上的普通农村，目前村里有几百人）。婚礼先是在村里举办，然后转移到了镇上的婚庆礼堂，还聘有婚庆公司，讲究程度一点儿也不亚于我们这些所谓的城里人。

借参加侄子婚礼的机会，我也与儿时的伙伴们一起开怀畅饮。席间，他们感叹最多的就是过去几十年生活的巨大变化，今天这样有吃有喝的日子，过去真的做梦也想不到。当然，他们也有焦虑，比如担忧农村人口越来越少，青壮年劳动力大多外出打工，平时留守在家的多是老人与孩子；又比如农村男孩结婚越来越难，女方可能不仅要求男方家里有房、有车，还要求必须在城里也有房等。在与儿时伙伴们推杯换盏之时，根据这些年与社会各阶层接触所积累的经验，我敏感地察觉到，原来在农村老家生活着这么一群人，他们最能从中国改革开放几十年来发生的天翻地覆的变化中获得满足，尽管他们心中也有些许焦虑。同时，我也感觉到，中国的工业化、城镇化进程在改变着中国农村的面貌，也改变着农村人的观念。

投资者有一个"职业习惯"，见人见事，总是难免要将其与投资联系起来思考。比如，我曾提出投资要有国情观，就是要深入、全面地了解中国国情。然而，若想深入、全面地了解国情，仅关注北上广深等大城市的高楼大厦、灯红酒绿就够了吗？显然不够，至少是片面的，因为中国虽然幅员辽阔、人口众多，但大部分的土地和人口还是在农村，唯有广大农村发生深刻变化，中国的现代化才可能彻底、全面实现。老二的生活水平固然高于一般百姓，但我的老家也只是中国广大农村地区的一个小小的缩影，可能无法代表中国农村的全貌，何况这些年中国农村的发展并非尽善尽美。然而毫无疑问的是，改革开放40年多来，最早开始改革的是农村（家庭联产承包责任制），最早发生深刻变化的也是农村，比如，当年乡镇企业的异军突起开启了中国工业革命波澜壮阔的美丽画卷。实际上，中国的一些上市公司就是由当年的乡镇企业发展壮大而来的，它们中的一些还成了行业的垄断寡头。可以说，中国的改革开放同样走的是"农村包围城市"，进而全面深化、全面推进的道路。

历史不能假设，但假设中国农村没有经历过近几十年的改革开放，当年乡镇企业的异军突起未曾发生，老二这样的农民又何谈"第一桶金"，当年的农村剩余劳动力又如何从土地的"束缚"中解放出来，实现消化与转移，进而通过打工等手段挣钱，过上今天的富裕生活呢？时也，运也，个人和家庭的生活变迁其实始终与国家的命运、时代的变迁紧密联系在一起。

当然，老二和我儿时的伙伴自然不会有这么多的联想。在他们看来，老二无疑是一个"能人"（在老家人的言谈中，他的能力远超像我这样在外面"混事儿"的人），老二自己也很享受这些赞赏与羡慕的眼光。

股市让普通人实现慢慢变富

我是"60后"，我这个年龄段的人幸运地经历了中国40多年改革开放的全过程。

在国家恢复高考制度的第五年，我终于如愿以偿地考上了大学。在那个年代，在我们这个地方，别说考上大学，就连考上中专，实现从农业户口向非农业户口的"逆袭"，都是人生的转折点，是十分令人羡慕的事情。

那时的大学生被称为"天之骄子"。我清晰地记得，上大学时，老师曾谆谆告诫我们，8个农民才能养活1个大学生。所以同学们都很珍惜大学4年的美好时光，认真学习，以便将来一展抱负。

幸运的是，那时考上大学就等于有了"铁饭碗"，因为当时国家正在用人之际，大学生毕业后会由国家统一安排分配，我们自己也没有什么选择的余地，于是大家都顺利地进入了体制内"混事儿"。然而，当市场经济的大潮滚滚而来之时，体制内的人看到一些体制外的人的钱包慢慢鼓了起来，又有几个人能不怦然心动呢？甚至当我与留守农村老家的老二相比时，我的内心也曾感到有些落寞：论知识水平，我确实比老二高，但我买房时还是需要向他借钱。然而，毕竟能像马云一样勇敢地跳出体制、自主创业的人还是少数，大多数人还是选择了在体制内过撑不着、饿不死的日子。但"君子耻于言利"的时代已经一去不复返了，所以在我 2000 年跌跌撞撞地闯入股市，并经历过几次"呛水"之后，我终于明白，原来股市是普通人实现慢慢变富的一个可能的通道。

《穷查理宝典》一书中芒格家族财产管理者李录所写的中文版序言中的一段话曾经带给我深深的震撼，在某种程度上打开了我人生的另一扇窗：

> 查理是一个完全凭借智慧取得成功的人，这对于中国的读书人来讲无疑是一个令人振奋的例子。他的成功完全靠投资，而投资的成功又完全靠自我修养和学习，这与我们在当今社会上所看到的权钱交易、潜规则、商业欺诈、造假等毫无关系。作为一个正直善良的人，他用最干净的方法，充分运用自己的智慧，取得了这个商业社会中的巨大成功。在市场经济下的今天，满怀士大夫情怀的中国读书人是否也可以通过学习与自我修养的锻炼，同样取得世俗社会的成功并实现自身的价值及帮助他人的理想呢？

请注意其中的关键之处：（1）靠自我修养与学习取得成功；（2）用最干净的方法和自己的智慧取得成功。那么，这条路在中国股市是否走得通？经过在股市的摸索与实践，我认为这条路完全走得通，并且更为关键的是，这条路原来一点儿也不拥挤！

中国 A 股至今已经走过了近 30 个春秋，相较于西方发达国家成熟的资本市场，中国 A 股有限的历史同样可以证明两个观点：一是长期来看，股权资产是个人及家庭最值得配置的金融资产，因为优秀的股权资产长期可以完胜其他金融资产；二是尽管中国股市仍然存在着各种各样的体制性缺陷，然而长期来看，它从来没有"亏待"过任何一家真正优秀的企业，一家企业的长期投资回报总与其长期业绩成正相关。这两个观点得到了大量数据的支持与佐证。

正是秉持着这样的观点，10多年来，我本着买入优秀企业股权资产，分享优秀企业累积式、复利式增长的态度，以年为时间单位，通过先后成功持有格力电器、贵州茅台、云南白药、天士力、东阿阿胶、复星医药、双汇发展、通策医疗、爱尔眼科等少数优秀股票（其中有的我目前仍在持有，有的已经卖出），实现了个人财富的成功"逆袭"，获得了令自己满意的投资回报。

不仅如此，2014年我女儿结婚时，我还将50万元的股票资产作为嫁妆陪送给了女儿，并在新浪博客、雪球、微信公众号等平台上公开分享了我对这个账户的操作。到目前为止，这个账户通过成功持有贵州茅台、通策医疗、格力电器、东阿阿胶、同仁堂等股票（同仁堂股票已卖出），已经达成了超过183万元的总资产上涨幅度，在几年的时间里实现了超出我预期的大于30%的年复合增长率（未来这个数字会有所下降）。当我的外孙女出生时，我还鼓励全家为外孙女建立了股票账户。我的目的是通过我家三代人的股票账户，去分享未来中国优秀企业的成长成果。而且我相信，我家三代人的股票资产一定会随着这些优秀企业累积式、复利式的增长而增长。

我深知，人生的意义并不全在于金钱。然而现实的情况是，我们唯有实现一定的财富积累，才能获得一种人生的宁静感。在此基础上，我们才有资格和能力再言其他。

当然，我的成功也与国运紧密联系在一起。试想一下，如果当年没有恢复高考，我能实现人生的第一次"逆袭"吗？如果没有中国资本市场的发展，我能实现个人财富的成功"逆袭"吗？自然不能。因此，一个人的成功固然与其主观能力有关，但更与国运有关。特别是高考与股市，我认为对于普通人来讲，这两者是人生中难得的相对公平的地方，为我们实现人生"逆袭"提供了较为公平的通道。我的幸运就是抓住了这两个通道。

当前我们所处的时代是网络时代，网络时代使我们不仅能尽情地享受网络红利，还能通过网络分享自己的投资见解与主张。这些年来，我一边研究投资，一边笔耕不辍，写下大量有关投资与企业分析的文章，发布在网上，还于2015年出版了电子书《给业余投资者的10条军规》，于2019年上半年出版了纸质书《慢慢变富》。我国的知识阶层一向提倡"立德、立功、立言"，如果出书算是"立言"，我认为，它确实带给了我人生的另一种成就感。同时，从某种程度上讲，网络时代是一种"庶民的胜利"，如果没有当今的网络世界，我还能成为很多粉丝眼中的"大V"（毕竟我本质上也只是一个普通投资者）并著书立说吗？显然不可能。我获得的一切都仰赖国运和时运。

大胆、 坚定地投资中国

当前中国的价值投资者大多将巴菲特奉为崇拜对象。的确，巴菲特以自己60多年的投资实践，向世人展现了价值投资的魅力，展示了复利这一世界财富奇迹。巴菲特在总结自己的成功时，总会说自己很庆幸出生在美国，并且任何人都不可能通过做空自己的国家来赚钱。

巴菲特的说法很有道理。试想一下，如果他出生在一个落后的非洲小国，还会取得今天令世人景仰的投资成绩吗？如果他始终信奉"美国崩溃论"，还会取得如此令人艳羡的投资回报吗？显然不可能。虽然在财富积累方面，我们普通人无法超越巴菲特，我们的财富与他相比也只能算是九牛一毛，但是我们可以很有底气地说，很庆幸我们生活在伟大的中国，并且谁也不可能通过做空中国来赚钱。我家的财富故事也能充分证明这一观点。

投资需要预期未来。今天，我们已经处在新时代，站在了新的历史方位，那么未来的发展又会如何？在这里，我仍然按照投资人的职业习惯来考虑与分析，将这个问题变为：如果把中华民族看作一家大企业，这只"大牛股""长牛股"目前正处于什么样的历史节点呢？综合各种因素判断，它正处于"右侧"的向上攀升时期。此时我们不大胆、坚定地投资中国，还待何时？

在我看来，中华民族的"长牛"基因表现在以下 6 个方面。

第一，历史"筑底"早已完成。中华文明上下五千年，未曾彻底中断过，可谓一只地地道道的"长牛股"。历史上，这只"长牛股"一直在世界民族之林中占据着重要地位，并在唐宋时期达到了高峰，只是明朝中后期以后，由于封建制度的没落与长期的闭关锁国政策，从 1840 年鸦片战争到 1949 年，中华民族陷入外敌入侵、山河破碎、民不聊生的悲惨局面，可谓跌落到了历史低谷。然而，正是在这个黑暗的历史时期，无数仁人志士前赴后继，为了寻求中华民族的独立与复兴，做出了令我们后人难以想象的巨大牺牲。1949 年，以中华人民共和国成立为标志，我们推翻了封建主义、帝国主义、官僚资本主义三座大山，中国人民从此站立起来了！历史的"筑底"就此已经完成，中国人民进入了从站起来到富起来、强起来的新的历史时期。

第二，中国成功地从农业文明走向了工业文明，且目前正处于工业化、城镇化中后期的中高速发展阶段。纵观人类发展史，在农业文明阶段，由于生产力水平低下，国家经济总量的增长始终会受到一个天花板的限制；而进入工业文明阶段后，累积式、复利式的发展就会不断地将天花板打破。近代西方国家之所以领先我们，主要就是因为它们率先进入了工业文明阶段。

当坚船利炮野蛮地轰开中国的大门，无数仁人志士也在探索着中国的工业文明发展道路，但是近代的很多探索都失败了。从新中国成立后到改革开放前这段时期，中国建立起了工业革命的经济和社会基础。改革开放时期，中国走的同样是一条"农村包围城市"的发展道路：乡镇企业异军突起，大量农村剩余劳动力转移，随后城市国企进行改革，沿海开放等一系列组合措施得以实施，中国终于探索出了一条走向工业革命、实现工业文明的发展道路。中国用几十年的时间完成了西方发达国家几百年才得以完成的工业化进程，将看似不可能的事变成了可能。如今，中国已经是全世界唯一一个拥有联合国产业分类中全部工业门类的国家。与之相匹配，还不断建立和完善了堪称世界领先水平的道路交通系统等基础设施体系，以及较为完备的市场政策和法律体系等。对于中国强势崛起的历史和中国工业革命的伟大成就，文一教授在《伟大的中国工业革命》一书中进行了深刻有力的解读和分析。这本书能使我们充满正能量，更有底气和勇气去投资中国。

根据《21世纪资本论》中的数据，整个18世纪，全球人均产值的增长依然约等于0，直到19世纪才开始提高，直到20世纪才真正成为普遍现象。1950—1990年，全球人均产值年增长率超过2%，主要增长来自欧洲国家；1990—2012年，全球人均产值年增长率仍然超过2%，主要增长来自亚洲国家，尤其是中国（这一时期，中国的经济年增长率超过9%，这是前所未有的高水平）。目前，中国经济对世界的贡献已经超过30%，中国已经成为世界第二大经济体，未来必将成为世界第一大经济体。不过，虽然中国发展已经进入新常态，但仍然处于中高速发展阶段。《21世纪资本论》的作者研究了从古代到2100年全球总产值的增长率，并根据数据乐观地预测，2050年，中国人均产值将接近最发达国家的水平。我们可以大胆地推测，从现在起至2050年，一定是投资中国的最佳历史时期。

第三，战略发展格局十分清晰。我国提出了"两个一百年"的奋斗目标，它与实现中华民族复兴的伟大中国梦一样，已经成为引领中国前行的时代号召。

第四，强大的政府是国家发展强有力的领导力量。中国是一个内部差异很大的大国，若想实现独立发展和民族复兴，必须由一个强有力的政府来进行领导，不然，国家各方面力量只会是一盘散沙，无法形成合力，实现伟大的中国梦也会变成一句空话。历史的经验和教训已经充分证明了这一点。

第五，优秀的传统文化培育了无数国家发展的推动者。自古以来，中国的士大夫阶层就拥有"正心，修身，齐家，治国，平天下"的文化传承，广大的知识阶层更有着"兼济天下"的奉献情怀；中国的百姓一向拥有吃苦耐劳、勤奋节俭的传统美德，并且为了培养下一代，做出多大牺牲也在所不辞。

以我的母亲为例，她没上过学，但是非常重视我们三兄弟的学业，用她的话说就是"砸锅卖铁也要供你们上学"。母亲 78 岁时还种着 10 多亩田地，尽管现在她可以雇人耕种和收割，但每到农忙季节，她还是会清晨4 点多就起床干农活。从我母亲身上，我能看到中国劳动人民的诸多优秀品质！

毛主席说过："中国的命运一经操在人民自己的手里，中国就将如太阳升起在东方那样，以自己的辉煌的光焰普照大地。"对此，我深信不疑。

第六，中国正在拥有越来越多的优质资产。目前，除了在海外上市的企业，中国 A 股上市企业已超过 3 600 家。虽然投资者时常感叹优质股权资产稀少，而且上市企业存在隐瞒和欺骗行为，但是不可否认的是，经过40 多年的改革开放，很多行业都涌现出了一些龙头企业，随着竞争格局逐步稳定，这些优秀企业已经进入利润收割期，并且对于我们普通人而言也不再难以识别，例如：食品饮料板块的优质股票有贵州茅台、五粮液、泸州老窖、海天味业、伊利股份；制造业板块的优质股票有格力电器、美的集团、福耀玻璃；医药板块的优质股票有恒瑞医药、复星医药；医疗服务板块的优质股票有爱尔眼科、通策医疗；中医药板块的优质股票有云南白药、片仔癀、同仁堂、白云山、东阿阿胶；金融板块的优质股票有中国平安；互联网板块的优质股票有腾讯控股、阿里巴巴；等等。这些优质资产中既有传统的，也有新兴的。可以预期，随着中华民族这个"大企业"变得枝繁叶茂，未来将有更多新兴优质资产不断从竞争中涌现出来。普通投资者只要在自己的能力圈中精选出少数几家企业，并且耐心持有（当然，要在合理或低估的价格下买入），就足以分享中国未来的增长了。

对中华民族这个"大企业"的解读与分析远不止这些，而且每个人都可以拥有不同的解读与分析。

如今，当我站在中国 960 万平方千米的广袤土地上，吸收着中华民族在漫长的奋斗过程中积累的文化养分，感受着中国 14 亿人聚合而成的磅礴之力，作为一个中国人，作为一个普普通通的投资者，我内心对投资中国和分享中国未来的财富成果，从来都是底气十足、信心十足。道理再浅显不过：不"做多"中国，难道要"做空"中国吗？

尽管未来的发展未必会一帆风顺，甚至还可能遭受外部因素的扰动，但是"青山遮不住，毕竟东流去"，唯有投资中国，我们才能听到财富的声音，过去是如此，将来必然还是如此。

市场篇　A股向上的趋势是确定的

A股市场向上的趋势是确定的

李迅雷｜中泰证券首席经济学家

长期从事金融研究，曾任国泰君安证券研究所所长，海通证券副总裁兼首席经济学家。现为中泰证券首席经济学家，中国首席经济学家论坛副理事长。

谈到中国经济优势，李迅雷表现得坚定又不失客观："中国人勤劳、爱财、能吃苦，有什么理由不做多中国呢？其他国家的发展都慢下来了，中国也慢下来了，但是中国发展的相对速度仍然遥遥领先。"

　　谈到所谓的"韭菜"，李迅雷调侃道："其实不应该称他们为'韭菜'，确切地说应该是'飞蛾'，赚不到钱，很大程度上就因为一次次地飞蛾扑火。"那么到底该如何做多中国？李迅雷提醒道："要认清结构性机会，千万不要简单粗暴地买入。"

雪球：2019 年，全球掀起了降息潮，经济出现下行压力，不过您曾提到，您仍然对中国经济拔得头筹有信心，能否具体谈谈您的看法？在中国经济新常态的形势下，您认为国内经济增长的新动能主要来自哪几个方面？

李迅雷：用数据解释或许更有说服力。2019 年上半年，中国经济增长6.3%，增速在世界主要经济体中位居第一。目前世界上经济增速较快的大多是发展中国家，如印度、越南等，中国在发展中国家中仍然领先。此外，中国 GDP 增长速度约为全球整体水平的两倍。当然，单纯就增速而言，中国经济确实在下行，但中国经济的增量对全球 GDP 贡献仍然超过30%。中国经济增速下降的确对全球经济造成了一定影响，但在全球经济下行的大环境下，对比数据可知，中国经济依然跑得相对较快，所以中国经济仍然可能拔得头筹。

当下国内经济增长的新动能主要来自科技进步，如信息技术、人工智能、航空航天、生物技术、光电、新能源、新材料等新兴产业的发展。当然，从另一个角度看，消费对国内经济增长的贡献比投资和出口更大。投资、出口、消费这"三驾马车"的增速其实也都在下行，但是消费下行的速度更慢，所以消费对 GDP 的贡献率相对增加了，这也是我看好大消费的理由。

雪球：近期央行降准政策已经落地实施，您认为本次降准为何在这个时间节点进行，释放了什么信号？您对之后的货币政策还有哪些预期？

李迅雷：降准体现了实体经济的下行压力，其目的是降低融资成本，保持合理和充足的流动性，使经济能够保持平稳运行。但社会信用环境整体上仍然比较紧张，如果要放松社会信用环境，除了要降低融资成本，还要让大家看到赚钱的机会。我认为，接下来央行仍有降准空间，降息的可能性依然比较大。从全球环境来看，不管是美国、澳大利亚、欧盟等发达国家和地区，还是印度等发展中国家，都掀起了降息潮，中国同样也有降息的可能性。但是需要说明的是，降息已经很少像过去那样直接降低存贷款基准利率，而是主要通过央行公开市场操作，比如中期借贷便利（Medium - term Lending Facility，简写为 MLF）等工具，来降低贷款基础利率（Loan Prime Rate，简写为 LPR）。

雪球： 您从事证券市场研究多年，能否结合自身经验谈谈国内证券市场在制度改革、投资者结构以及投资理念方面有哪些改变与进步？

李迅雷： A 股市场进步巨大，体现在 4 个方面。

第一，从市场结构来看，过去 A 股主要是散户市场，而现在机构占比越来越大；尤其是 2017 年以后，外资持股规模已经超过国内公募基金中股票型基金资产的总规模，并且还在快速增长。这是由于近几年国内市场实行金融开放政策，A 股被纳入明晟指数，股市的国际化程度在逐步提高。

第二，从资本市场的制度建设来看，目前科创板实行注册制和严格的退市机制，这是制度改革的重要体现。当然，资本市场制度创新的进程将继续加快。

第三，从资本市场的基础设施建设来看，以《中华人民共和国证券法》为代表的法律法规的修订也在逐步推进。另外，深港通、沪港通、沪伦通等机制的建立，也将有助于多层次的资本市场的发展和成熟。

第四，从投资理念来看，估值体系反映了 A 股市场投资理念的转变。过去，业绩差的企业的估值更高，市盈率更高；而现在，市值小、业绩差的中小企业的估值水平明显在调整下行，估值体系正在从扭曲中修复。另外，过去 A 股投机性比较强，换手率高；而现在，换手率在逐渐下行，市场波动性降低。从数据上看，2017 年以来，代表大盘绩优股的沪深300

指数的波动性和换手率水平已经逐渐向美股靠拢：当前沪深 300 指数月收益率的波动率仅为 6%；换手率更是呈现明显的长期下行趋势，2013 年，沪深 300 指数的换手率曾高逾 3%，而当前仅为 0.32%。

雪球： 最近国内金融开放再出新举措，外汇局取消 QFII 和 RQFII 额度限制，加上 A 股在国际指数中的权重不断提高，您认为外资持续加大流入会给 A 股市场带来哪些变化？

李迅雷： 目前，外资已成为 A 股市场重要的增量资金。外资金融机构的进入带来了坚持长期投资的价值投资理念，它们的投资配置多集中于大消费类和科技类，这对市场投资是一种良好的引导和示范。同时，外资金融机构的投资行为及其对合规的要求等也将促进 A 股市场监管制度的改革和完善。而对于取消 QFII 和 RQFII 额度限制，并不意味着外资会大量流入，外资的流通仍以通过港股通为主，因为这样更加对等和便捷，而额度管理对外资来说，实际上存在资金进来容易出去难的问题。

雪球： 2019 年 5 月，您提到 A 股"慢牛"正在形成。您现在是否仍然坚持这个观点？

李迅雷： 首先，我一直强调"结构性牛市"概念，是因为 A 股的估值体系存在扭曲，总体上看，大市值股票被低估，中小市值股票被高估。其次，我认为市场表现会比预期稍弱，这主要是因为中美贸易摩擦等问题造成的外需减少。而且美国、日本、欧盟等国家和地区，以及全球的经济增速也都比预期慢。最后，中国经济仍然处于比较漫长的结构调整和转型过程中。总体来说，A 股市场向上的趋势是确定的，但不会出现大牛市。投资者不要因为短期的市场调整而失去信心。我认为，在今后较长的一段时间里，股市还是会更多地向人们呈现结构性机会。对于业绩良好、经营规范的头部企业，这是值得重视的。

以白马股"爆雷"为例，我认为这一事件的爆发能带来一定好处。因为这些"爆雷"的企业本身肯定存在一些问题，如经营不规范和信息披露不充分，所以"爆雷"就像是潮水退去，裸泳的企业纷纷浮现。这些有问题的企业暴露得越多越好，随着这一净化过程的展开，投资者的风险也会越来越小。例如，从 2016 年至今，我国上市企业数量少于在美国纳斯达克上市的企业数量，606 家上市企业退市，而 A 股有 15 家企业退市。

至于白马股，我认为，从基本层面解释，"白马"指信息披露充分，投资者能对其进行客观的认识。不能满足该条件的股票不应该叫"白马股"，更应该叫"黑马股"。

雪球：您看好哪些细分行业或板块？

李迅雷：整体上，我看好大消费板块。大消费一般包含家电、汽车、医药保健、食品饮料、文化娱乐、休闲等消费。以家电行业为例，实际上，家电的社会需求有限，但该行业的集中度在提高，所以虽然我对家电行业不太乐观，但依然看好行业内的龙头企业。汽车行业也是如此，不过除了关注龙头企业外，就行业结构而言，新能源汽车的发展会更快。

对于传统产业中的周期股，我认为如果估值偏低，仍然可以配置，因为中国的基础设施与发达国家比还是相对落后，需要更多投资。当前，我国经济处在调整期，需要增长动能。国家对房地产行业进行了严格的控制，这样一来，在制造业投资领域、房地产投资领域和基建投资领域中，一旦房地产投资下行幅度过大，国家必然会拉动基建投资，这会给基建投资带来一定机会。另外，从长期趋势的角度看，中国基建投资不可能出现走势非常低迷的情况。

在房地产投资方面，政府对"房住不炒"的态度非常坚决。国家希望房地产行业能够平稳发展，不希望房价大起大落，故不要过于悲观地看待房地产行业，政策出台的目的就是稳定杠杆，限制提升，降低房地产行业在中国经济中的占比。目前，房地产行业在中国经济中占比过高，约占1/3，如果能将这个比重降低，那么金融风险就会下降。

雪球：您曾在演讲中提到，目前，无论行业还是企业都表现出了一种分化趋势，尤其是企业。您曾提出抓大放小的理念，您认为对于一般性的投资，哪些类型的企业会有确定性的机会？

李迅雷：我认为，大企业的机会比较大，确切地说应该是行业头部企业，而不仅限于行业龙头企业。在宏观层面，中国经济正在进入一个存量经济主导的时代，经济的结构性特征会越来越明显，这也将使市场份额向头部企业集中，经济总量向都市圈集中，新旧动能转换导致行业和企业出现结构分化。过去，我国以增量经济为主，小企业的机会更多，现在进入了分化时代，更多的确定性机会来自头部企业。

雪球：您能否从投资工具和理念的角度，对普通的个人投资者提出一些建议？怎样避免被"割韭菜"？

李迅雷：我对个人投资者有 4 个建议。

第一，抓大放小。"韭菜"们大多热衷于炒作一些小市值企业的股票。其实，在股票投资中，我们应该买入市值排名前 50% 的企业的股票。

第二，不要频繁交易。"韭菜"这个称呼并不准确，我认为更确切地说应该是"飞蛾"。韭菜被割是被动的，但是在 A 股市场中，很多投资者无法获得收益，主要还是因为频繁换股，一次次地追涨杀跌、飞蛾扑火。交易过于频繁会承受很大的风险。

第三，不要过分追求赚取买卖股票的差价。投资者作为股东，应该带着对分红的期待去投资，更多地考量企业的股息率，这样才是理性的。

第四，对一些普通的个人投资者来说，如果投资专业知识不足，买入一些 ETF 也是一种好的投资策略，比如，看好消费板块，就可以买入消费类 ETF。和个股相比，投资 ETF 能起到分散风险的作用，同时交易成本比较低，流动性比较强。另一个简单的方法是关注明晟指数中与 A 股相关的产品及其成分股。

雪球：在大类资产配置方面，您有一个经典观点："多年以前大家要买自己买不起的东西，现在则要投资自己买不到的东西。"那么除了股票，您认为现阶段还应该配置哪些资产？

李迅雷： 在大类资产配置方面，现阶段利率仍有下行空间，可以配置利率债；另外，面对经济下行压力，全球经济都处于低增长、高波动的状态，投资者可以选择配置避险工具，比如黄金。但对于投资性房产，我还是坚持减持的观点。

雪球： 请结合全球资产价值走势，谈谈您对投资中国的理解。您认为当前是投资中国的最佳时机吗？

李迅雷： 中国经济有以下 4 个主要的竞争优势。

第一，从数据上看，尽管全球经济普遍下行，但横向比较，中国经济的增速仍然是最快的。

第二，中国经济的稳定性更高。比如，机构投资者一般不会像个人投资者那样关注股价涨跌，而会关注股票的波动性。相比中国经济，美国、日本、印度、欧洲等国家和地区的经济波动更大，过去 20 年，它们几乎都出现过经济负增长，但是中国经济的增速从未跌破 5%。所以中国经济的波动性较小，值得投资。

第三，中国经济的抗风险能力更强。这是因为我们存在制度优势，经济调控能力比较强。其实，在全球经济高增长的背景下，这个优势并不明显，但在经济下行的时候，它就会凸显出来，因为这时的经济更需要有形之手。那么，为什么我国的有形之手能够发挥作用？因为我国政府资产规模较大，资产负债表数据情况较好，从而具有较强的调控能力。

第四，中国经济具有明显的文化优势。为何全球前三大经济体中有两个都在东亚？为何第二次世界大战之后经济成功转型的两个国家都在东亚？说明儒家文化对经济发展而言是一种优势。比如，中国人更勤劳、更爱财、更能吃苦，我认为这些特点能够帮助中国克服经济发展的各种困难。

至于当前是不是投资中国的好时机，我认为没有绝对的答案。现在某些蓝筹股的估值水平相对较低，但我不敢断言这就是千载难逢的好时机，毕竟 A 股曾经跌破 2 500 点。机会永远是一个相对概念。另外，我认为不需要投资中国的各类资产，而应认清结构性机会。中小市值股票的调整将会继续，而且调整力度有可能超出人们的预期，一些业绩差、经营不规范的企业未来或许将惨不忍睹。所以投资中国并不是简单粗暴地买入，还要明辨结构调整带来的投资机会。

真正热爱中国核心资产的人会受益

李大霄丨英大证券首席经济学家

一个曾经拥有深圳证券交易所1号股东代码的老股民，一个36年来早起晚睡、不休年假的证券经营机构首席经济学家，一个自称以股市为生的人，一个面对嘲笑和质疑仍然一如既往敢于预测的分析师。

"炒股不识李大霄，纵使高手也枉然。"李大霄是中国股市的"第一网红"。他有着众多个性鲜明的标签：钻石底、牛市旗手、地球顶、婴儿底、蓝筹底、少年牛等。

李大霄是中国最敢于呐喊、音量最大的股市预言家，但 A 股剧烈的市场波动往往会与他的预言碰撞出强烈的火花，也让他成了 A 股投资领域最有争议性的人物。

2012 年，上证指数跌到 2 134 点，李大霄提出了"钻石底"概念，结果股市继续走低，跌至 1 849 点，李大霄被股民痛骂；2015 年，上证指数超过 4 000 点，李大霄抛出"地球顶"概念提示风险，然而股市疯狂上涨至 5 178 点，李大霄被股民嘲笑。不喜欢他的人戏称他为"股市反指"，喜欢他的人则称他为"股市良心"。

当然，还有他现在最喜欢的"爱国牛"宣言：爱国牛到了！真正从心底热爱祖国的人才会受益！真正热爱中国核心资产的人才会受益！一切虚假、光说不练的人都享受不到成果。中国经济和股市长期向上，只要以正确的理念和策略坚持做多，复利何愁？

雪球：您是曾经拥有深圳证券交易所 1 号股东代码的中国第一批股民。请问是什么驱使您从事证券行业的相关工作的？

李大霄：是内心的冲动，我注定从事这个行业。我对投资的热情从未局限于某个特定时期，我每天都有这样的热情，这也是我和其他人不一样的地方。其实每个人的存在都有自己的意义和理由，而我就是为股市而生的，我存在的意义就是为股市而奋斗。

雪球：您认为中国资本市场经过 20 年的发展，取得了哪些值得骄傲的成果？

李大霄：首先，A 股得到了发展壮大。从规模上说，中国资本市场从零开始发展为如今排名全球第二，只用了短短 29 年时间，这在历史上是惊人的，甚至可以说是奇迹般的发展速度。

其次，中国发展了 1.5 亿投资者，这一规模在全球也是绝无仅有的。另外，A 股市场超过半数的投资者受教育程度都在高中以下，这个现象需要我们深入思考。

除了多年来取得的进步及成果，我们也可以看到，A 股市场的高速发展及其五六十万亿元的市值，其实是靠普通投资者一分钱一分钱地撑起来的，基金管理企业的资金来自普通投资者，投资 A 股的养老金也来自普通投资者。

很多人没有经过证券知识教育就进入了市场。我呼吁国民教育从现在开始，致力于使中国 1.5 亿投资者的后继者在接受证券知识教育后再进入市场，以避免更多伤害。

雪球：所以投资是很有风险的行业？

李大霄：正如我刚才所说，这些年来，中国资本市场取得了非常多的成果，这是毋庸置疑的。但即便在雪球这种专业投资者聚集之处，当2018年我对大家说底部区域到了的时候，还是会有质疑的声音。很多东西是仁者见仁的。

雪球：2018年下半年，股市比较低迷，A股跌至2 440点，所以当您在雪球嘉年华上喊出"底部区域到了"的时候，全场欢呼起来。那个时候市场非常需要那种声音。

李大霄：其实欢呼有，嘲笑也有的。

雪球：股市不断地涨涨跌跌，一定会产生很多的观点碰撞，当反对的声音出现，您是如何调整自己的心态的？

李大霄：在2018年的雪球嘉年华上，我是全场最坚定的看多者，现在看来，我的想法确实是正确的。同样，我现在看好市场，提出了"爱国牛"等观点，也受到了很多的质疑、嘲笑、谩骂、威胁、恐吓等。但是，是什么坚定了我的信念，使我不受这些行为影响？那就是时间，我坚信一段时间过后，一切都会得到验证。股票市场不像艺术界，比如，凡·高的作品是在他去世之后才得到世人认同的；股票市场是浓缩的人生，对股票的预测能够很快地得到验证。

雪球：所以您不会受外界影响，之后会一如既往地发表自己的观点？

李大霄：是的，因为我坚信很多观点很快就能得到验证，而且我的预测已经成功过多次。比如，2015年的股市表现证明"地球顶"和"婴儿底"是正确的预测。我相信20年、30年后，会有更多预测得到证实。

雪球：您提出的"爱国牛"与目前"投资中国"的声音不谋而合。请问您提出这一观点的理由是什么？

李大霄：巴菲特先生教导我们，任何人都不能通过做空自己的国家来赚钱。这是投资中一个基础的要点。而且，当你身在祖国时，用资金做空自己的国家确实比较难，除非你将资金全部转移出去。

中国的经济增长占全球经济增长的 30%，几乎是后者的主要动力。具体来看，2019 年上半年，中国 GDP 增长 6.3%，而其他主要经济体大多处于零增长或低增长的状态。

为什么要提出"爱国牛"？让我们一起梳理一下我国资本市场的优势。目前，我国资本市场有市盈率为 10 倍的上证 50 指数，市盈率为 12 倍的沪深 300 指数和市盈率为 13 倍的上证指数，与全球几个主要市场相比是低估的，这是客观事实。然而，我们正面临着外资大规模涌入的初级阶段，增量不断进场，抢先配置了大量优质资产。另外，我国的经济增速、股票低估程度、外资流入速度、股票质量等，在全球市场中都处在前列。

其实，很多人身处国内，可能感受不到国内资产的优质程度及其带来的好处，特别是一些有偏见的人，他们会觉得国外的任何东西都比国内的好，股票也不例外。但是国内资产确实在全球范围内都属于比较优质的资产，这种优质只有热爱自己国家的人才能感受到，只有满心地去拥抱它，真心地爱它，才能真正理解其价值。

雪球：您认为这次的"爱国牛"能否超过 2015 年的高点 5 178 点？

李大霄：很多股票都创造了历史新高，很多核心资产早已超过 2015 年的高点。一些投资者抱着"黑五类股"（小盘股、次新股、垃圾股、题材股和伪成长股）等不良资产不停地抱怨，然而优秀投资者拥抱的核心资产不但超过了 2015 年的高点，甚至有的已经超过了 6 124 点的高点。

雪球：目前很多优质蓝筹股屡创新高，您认为现在还适合买入此类核心资产吗？

李大霄：这需要参考每个人的投资时长来考虑。当然，最好的投资时点是 2018 年雪球嘉年华前后，当时是第五轮牛市的起点。

很多核心资产已经翻倍，现在买入到底合不合适？我认为仍然可以买入，只不过要付高出一倍的代价。毕竟根据这类核心资产 20% 或 15% 的年增长率来计算，8 个月后买入和 2018 年年初买入相比，要差 5 年的时间。

雪球： 目前，除了优质蓝筹股，高科技成长股也受到了资金的热炒，您认为这是否矛盾？

李大霄： 两者其实不矛盾。核心资产是价值投资的主线，科技股则是成长股的主线。这条主线的发展情况如何？现在，全球的主流资产，如已经回到 8 000 点的纳斯达克综合指数，主要依靠科技股推动，这些科技股都是相关行业全球范围内的龙头，如 BAT（百度、腾讯、阿里巴巴）、亚马逊、谷歌、微软、苹果等。也就是说，科技龙头其实推动着全球股票价格指数的上扬。

未来，在我国科技股的狂潮中，哪些资产能够持续产生收益？我认为只有龙头才能持续，如阿里巴巴、腾讯、未上市的华为等，我相信它们具有持续性。

不过，很多概念股、跟风股能否持续，要看它们未来能否成长为参天大树，如果长不起来，就只是昙花一现。更可能的情况是众星捧月，比如阿里巴巴、腾讯等被当作"月亮"捧起来，而无数"阿里巴巴第二""腾讯第二"等只能当作陪衬的"星星"。

对于科技股，未来一定会成长起新的"BAT"，但一大批陪衬的"星星"就会暗淡下去。所以买入"月亮"就是成功，买入"星星"则比较危险。

雪球： 您还有什么话想对众多投资者说？

李大霄： 各位朋友，"爱国牛"到了！只有真正的爱国者才会受益！真正从心底热爱祖国的人才会受益！真正热爱中国核心资产的人才会受益！一切虚假、光说不练的人都享受不到成果。

金融开放和科创板将对中国资本市场产生深远影响

姚余栋 | 大成基金副总经理兼首席经济学家

剑桥大学经济学博士，现任大成基金副总经理兼首席经济学家，曾任中国人民银行金融研究所所长，国际货币基金组织经济学家，是中国新供给经济学的代表经济学家之一。

中国金融开放持续推进，科创板顺利开板，这些会对股票市场产生哪些深远影响？ 2019 年 8 月，我国经济数据低于市场预期，我们应如何看待目前的经济形势？ 投资者应该采取怎样的资产配置策略？

金融开放和科创板将对中国资本市场产生深远影响

雪球：最近国内金融开放持续推进，比如开放外资券商和银行准入，取消QFII额度限制等。如何理解持续进行的金融开放的整体思路？金融开放会对中国经济和股票市场产生哪些长期影响？

姚余栋：金融开放是我国资本市场建设的重要环节，服务于我国建设资本强国、建设制造强国、建设创新型消费国家以及推动人民币国际化的整体战略，也是我国经常账户顺差衰减趋势难以避免的情况下的必然选择。金融开放既有利于促进国内金融行业竞争，提高金融服务实体经济的能力，又有利于维持国际账户收支平衡，促进人民币国际化。对股票市场而言，国外长期资金的持续涌入将带来更多的配置力量，进一步提高我国资本市场的有效性与资源配置能力，有利于资本市场长期健康发展。

雪球：您认为科创板制度有哪些需要完善的地方？长远来看，科创板会如何影响 A 股市场？

姚余栋：当前，科创板已经取得初步成功，应及早培养价值投资理念，并通过相应的制度保障，使长期、稳定的机构投资者拥有更大的询价配售权，引导"长钱"对科创板的长期支持，以及"长钱"自身锁定期的增加。对中国经济而言，发展科创板的过程如同攀登喜马拉雅山北坡，是实现新旧动能转换、打造创新型国家非常关键的一步棋。如能有力倡导价值投资，鼓励企业提高长期成长性，二三十年后，中国一定能培养出一批伟大的企业，来驱动中国经济乘风破浪、奋勇前行！

经济下行压力较大，后续可能会有进一步的稳增长政策出台

雪球：2019 年年初，A 股有一波可观的反弹，但是延续性不足。2019 年八九月，A 股市场又发生了一波不错的反弹，这次反弹和上次有什么不同之处？宏观经济基本面是否得到了改善？

姚余栋：2019 年 8 月的经济数据表现低于市场预期：工业增加值超预期下行，三季度增速"下台阶"；固定资产投资继续小幅下行，其中制造业投资明显拖了后腿，而基建投资与房地产投资表现相对较好，社会消费品零售受汽车类拖累，小幅走弱。

从宏观层面看，这两次反弹有着相似的背景，即宏观政策逆周期调节力度增大及中美贸易谈判前景向好，这导致市场风险偏好得到了显著改善，A 股涨幅明显。两次反弹的不同之处在于力度：一季度，社会融资堪称"天量"，地方政府专项债券提前大量发行，房地产行业出现"小阳春"，反弹力度强劲；三季度，宏观政策逆周期调节力度相对较弱，尽管与二季度相比，三季度更加注重稳增长，但增长更多地要与结构性改革结合起来，所以社会融资增速的反弹力度也有所减弱，加上政府明确提出"房住不炒"政策，地方政府专项债券的发行接近尾声，逆周期调节力度总体较弱。客观地讲，在外部形势仍不明朗的情况下，当前宏观经济下行压力较大，后续可能会有进一步的稳增长政策出台。

雪球：减税降费是当前积极财政的主要抓手，您认为它能对实体经济起到多大的促进作用？

姚余栋：减税降费有助于提升企业利润，增加固定资产投资。预计在2019 年，2 万亿元的降税降费将使企业整体利润提升 1.4 万亿元，国内企

业的边际支出倾向为 0.3 ~ 0.4，企业会增加固定资产投资约 4 200 亿 ~ 5 600亿元。根据上市公司中报上的数据，企业盈利明显改善，2019 年上半年，上市公司净利润增速为 7.8%，制造业企业利润增速最快。

减税降费有助于提高居民收入与消费支出水平。个人所得税减免 4 000亿元后，按照 0.6 的边际支出倾向测算，人们将增加消费 2 400 亿元。2019 年以来，人均可支配收入增速从 7.8% 提升至 8.0%，剔除汽车后的社会零售品销售增速同比回升，8 月达到 9.3%，较 7 月回升了 0.5 个百分点。

减税降费能有效对冲经济下行压力，预计将拉动 GDP 增速 0.5 ~ 0.8 个百分点。四季度减税降费对企业投资及居民消费的拉动作用还将进一步显现。

雪球：您曾经提过，中国城镇化已进入中后期，2035 年中国将进入超老龄社会。这会对中国经济产生哪些深远的影响？我们该如何应对？

姚余栋：优化国内经济结构，促进科技驱动创新发展，培养国内经济发展新动能，加快国内新旧动能转换，是我国进入中国特色社会主义新时代，经济增长进入高质量发展新时期的必然要求，也是我国面对外部环境深刻变化，积极应对国际产业链分工重构的重要举措。我认为我们可以实行以下具体的应对措施：一是设立科创板并进行注册制改革的意义重大，可考虑进一步完善和推广相关制度与改革；二是重点发展医疗行业；三是培养重点行业的独角兽企业。

中国家庭可适当增持金融资产，分享中国经济增长的红利

雪球：普通中国家庭应该如何进行有效的资产配置？您有哪些具体建议？

姚余栋：达利欧根据《2018 中国城市家庭财富健康报告》，在中国城市家庭的资产中，家庭住房资产占比高达 77.7%，家庭金融资产的配置比例

为11.8%。住房资产的高配置比例挤压了金融资产的配置，降低了中国家庭资产的流动性。中国城市家庭金融资产配置以低风险资产为主，银行存款和理财占比分别为42.9%和13.4%。整体来看，家庭资产配置的风险偏好较低，对风险资产（如股票、基金、债券、衍生品等）的配置比例较低。在当前房地产管控严格，资本市场发展的政策支持力度加大的背景下，中国家庭可适当增持金融资产，通过多样化资产配置和定投等方式分散投资风险，分享中国经济增长的红利。具体的大类资产配置方法可以参考将经济周期和金融周期结合在一起进行分析的大成四季方法论，比如，秋季可以配置一些债券和股票。

雪球：普通人如何投资中国？未来5～10年最好的机会会在哪里？

姚余栋：中国经济有韧性，并将逐步转向高质量发展。中国股市目前处于历史低估值位置，从中长期角度看，有巨大的上升潜力。此外，中国社会将逐渐步入老龄化阶段，医疗健康行业和保险行业的成长潜力巨大。中国经济新旧动能转换战略也为科技企业的发展提供了良好的契机。长期来看，消费、医疗及科技等领域的优质企业将获得长足发展。另外，相比全球债市，中国债市有着较高的正收益率，而且人民币汇率稳定，为普通人提供了优质的养老资产。普通人可以通过合适的公募基金等资管产品进行长期价值定投，以较少的投资金额覆盖较大面积的投资范围，获取社会及优质企业的发展红利。

注：本书内容涉及的投资标的，均仅代表嘉宾的个人意见。据此买卖，风险自负。